진시황의 비밀

秦始皇的秘密
Copyright ⓒ 2009 by Li Kai Yuan(李开元)
Korean Translation Copyright ⓒ 2010 by SIGONGSA Co., Ltd.
This translation is Published by arrangement with ZHONGHUA BOOK COMPANY, China
through Carrot Korea Agency, Seoul.
All rights reserved.

이 책의 한국어판 저작권은 캐럿 코리아 에이전시를 통한
저작권사와의 독점 계약으로 (주)시공사가 소유합니다.

진시황의 비밀

리카이위엔 지음 하병준 옮김

시공사

진시황상

통일 중국의 기틀을 마련한 위대한 군주, 혹은 유학을 탄압하고 무력을 앞세운 폭군. 그동안 진시황에 대한 평가는 엇갈려왔다. 또 출생부터 중국을 통일하기까지의 과정, 후계문제에 이르기까지 진시황에 대한 실체는 상당 부분 미스터리로 감춰져 있었다. 과연 그는 실체는 무엇일까.

녹면용

1999년 9월, 진시황릉 2호 병마용갱에서 병마용의 두상이 발굴되었다. 강인한 얼굴이나 표정을 통해 과거 진나라 군대의 위엄을 엿볼 수 있다. 이런 호랑이 같은 병사들은 진시황 대에 통일을 이루는 원동력이 되었다.

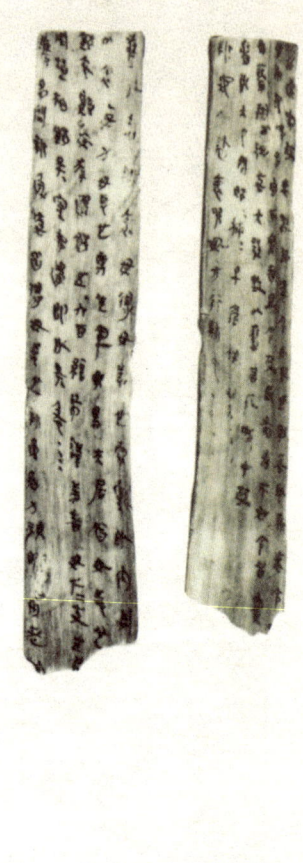

흑부척독 경척독

1975년, 호북성 운몽현 수호지 4호 진묘秦墓에서 진왕정 24년(기원전 223년)에 전장에 출전한 형제가 보낸 가서家書가 출토되었다. 이 귀중한 두 통의 가서家書 덕분에 진시황의 통일 전쟁을 생생하게 조망할 수 있게 되었다. 편지를 쓴 두 주인공, 흑부와 경이 속한 부대는 진나라 명장 왕전이 지휘하던 초나라 정벌군이었으며, 적군은 초나라 마지막 왕인 창평군과 항우의 조부인 항연이 이끄는 초나라 군대였다.

진나라 시대 동량

방형동량
곁에 새겨진 진시황 26년 도량형 통일을 명하는 조서(일부).

낭야대에 놓인 진시황과 서복의 동상

갱유곡

현재의 섬서성 임동. 만년의 진시황은 불로장생을 꿈꿨다. 선약을 구하기 위해 진시황 주변에 수많은 방사와 술사들이 몰려들었다. 일반적으로 알려진 것과 달리 갱유는 진시황을 속인 방사와 술사들을 처벌하기 위한 것이었다.

〈편년기〉 죽간

1975년 호북성 운몽현 수호지 11호 진묘에서 55점의 죽간 조각이 출토되었다. 죽간에는 진소왕 원년(기원전 306년) 시기의 진나라 역사가 기록되어 있다. 그 가운데 베일에 싸여 있던 창평군에 대한 기록도 있다.

17년 승상 계 · 상 동과

1982년 천진의 한 고철 더미에서 발견되었다. 동과에 등장한 '전국시대의 승상 계'의 정체를 밝히는 것은 진시황의 통일 전쟁과 당대 정세를 밝히는 데 중요한 열쇠였다.

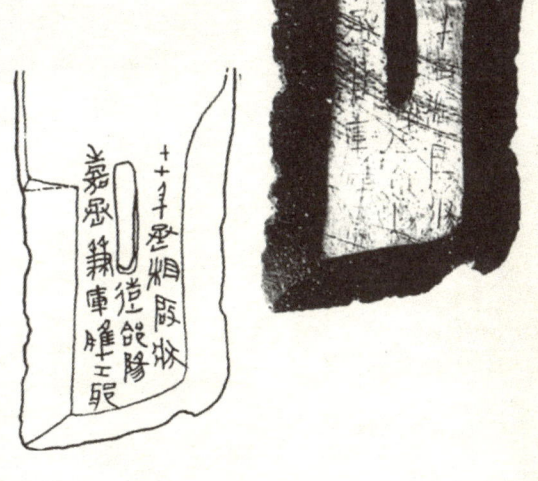

〈저초문〉 탁본(일부)

북송대 소식蘇軾과 채정蔡挺은 각각 진나라 석각을 발견했다. 석각에는 진왕이 천신天神에게 진나라의 승리를 기원하고 초나라가 패망하게 해달라고 저주하는 내용이 새겨져 있었다. 이 석각은 전국시대 후기 진나라와 초나라 간에 벌어진 패권 쟁탈전을 그대로 반영하는 중요한 증거로 여겨지고 있다. 그러나 진나라와 초나라 양국은 원래 적대 관계가 아니었으며, 21대에 걸쳐 혼인으로 동맹을 맺었던 절친한 관계였다. 이 혼인 동맹은 전국시대 후반 정세는 물론이고, 진시황과 진제국을 이해하는 데 중요한 의미를 지니고 있었다.

진나라 소전체 12글자가 새겨진 벽돌

진나라의 아방궁에서 출토된 벽돌. 벽돌에 새겨진 12자의 글자는 '海內皆臣, 歲登成孰, 道毋飢人'이다. 이는 진시황이 천하를 통일한 사실을 널리 알림과 동시에 천하 백성들이 항상 풍족하게 살 수 있도록 기원하는 내용을 담고 있다.

죄수 무덤에서 출토된 기와 조각

1980년, 섬서성 임동에 위치한 진시황릉 서쪽 조가趙家 배호촌背戶村의 죄수 무덤에서 출토되었다. 기와 조각에는 죽은 이의 본관이 난릉蘭陵이며 이름이 아牙이고 작위가 불경不更, 종사한 부역의 명칭은 거자居貲(벌금형을 처벌받은 죄인이 벌금을 지불할 능력이 되지 않아 부역을 통해 변제하는 것)였음이 기록되어 있다. 아처럼 전장에서 공을 세워 작위를 받았지만 처벌을 받아 노역(능묘나 궁전 축조)하는 인물들이 많았는데, 이들은 모두 비참한 죽음을 맞았다. 위대한 제국의 화려함 이면에는 무수한 백성의 비참한 생활과 눈물이 있었다.

여불위과

1957년, 호남성 장사에서 출토되었다. 상인 여불위는 진나라 공자 자이를 왕으로 만드는 도박을 감행한다. 그 결과 열후에 봉해지고 진시황의 중부가 되는 엄청난 성공을 거뒀다. 하지만 권력의 정점에 다다랐을 때, 노애의 난에 휘말려 자결로 생을 마감했다.

초왕 웅한 동정

초유왕 웅한 때 만들어진 것으로 1933년 안휘성 수현 주가에서 출토되었다. 초유왕 10년, 초나라에 골육상쟁의 정변이 발생하자 정변 세력은 유왕과 그 뒤를 이은 애왕이 고열왕의 아들이 아니며, 영윤이었던 춘신군이 임신한 여인을 고열왕에게 헌상했다는 이야기를 퍼트렸다. 이 이야기는 진시황 출생 과정에서 다시 등장해, 비슷한 양상으로 퍼져 나갔다.

프롤로그 진시황 미스터리를 추적하면서 _16

제1장 의문의 출생

첫 번째 추적
진시황은 누구의 아들인가?
사마천이 남긴 단서 _23 용의자 명단 _26 위험한 도박 _28
일곱 비밀 _38 화려한 일족 _40 화양부인의 눈물 _51 1심 결과 _54

두 번째 추적
여불위 스캔들의 실체는 무엇인가?
법률 감정 _57 의학 감정 _62 태사공의 시험 _67 세 번째 증거 _70

제2장 반란과 음모

세 번째 추적
아우 성교는 왜 반란을 일으켰나?
한단성을 탈출하다 _77 또 다른 왕자 _84 불안한 균형 _87
하태후의 죽음 _93 대음인이라 불린 사내 _98 열후 책봉 _106

네 번째 추적
노애의 표적은 진왕 영정인가?
칼을 들다_111 풀리지 않는 의혹_114 누구를 노렸는가_116
반란의 여파_120 모초의 충고_123

제3장 천하 통일

다섯 번째 추적
여불위 이후 국정은 어떻게 운영되었나?
초나라의 공자_131 볼모가 된 왕자_134 버려진 모자_138
증거 수집_143 승상에 오르다_147

여섯 번째 추적
동과 속의 승상 '계'와 '상'은 누구인가?
의도하지 않은 증거_152 동과 속의 단서_155
여불위의 후임은 누구인가_160 역사의 공백_164

일곱 번째 추적
전국시대는 어떻게 종결되었나?
역사를 파헤치다_168 카드 섞기_176 숨겨진 진실_188
왕전의 복귀_194 감춰진 전쟁_198 마지막 승부수_204

제4장 제국의 몰락

여덟 번째 추적
진시황후는 존재했나?
진시황후 미스터리 _211 유일한 단서 _214 불행한 자녀들 _218
폐장입유 _225 지록위마 _234 호해와 그의 모친 _240

아홉 번째 추적
진시황은 왜 태자를 책봉하지 않았나?
황장자 부소 _245 갱유 사건의 진실 _247 옐로카드 _256
유조 조작 _259 이해할 수 없는 자살 _268 부소의 부활 _272

제5장 사라진 역사

열 번째 추적
사마천은 왜 의혹을 만들어냈나?
새로운 용의자 _283 제3의 역사 _286 조작공작의 수혜자 _304
억울한 누명 _307 명군과 폭군 사이 _312 사마천의 평가 _317

열한 번째 추적
〈진외척열전〉은 왜 기록되지 않았나?
외척세력의 실체 _321 양후 위염 _324 삼귀의 배후, 선태후 _330
〈저초문〉 석각 발견 _336 포택지친 _340 진시황 시대의 금기 _350

열두 번째 추적
진나라의 천하 통일은 필연적 결과인가?
사료와 유물 탐색 _358 진시황 재조명 _361
최종 승자가 되다 _365 중천에 떠오른 태양 _371

에필로그 왜 역사 추리의 방식으로 쓰게 되었나? _377

옮긴이 주 _381

옮긴이의 글 _388

프롤로그

진시황 미스터리를
추적하면서

이 책은 기존의 단순한 역사 인문서적이 아니라 독특한 시각의 역사 추리서입니다.

다시 말해서 역사 속 미스터리를 해결하는 미스터리 해독서라고 할 수 있습니다. 미스터리와 수수께끼는 엄연한 차이가 있습니다. 수수께끼는 단순한 퀴즈를 말하지만 미스터리는 서로 연관성 있는 의혹들이 한데 얽혀 있는 걸 가리키니까요. 이런 의혹들은 서로 연관된 고리를 가지고 있기 때문에 해결을 위해서는 반드시 순서대로 풀어야 합니다.

이 책은 진시황을 둘러싼 미스터리에 대해 풀어나가고 있습니다. 중국 역사상 가장 유명한 인물 중 한 명인 진시황은 그 유명세만큼이나 숱한 의혹에 휩싸인 인물입니다. 그 자욱한 의혹 덩

어리는 출생에서 죽음에 이르기까지 진시황의 전 생애를 뒤덮고 있습니다. 그리고 지난 이천여 년 동안 호사가들의 궁금증을 자극했습니다.

첫째로 논란이 되고 있는 문제는 '진시황의 친부親父가 영이贏異일까? 아니면 여불위呂不韋일까?'라는 출생에 관한 미스터리입니다. 두 번째는 진시황과 면수面首 노애嫪毐, 배다른 아우 성교成蟜를 둘러싸고 어떤 일이 발생했는지 그 반란과 음모에 대한 미스터리이며, 천하를 통일하는 과정에서 진왕 영정贏政의 당숙인 창평군昌平君은 도대체 어떤 인물이기에 진시황이 친정親政을 할 수 있도록 도와주고, 훗날 반기를 들었는지, 전국시대는 어떻게 종결되었는지에 대한 의혹이 세 번째 미스터리입니다. 이어 '왜 진 제국이 급격히 몰락했는가?' 하는 문제가 네 번째 미스터리로 제기됩니다. 이 미스터리는 앞선 미스터리에 비해 더 많은 궁금증을 자아냅니다. 진시황이 중국 역사상 최초의 황제라는 점은 분명한 사실이지만 왜 중국 역사 속 최초의 황후에 대한 기록을 사서 속에서 찾을 수 없는 걸까요? 이 미스터리는 진시황의 장자인 부소扶蘇와 막내인 호해胡亥, 그리고 나머지 형제, 자매들과 연관이 있을 뿐 아니라 태자 책봉 문제와도 관련이 있습니다.

이러한 미스터리들은 모두 하나의 고리로 연결되어 있습니다. 바로 미스터리 속 당사자들이 모두 진시황의 친족이자 외척이라는 점입니다. 물론 각 미스터리 사이의 연결 고리는 찾았지만 의혹을 풀 수 있는 답은 얻지 못했습니다. 왜 그럴까요? 무엇보다도 워낙 오래전 일들이라 사료가 부족하기 때문입니다. 하지만 의도적으로 진상을 숨기고 한쪽으로 치우치게 역사를 왜곡한 것도 중요한 원인 중 하나입니다. 이 밖에 저희가 가지고 있는 고정관념도 무시할 수 없습니다.

사학계, 특히 사료학史料學 분야에서는 오랫동안 '하나의 사료는 하나의 사실만을 말한다'는 원칙을 신봉했습니다. 주의할 점은 우리가 이 원칙을 모든 역사에 적용할 경우 융통성 있는 원칙이 고정관념으로 변한다는 점입니다. 기록이 존재하지 않는 모든 사건은 실제로도 존재한 적 없다고 여기게 되는 인식의 오류를 유발할 수 있다는 것이지요. '하나의 사료는 하나의 사실만을 말한다'라는 원칙을 고정관념화하여 전체 역사학에 적용하는 일반화의 오류를 범한다면 역사학은 체계를 갖출 수 없습니다. 그뿐 아니라 조각난 퍼즐처럼 각 사실史實 간에 앞뒤가 맞지 않는 심각한 문제가 나타날 수 있습니다.

역사란 무엇일까요? 바로 사료에 기초해 과거를 미루어 짐작하는 작업입니다. 고대사에 관한 사료가 턱없이 부족한 관계로 한정된 사료를 가지고 역사적 사실을 충분히 해독하기 위해서는 반드시 '하나를 보면 열을 아는' 문일지십聞一知十의 경지를 터득해야 합니다. '하나를 보면 열을 아는' 경지는 하나의 사료를 통해 열 가지 단서를 찾아낼 수 있어야 한다는 것입니다. 이를 위해서는 다각적 연상과 합리적 추리가 필요합니다. 직접적인 증거가 부족한 상황에서 간접적인 증거를 최대한 물색해야 합니다. 그리고 연상과 추리를 통해 각 인물 간의 관련성, 인물의 심리 상태와 외부 상황과의 연관성을 파악해야 합니다. 또한 해당 사건을 중심으로 전후 시간대를 통찰하고 동시대에 다른 나라에서 어떤 사건이 발생했으며 어떤 연관이 있는지 주목해야 합니다. 이런 식으로 숨겨진 사실을 추적하고 의문점을 해결하여 얻은 단서를 바탕으로 역사를 해석하면 그 진상을 밝혀낼 수 있습니다.

이런 식의 역사 분석은 형사들의 범죄 수사 방식과 유사한 면이 많습니다. 범죄 사건이 발생하면 항상 현장은 혼란스럽습니다. 하지만 이미 범인은 종적을 감춘 뒤이고 증거가 훼손되거나 사라지는 경우가 있기 때문에 형사들은 지문 하나, 발자국 하나, 심지어 털 한 가닥, 약간의 냄새까지도 철저히 수색합니다. 이런 사소한 단서를 통해 범인을 추적하고 사건 발생 현장을 복원하려면 추리와 연상은 반드시 갖추어야 할 자질입니다. 수사학의 관점에서는 사건 재현을 위해 추리와 연상을 통해 단서 및 증거를 하나씩 끼워 맞춰 사건을 재구성하게 됩니다.

형사는 우리 주변에서 발생하는 의문의 사건을 해결하고, 역사 탐정은 고대 미스터리를 해결합니다. 역사 탐정이 역사 속 미스터리를 해결하는 것은 형사들이 범죄 수사를 하는 것만큼 긴장감 넘치고, 자극적이면서 흥미진진합니다.

독자 여러분, 저와 함께 이천여 년 전의 진나라 시대로 돌아가 셜록 홈스가 되어 보시죠. 함께 진시황 미스터리 발생 현장을 파헤치면서 미스터리 해결의 희열을 맛보실 수 있다면 좋겠습니다.

제1장
의문의 출생

전제 군주제를 중국에 등장시킨 최초의 황제.
우레와 같은 위엄으로 중원을 통일한 최초의 군주.
바로 진시황秦始皇입니다.
그의 출생을 둘러싼 미스터리는 지난 이천 년 동안
해결의 실마리를 찾을 수 없었습니다.
진시황, 그는 정말 대상大商이던 여불위의 사생아일까요?
숱한 학자들이 매달렸지만 아직도 미궁 속에 빠진 진시황의 출생 미스터리.
기초 사료가 턱없이 부족하고 가장 기본이 되는 《사기史記》조차
앞뒤가 맞지 않는 모순된 기록으로 점철되어 있습니다.
지금부터 함께 추적해 봅시다.

첫 번째 추적

진시황은 누구의 아들인가?

🦌 사마천이 남긴 단서

'진시황의 생부가 누구일까?' 하는 문제는 참으로 오래된 역사 속 미스터리입니다.

　진시황은 성이 영이고 이름이 정으로 전국시대戰國時代 조나라의 수도 한단邯鄲(오늘날 하북성 한단시)에서 태어났습니다. 그의 부친은 한단에 볼모로 잡혀 있던 진나라 공자 자이子異였습니다. 그는 20살이 채 되기 전부터 볼모 생활을 한 자신의 비루한 처지를 한탄하며 실의에 빠진 생활을 했었죠. 진시황의 모친은 한단 지역 토호土豪(지방토착세력) 집안 출신으로 정이 많고 노래와 춤이 뛰어난 여인이었습니다. 다만 아쉬운 점이 있다면 사서史書에 그녀의 이름이 전하지 않고 단지 조희趙姬라고만 기록되어 있다는 것입니다.

의문의 출생　23

볼모 생활로 실의에 빠진 왕자와 부잣집 미녀와의 우연한 만남. 호사가들이 심심풀이로 입에 올리기 좋은 낭만적인 사랑 이야기 같지만 이들 만남에는 둘을 이어준 인물이 있었습니다. 바로 여불위라는 한단 지역의 거상巨商이었습니다. 여불위의 개입으로 미담으로 남을 수 있었던 이들의 사랑은 묘하게 변해버립니다. 더군다나 절묘한 시점에 진시황 영정이 출생하면서 더 이상해지죠.

애매한 시점에 영정이 출생하면서 '그의 생부가 자이인가, 아니면 여불위인가?' 하는 골치 아픈 문제가 등장했습니다. '부친이 누구인가?'라는 문제는 서민 등 일반 백성의 입장에서도 언급하기 쉽지 않은 문제입니다. 하물며 천하를 자신의 안방으로 생각하고 자신이 곧 천하인 왕실에서는 더할 나위가 없겠죠? 왕조의 운명과 직결될 수밖에 없는 문제였습니다. 600년간 이어져 내려온 진나라 왕실에서 '왕의 성이 영인가, 아닌가'라는 문제는 진나라의 왕위가 다른 성씨에게 넘어간 것인지 그 여부와 직결되기 때문입니다. 따라서 지난 이천여 년 동안 학자들은 진시황 생부의 정체를 둘러싸고 끊임없이 논쟁을 벌였습니다.

사건의 전후 사정을 자세히 살펴보면 모든 문제가 《사기》에서 시작된다는 사실을 발견할 수 있습니다. 바꿔 말하면 《사기》의 저자인 사마천이 일으킨 문제라는 것입니다. 그렇다면 사마천은 왜 이런 번잡한 논란거리를 만들었을까요?

사마천은 진시황 영정의 출생을 《사기》〈진시황본기秦始皇本紀〉에 다음과 같이 기록했습니다.

> 진시황은 진나라 장양왕의 아들이다. 장양왕은 조나라에 볼모로 있을 때 여불위의 첩에 반해 그녀를 아내로 맞았는데 그 아들이 시황제이다. 진소왕 48년 정월 한단에서 태어났다.
> 秦始皇者, 秦莊襄王子也. 莊襄王 秦質子於趙, 見呂不韋姬, 悅而取之. 生始皇. 以秦昭王四十八年正月生於邯鄲.

진시황의 부친 장양왕은 성은 영, 이름은 이異입니다, 보통 공자 이異라는 의미의 자이子異라고 불렸죠. 영이는 진나라 33대 국왕으로 장양왕은 그의 사후 시호입니다. 사마천이 150여 년이 흐른 뒤 역사를 서술하는 입장이었기 때문에 《사기》의 기록에 '장양왕'이라는 칭호가 등장한 것입니다. 이 기록을 보면 진시황 영정이 진소왕 48년(기원전 259년) 정월에 한단에서 태어났음을 알 수 있습니다.

위 기록만 보면 진시황이 진나라 공자인 자이와 조희 사이에서 태어났다는 사실을 간단명료하게 파악할 수 있기 때문에 별다른 의문을 가질 필요가 없는 듯합니다. 하지만 진시황 출생에 대해 사마천은 《사기》〈여불위열전呂不韋列傳〉에 앞선 기록과 전혀 다른 기록을 남겼습니다.

> 여불위는 자신이 거느리고 있던 한단 지역 여러 무희 가운데 유달리 가무에 재주가 있었던 한 무희와 정을 통하니 그 무희가 임신했다. 자초子楚(자이의 자字)가 여불위와 함께 술을 마시다 그 무희를 보고 마

의문의 출생 25

음에 들어 하며 여불위에게 그녀를 자신이 거두고 싶다고 했다. 여불위는 심히 불쾌했으나 자신의 가산을 이미 자초에게 모두 투자했고 자초를 통해 더 큰 장사를 하길 원하여 그 무희를 자초에게 바쳤다. 임신 사실을 숨기고 자초와 혼인을 한 무희가 아들을 낳으니 그가 곧 영정이다. 자초는 그녀를 정부인으로 봉했다.

不韋取邯鄲諸姬絶好善舞者於居, 知有身. 子楚從不韋飮, 見而說之 因起爲壽, 請之. 呂不韋怒, 念業已破家爲子楚, 欲以釣奇, 乃遂獻其姬. 姬自匿有身, 至大期時, 生子政. 子楚遂立姬爲夫人.

위 기록은 앞선 기록의 내용보다 좀더 흥미진진하고 상세하죠. 상세한 정황 설명을 통해 영정이 여불위의 자식이라는 점에 무게를 싣고 있습니다. 이처럼 사마천이 미로를 설치하듯 《사기》 내에 같은 사건을 다르게 기술했기 때문에 진시황 출생 미스터리가 등장한 것입니다. 그럼 과연 어느 기록이 역사적 사실일까요? 어느 쪽이 사실이며 어느 쪽이 조작된 허구일까요? 함께 이 미스터리를 풀어보도록 할까요?

🐪 용의자 명단

예로부터 어른들은 "어느 쪽에도 치우치지 않게 결정을 내려라"고 하셨는데 맞는 말인 것 같습니다. 점을 볼 때 어떤 점집에서는 좋은 운세라고 하는데, 다른 점집에서는 불길한 운세라고 하면 행동을 쉽게 결정하기 어렵습니다. 법관도 마찬가지입니다. 사건에 대한 증거가 유죄 50, 무죄 50으로 갈리면 쉽게 판결을 내릴 수 없게 됩니다. 《사기》의 기록도 그렇습니다. 사마천이 기록한 두 내용에 근거해서 진시황의 친부가 자이인지 여불위인지 판단하기는 매우 어렵습니다.

범죄 사건을 해결할 때 형사들은 사건의 진상을 파악하기 위해 소거법이라는 방법을 사용합니다. 갖가지 의심스러운 증거들 가운데 불필요한 것들을 하나씩 제거해 가장 유력한 증거만 남겨 두는 것입니다. 진시황 친부 미스터리의 유력한 용의자는 단 두 명이기 때문에 소거법을 사용해 친부가 아닌 사람을 제거하면 남은 사람이 자연스레 친부로 판명날 것입니다. 그럼 형사들의 소거법을 좀 흉내 내어 진시황 친부 미스터리를 해결해 보겠습니다.

우선 진시황 생부 미스터리에 관련된 용의자 두 명의 프로필을 간략히 정리해 보았습니다.

위 프로필을 간략히 살펴본 다음, 독자 여러분은 저와 함께 한

용의자 기본사항	
첫 번째 용의자	두 번째 용의자
이름｜여불위	이름｜영이
성별｜남자	성별｜남자
나이｜약 30세(사건 발생 당시)	나이｜20세(사건 발생 당시)
국적｜위	국적｜진
출신｜평민	출신｜왕족
직업｜상인	직업｜외교관(볼모)
거주지｜위 - 복양, 한 - 양적, 조 - 한단	거주지｜진 - 함양, 조 - 한단
사건발생지｜한단	사건발생지｜한단
사건과의 관계｜조희의 정부, 자이의 친구, 영정의 중부	사건과의 관계｜조희의 남편, 영정의 부친, 여불위의 친구

의문의 출생 27

명씩 집중 탐문 조사를 할 것입니다. 우선 첫 번째 용의자인 여불위의 혐의를 알아보도록 합시다.

위험한 도박

여불위는 복양 사람입니다. 복양은 전국시대 위나라의 도읍이었으며 현재 하남성 복양시 남쪽 지역을 가리키기 때문에 국적을 따지면 여불위는 위나라 사람이 됩니다. 한때 막강한 위세를 떨쳤던 위나라는 여불위가 태어나 성장할 때쯤에는 부패한 정치 때문에 내림세를 면치 못했습니다. 세력범위도 도성인 복양성 지역 정도에 그쳤습니다.

　암담한 국내 사정에 낙담하던 여불위는 위나라 밖으로 눈을 돌리기 시작했습니다. 대대로 상인 집안 출신의 여불위는 전국시대 각국을 오가는 장사에 승부수를 던집니다. 이후 그는 위나라를 떠나 한韓의 옛 도읍지인 양책(오늘날 하남성 우현)에서 큰 성공을 거두면서 전국시대에 손꼽는 부상富商이 되었습니다.

　당시 그는 '양책대고陽翟大賈'라고 불렸는데, 대고는 큰 규모로 장사하는 사람을 말하는 것이니, 요즘 말로 하면 양책 지역에 본사를 둔 다국적 기업 CEO였습니다. 당시 30여 세에 불과하던 여불위는 각국을 오가며 저가매수 고가매도를 통해 높은 수익을 거두었는데요, 그 결과 여불위 개인의 재산이 국가에 버금갈 만큼 되었습니다.

　기원전 262년, 즉 진소왕 45년이 되던 해 여불위는 사업차 한단에 방문했다가 볼모로 와 있던 자이를 만나게 됩니다. 여불위는 자이의 신분과 처지에 큰 관심을 보이게 되죠. 사서에는 자이를 만난 여불위의 가슴이 요동쳤다고 기록되어 있습니다. '기화가거奇貨可居'라는 사자성어가 그의 기분을 잘 설명해 줍니다. '희소성 있는 진귀한 보물을 구매해 쌓아둔다'는 뜻의 '기화가거'는 희소성 있는 진귀한 물건을 매입해 가격이 올라갈 때까지 기다렸다가 다시 되파는 것을 가리키는데요. 당시 가장 뛰어난 장사꾼이었던 여불위는 그 명성만큼 자이의 투자 가치를 정확히 파악했던 것입니다.

노련하고 용의주도한 투자가이던 여불위는 투자 대상을 선정한 다음 조심스럽게 행동을 이어갔습니다. 우선 한단에서 처음 자이를 보았을 때는 겉으로 아무런 내색을 하지 않고 속으로만 이해득실을 따집니다. 그리고 본거지인 양적으로 돌아간 후에는 사전 정보 수집 등을 통해 수차례 리스크 분석을 하는 등 몇 수 앞을 내다본 투자 계획을 수립한 뒤 자신의 전 재산을 자이에게 '올인' 하기로 결정했습니다.

물론 사안이 사안이니만큼 자신의 사업 본거지인 양적에서 본가本家인 복양으로 돌아가 동종업계 선배이자 인생의 스승인 부친에게 의견을 물었습니다.

《전국책全國策》〈진책秦策〉을 보면 여불위 부자가 나눈 대화 내용이 기록되어 있습니다. 대략적인 내용을 살펴볼까요.

(여불위) "농사를 통한 수확으로 몇 배의 이익을 벌어들일 수 있을지요?"

(부친) "10배 정도 이득을 얻을 수 있을 것이다."

(여불위) "금은보화 거래를 통한 장사로는 몇 배의 이익을 얻을 수 있겠는지요?"

(부친) "100배의 이익을 얻을 수 있을 것이다."

(여불위) "정치에 뛰어들어 군주를 옹립하면 얼마나 이익이 나겠는지요?"

여불위의 이 질문은 그가 자이의 가치를 어떻게 보고 있는지 그대로 보여 주고 있습니다. 그뿐 아니라 '기화가거'의 의미를 설명해주기도 합니다. 여불위의 눈에는 자이의 상품가치가 단순한 상품의 수준이 아니었습니다. 정치권력이라는 특수 상품으로 보였던 것이죠. 여불위는 장사에서 정치경영으로, 상품거래에서 권력거래로 업종 전환을 하려 했습니다. 그는 자이를 진나라 국왕으로 만드는 데 투자하려 했던 것입니다.

상품 매매에 주력하던 경영자 입장에서 파괴적인 혁신을 하겠다는 뜻이었습니다. 자신의 손으로 왕을 만들어 거기서 나오는 이윤을 획득할 목적이었기 때문에 큰 의미에서는 이윤 획득을 목적으로 하는 비즈니스가 맞습니다. 하지만 당시로서는 일반 장사꾼이 정권을 창출한다는 자체가 업계 상식을 깨는 것이었습니다. 최고의 장사꾼인 여불위도 심히 불안할 수밖에 없었습니다. 그래서 자신의 인생선배인 부친에게 자문을 구했던 것입니다. 내심 부친이 긍정적으로 전망해 주길 바랐던 것이죠.

그럼 여불위의 부친은 어떻게 답했을까요? 딱 두 글자로 답했습니다. "무수無數"

"무수"라니요? 이 말은 도대체 무슨 의미일까요? 지금까지 학자들은 이 말을 이렇게 이해했습니다. 농업으로 얻을 수 있는 이윤이 열 배, 장사로 얻을 수 있는 이윤이 백 배라는 말에 비춰봤을 때 천 배 혹은 만 배, 더 나아가서 가늠하기 어려운 수준의 막대한 이윤을 얻는 것이라고 말입니다. 가장 일반적이면서 좋은 의미로만 해석한 것입니다. 하지만 "무수"라는 말은 이런 의미로도 해석할 수 있습니다. '수數'는 동사로 '계산하다'라는 의미가 있습니다. 따라서 '계산할 수 없다', '예측할 수 없다'로 해석해 볼 수도 있습니다. 그럴 경우 여불위의 부친이 대답한 '무수'라는 말은 하이리스크 상품에 투자할 때는 신중하게 진행하라는 의미로 해석할 수 있습니다. 그렇다면 이 두 가지 해석 중 여불위 부친은 어떤 의미로 이 '무수'라는 말을 했을까요?

여불위는 자신의 재산뿐 아니라 인생 자체를 자이에게 걸었습니다. 이는 상업적 이윤을 위한 투자일 뿐 아니라 정치계 진출이라는 사업 전환이기도 했습니다. 게다가 인생을 건 모험이었죠. 그만큼 중대한 결정을 앞두고 부친과 상의를 했다는 사실에서 여불위 부자가 서로 얼마나 신뢰하고 아꼈는지 알 수 있습니다. 그리고 아버지에 대한 여불위의 존경심도 엿볼 수 있고요.

자고로 역사 속 배경과 주인공들은 계속 바뀌어 왔습니다. 하지만 인간의 근본적인 인성은 크게 변하지 않았죠. 따라서 인간이 가지는 기본적인 인정, 상식에 비추어 생각하면 과거와 현재에서 공통점을 찾아 이을 수 있습니다. 범죄 사건을 수사하는 형사들은 사건 해결을 위해 반드시 현장을 살펴봐야 합니다. 마찬가지로 역사 미스터리를 해결해야 하는 역사 탐정도 반드시 역사의 현장으로 들어가 봐야 합니다. 역사 현장으로 들어가는 방법에는 두 가지가 있습니다. 첫째, 직접 발로 뛰어 역사 사건이 발생한 공간으로 들어가는 것, 바로 고대 유적지를 현장 답사를 통해 살펴보는 것입니다. 둘째, 머릿속 연상을 통해 시공을 초월하여 역사 속으로 들어가 해당 인물이 당시 느꼈을 심정을 그대로 상상해 보는 것입니다.

독자 여러분도 역사 속 현장으로 들어가 보는 건 어떨까요? 각자 여불위의 부친이 되었다고 생각하는 것입니다. 당신에게 아들이 하나 있는데 외국에서 사업으로 크게 성공해 싱가포르에 본사를 둔 글로벌 기업의 CEO가 되었다고 생각해봅시다. 당신은 아들과 부자지간의 정분이 매우 두텁고, 항상 아들을 자랑스럽게 생각했습니다. 그런데 어느 날 그 자랑스러운 아들이 비행기를 타고 갑자기 나타나 이렇게 말하는 것입니다. "아버지, 제가 모든 재산을 처분해 모 정치인의 정치인생에 모든 것을 걸어 보려고 하는데 아버지 의견을 듣고 싶습니다."

이때, 여러분은 어떤 대답을 해 주시겠습니까? 아마 제 예상이 맞다면 여러분의 반응이나 저의 반응이나 거의 비슷할 겁니다. 대부분 눈앞에 보이지도 않는 열 배, 백 배의 가상 이익 때문에 절대 부화뇌동하지 않을 겁니다. 하지만 사업을 해 보셨거나 하고 있는 분들은 단순한 거부반응이 아니라 그 배후에 가려져 있을 정치적 리스크를 감지해 내고 고민할 것입니다.

옛말에 '부모만큼 자식을 잘 아는 사람은 없다'고 했습니다. 여불위의 부친은 아들의 꿈과 포부, 그리고 재주를 누구보다 잘 알고 있었습니다. 여불위가 부를 축적하는 데만 만족하지 않고 좀더 넓은 세계로 나가고자 하는 야망이 있다는 걸 눈치채고 있었던 것입니다. 여불위의 부친은 아들이 덤벙대거나 경솔한 성격이 아니기 때문에 충분히 심사숙고한 끝에 투자 계획을 세웠음을 알고 있었습니다. 자신의 의견을 물은 건 단지 심리적으로 지원군이 필요한 것일 뿐이라는 점도 파악하고 있었습니다.

여불위의 부친 역시 보통 인물이 아니었던 것입니다. 그러니까 농업을 통한 이윤이 열 배, 장사를 통한 이윤은 백 배지만 정치에 대한 투자수익은 "한 치 앞을 내다볼 수 없는, 예측불능의 수준"이라고 답했던 것입니다. 아마 "무수"라고 답한 후 다음과 같은 의미심장한 말을 하지 않았을까요? "불위야, 네가 이미 위험을 감수하기로 했다면 최고의 수익을 얻을 수 있도록 만반의 준비를 하거라."

부친의 이야기를 들은 여불위는 마음 한편에 남아 있던 불안도 떨쳐버릴 수 있었습니다. 그는 부친과 작별하고 양적으로 돌아온 다음 본격적인 행동을 개시했습니다.

지금까지 여러분과 함께 여불위가 자이에게 일생의 도박을 걸기까지 과정을 살펴보았습니다. 이 과정에서 여불위가 자신의 가산을 모두 자이에게 '올인'한 동기를 살펴볼 수 있었습니다. 누가 뭐래도 여불위는 이윤창출을 추구하는 장사꾼입니다. 그런 여불위에게 최고의 수익은 바로 자신이 지지하는 자이가 왕위에 등극

하는 것입니다. 요즘 말로 하면 자신이 지지하는 대통령 후보자가 당선되는 것입니다.

앞서 여불위가 왜 자이에게 일생일대의 도박을 하게 되었는지 동기를 살펴봤습니다. 이제 그가 대담한 도박을 결심하게 된 결정적 이유인 자이의 투자가치에 대해 알아보겠습니다. 자이에 대한 개인 프로필을 살펴보기에 앞서 우선 그의 가계도를 살펴봅시다.

자이 가계도					
구분	세대	성명	재위기간	모후
조부	31대 진소왕	영칙	기원전 306년~기원전 251년	선태후
부친	32대 진효문왕	영주	기원전 250년	당팔자
본인	33대 진장양왕	영이	기원전 249년~기원전 247년	하희
장자	34대 시황제	영정	기원전 246년~기원전 210년	조희

자이는 진나라 32대 왕이고 진효문왕秦孝文王 영주嬴柱의 아들입니다. 그는 진소왕 26년(기원전 281년)에 출생했습니다. 그가 여불위와 만났을 때 자이의 조부인 소왕 영칙嬴則이 아직 왕위에 있었고 부친인 안국군安國君 영주는 태자였습니다. 안국군 영주는 처첩妻妾이 많은 만큼 그 자녀도 아들만 20명이 넘었습니다. 아들이 많았던 만큼 자이는 서열상으로도 왕위 계승과는 거리가 멀었습니다.

중국에 이런 말이 있습니다. '황제는 큰아들을 중시하고 백성은 막내아들을 좋아 한다皇帝愛長子, 百姓愛幼兒.' 황제는 자신의 이해관계 때문에 큰아들을 아꼈습니다. 큰아들이 왕위를 계승하기 때문이죠. 백성은 막내아들이 가장 천진하고 귀여워서 좋아했던 것이고요. 왕이 단순히 왕위 계승만 생각하면 별문제가 없는데 사적인 감정을 우선시하면 항상 문제가 발생했습니다. 역사적으로도 늙은 왕이 눈을 감기 전에 갑자기 마음이 바뀌어 큰아들 대신 막내를 후계자로 정하는 사건들이 자주 등장합니다. 하지만 자이는 큰아들도 막내아들도 아니었습니다. 어떤 것도 기대할 수 없는 처지였습니다. 그만큼 왕위 계승 가능성은 희박했다고 볼 수 있습니다.

중국에는 '아내가 마음에 들면 처갓집 대들보도 예뻐 보이고, 자식에 대한 사랑은 그 어미에 따라 결정된다愛屋及烏, 母以子貴'는 말도 있습니다. 이 말은 부모자식 간의 사랑에 대한 상관관계를 나타내는데 부친이 어미를 사랑하는 정도에 따라 그 자식이 총애를 받는다는 뜻입니다. 그러나 자이의 모친, 하희夏姬는 자이를 낳은 뒤로는 총애를 받지 못하고 궁궐 속 후원에서 쓸쓸히 지내던 안국군의 여러 처첩 중 한 사람이었습니다. 어미인 하희가 부친인 안국군의 사랑을 받지 못했기 때문에 그 아들인 자이 역시 홀대를 받았습니다. 아버지의 사랑도 받지 못하고 왕위 계승의 희망도 없던 자이는 볼모로 조나라에 갔던 것입니다.

당시 자이 같은 왕실 혈통의 볼모를 질자質子라고 했습니다. 질자는 단순한 인질의 개념이 아니었습니다. 당시 전국칠웅은 서로 동맹을 체결한 뒤 왕실 자제를 볼모로 교환했습니다. 질자라고 불리는 왕실자제로 된 볼모는 외교 사절이면서 동시에 국가 간 신뢰를 증명하는 증빙 서류나 다름없었습니다. 전국칠웅 간의 정치 역학관계 속에서 그들의 운명은 양국 관계에 의해 결정되었습니다. 양국 간 관계가 우호적이면 상빈上賓 대접을 받았고 양국 관계가 악화되면 홀대와 수모를 받거나 심지어 하옥, 살해되기도 했습니다. 그렇다면 자이는 어떤 유형에 속했을까요?

자이는 대략 진소왕 42년(기원전 265년) 무렵 아직 20살이 채 되지 않았을 때 조나라의 볼모가 되었습니다. 이해는 자이의 부친인 안국군이 진나라 태자가 된 해이면서 조나라 효성왕孝成王이 즉위한 해였기 때문에 양국 관계는 해빙되는 분위기였습니다. 당시 동진東進을 거듭하던 진나라는 한나라를 집중 공격하고 있었습니다.

조나라는 한나라와 순망치한脣亡齒寒과 같은 인접 국가였기 때문에 겉으로 진나라와 화해한 척하면서 실제로는 한나라를 지원하고 있었습니다. 조나라는 진나라와는 팽팽한 긴장감을 유지하고 있었죠. 마치 훗날 벌어지게 될 장평대전長平大戰[1]을 예견이라도 하듯이 말입니다. 이런 전운이 양국의 도성인 함양과 한단에 드리우기 시작합니다. 따라서 한단에 머물던 자이는 조나라의 적대적 무시를 견디면서 동시에 진나라의 냉대도 버텨야 했습니다.

《사기》〈여불위열전〉에는 자이가 한단에서 어떤 처지였는지 다음과 같이 기록되어 있습니다. '마차는 낡았고 거처도 형편없었다車乘進用不饒, 居處困, 不得意.' 자이는 귀국의 희망이 없던 터라 미래도 없고 경제적으로도 빈한했기에 마차나 거처 모두 낡아 보잘 것 없었다는 내용입니다. 그만큼 이국 타향에서 자이의 삶은 빈곤하고 초라했습니다.

하지만 자이도 어쨌든 왕실 혈통인 것은 분명하기 때문에 실낱같은 희망이지만 왕위 계승의 가능성이 있는 것은 분명했습니다. 별 볼일 없을 것 같은 자이이지만 그래도 당시 최강대국인 진나라의 왕위를 이을 수 있는 잠재적 가치가 있었던 것이지요. 날카로운 비즈니스 감각을 지닌 여불위가 진나라 왕실의 순수 혈통이라는 자이의 상품 가치를 놓칠 리가 없었습니다.

하지만 자이가 가진 투자 가치는 분명히 잠재 가치일 뿐입니다. 잠재 가치를 제대로 실현하려면 순간의 기회를 잘 포착해야 합니다. 앞서 언급했듯이 태자 안국군의 아들이 20여 명이나 되었기 때문에 그 가능성은 20분의 1에 불과했고 조나라 볼모로 있었기 때문에 그 가능성은 더욱 희박했습니다. 좀 과하게 표현한다면 하늘이 돕지 않는 한 자이의 왕위 계승 가능성은 아예 없었습니다. 독자 여러분, 저는 방금 '하늘이 돕지 않는다면' 가능성이 없다고 말했습니다. 이 말은 '하늘이 돕는다면' 가능성이 있다는 식으로 해석할 수 있지 않을까요?

여불위는 전국시대 최고의 상인이었습니다. 그는 장사로 각국을 다니면서 해당 국가의 정세를 늘 주의 깊게 살펴봤습니다. 상품이 가진 투자 가치를 포착하는 데 능했던 그는 투자 시점 파악과 가치 상승 실현 방법에 대해서도 누구보다 잘 알았죠. 그 때문에 자이의 희박한 가치를 알아보았던 것입니다. 그 가치를 실현할 방법도 머릿속에 희미하게 스쳐 지나갔고요. 그렇다면 여불위는 그 가치를 실현할 시점을 어떻게 파악할 수 있었을까요?

일급 비밀

가치를 실현할 시점은 여불위의 투자 성패를 결정할 수 있는 일급 비밀이었습니다. 이런 일급 비밀은 아무에게나 말할 수 없었죠. 그는 그 중요한 비밀을 투자 상품인 자이에게만 말했습니다. 여불위와 자이, 두 사람은 여불위가 장사를 위해 한단과 양적을 오가다가 우연히 스치면서 처음 인연을 맺었습니다. 그리고 그들의 두 번째 만남은 여불위가 일생일대의 도박을 해보겠다는 생각을 하면서 정식으로 이루어집니다. 이는 여불위 인생 최대이자 중국 역사에서도 그 유례를 찾을 수 없을 정도의 도박이라고 할 수 있습니다.

자이의 거처에서 이루어진 두 번째 만남에서 여불위는 먼저 간단한 예를 올립니다. 그리고 "공자님 거처의 대문이 너무 좁사옵니다. 공자께서 사양치 않으신다면 제가 좀 넓혀 드릴까 합니다만"이라며 운을 띄웠습니다. 그러자 자이는 "공이 머무는 거처의 문을 넓힌 후에 신경 써 주시오"라고 답했습니다. 그러자 여불위가 "아직 문을 넓힐 생각을 하신 적이 없는 듯하옵니다. 저는 공자께서 넓히신 연후에 하도록 하겠습니다"라며 다른 할 말이 있는 듯한 뉘앙스를 풍겼습니다. 자이 역시 총명했기 때문에 여불위가 하는 말 한마디, 한마디에 다른 의미가 있음을 눈치챘습니다. 그는 여불위를 방으로 불러 진지한 이야기를 나누게 됩니다.

자이와 독대한 여불위는 우선 진나라 왕실을 둘러싼 왕위 계승의 정치구도를 하나하나 짚어주었습니다. "공자님의 조부이시자 현재 왕위에 계신 소왕 전하께서는 연로하신 관계로 얼마 전

안국군 저하를 태자로 책봉해 후계구도를 확정하셨습니다. 공자의 형님 되시는 자혜子傒 공자께서는 현자賢者인 사창士倉과 그 모친의 도움으로 후계 구도에서 한발 앞서 나간 상태이옵니다. 하지만 변수가 있습니다. 아직 슬하에 자녀가 없으신 화양부인華陽夫人 말이옵니다. 화양부인께서는 태자이신 안국군의 총애를 한몸에 받으신다고 들었사옵니다. 그렇다면 화양부인은 후계자 선정에서 큰 변수가 될 것이옵니다."

여불위는 자이, 당신만 동의하면 온갖 수단을 동원해 반드시 화양부인을 설득해 안국군의 후계자가 되도록 돕겠다고 밝힌 셈입니다. 여불위의 말은 들은 자이는 자리에서 일어나 바닥에 엎드려 큰절을 올리더니 "만약 공께서 정말 화양부인을 설득해 날 후계자로 만들어준다면 즉위 후 반드시 그대에게 진나라를 호령할 수 있는 권력을 주리다"라고 약속합니다.

여불위는 45년간 재위하고 있는 진소왕이 이미 60세가 넘을 만큼 연로했다고 말했습니다. 여불위가 언급하지는 않았지만 자이의 아버지인 안국군 역시 태자로 책봉될 당시 나이가 이미 40세에 육박해 있었습니다. 옛사람들의 평균 수명은 오늘날에 크게 못 미쳤지 않습니까? 더구나 전국시대와 진한시대 사람의 평균 수명이라고 해봤자 50세가 되지 않았으니까 당시 사람들의 시각에서 60세가 넘은 진소왕은 고령 중의 고령으로 조만간 세상을 뜰 사람이었습니다. 이는 안국군이 조만간 왕위를 계승할 것이라는 점을 의미했습니다. 연로한 군주가 몇 해나 더 왕위를 유지할지가 초미의 관심사였죠.

여불위는 한 수 앞을 더 내다보고 안국군이 곧 즉위할 것이라 했습니다. 안국군이 즉위하게 되면 그의 후계자를 정해야 될 텐데, 이는 곧 태자 책봉을 의미했습니다. 마흔 살에 다다른 안국군에게 스무 명이 넘는 아들이 있지만 아직 후계구도는 확정되지 않은 상태였습니다. 이렇게까지 후계자 선정이 미뤄진 이유는 총애하는 정실부인인 화양부인에게 아직 자녀가 없었기 때문이었습니다. 안국군과 화양부인은 기다리고 있었습니다. 도대체 그들은 무엇을 기다리고 있었던 것일까요? 여불위는 안국군의 후계자가 왜 화양부인의 의중대로 결정이 된다고 판단했던 것일까요?

화려한 일족

화양부인이 대체 어떤 인물이기에 태자 선정이라는 중대사에서 결정적인 영향력을 가지게 되었을까요? 이를 이해하기 위해서는 그녀를 더 파악해야 합니다. 여러분께서 화양부인에 대해 좀더 확실히 파악할 수 있도록 그녀의 개인 프로필과 가족사항을 펼쳐 보여 드리겠습니다.

자료 A. 화양부인 프로필	
이름	미□
나이	약 30여 세(사건 발생 당시)
출신지	초
혼인	기혼(남편 : 안국군 영주)
신분	왕태자 부인
거주지	함양

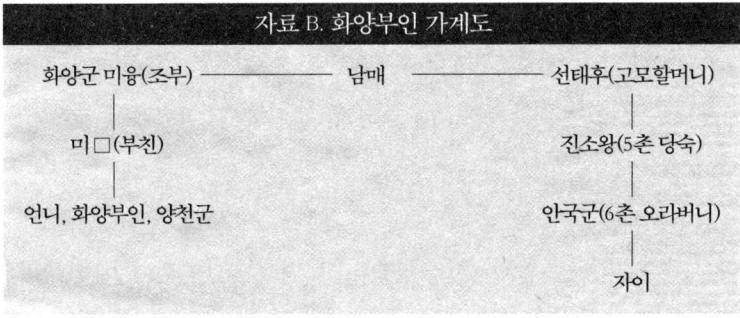

　자료 A에 기재된 화양부인의 개인 프로필은 굉장히 단순명료하죠? 그녀의 이름이 불분명한 것 외에는 달리 추가 설명은 필요 없을 것 같습니다. 하지만 진나라 왕실 가계도인 자료 B는 집안 간에 좀 복잡하게 얽힌 면이 있어서 설명이 필요합니다.

　우선 자료 B의 왼쪽을 보면 화양부인은 초나라 사람으로 선태후를 중심으로 한 초나라 계파 외척세력의 인물로서 성이 미羋라는 것을 알 수 있습니다. 화양부인이라는 호칭도 조부인 화양군 미융羋戎에서 유래된 것임도 알 수 있고요. 미융은 진소왕의 모친인 선태후의 동생으로 한때 진나라 승상을 지낸 초나라 계파 외척세력의 핵심인물이었습니다. 화양부인의 성씨와 칭호를 보면 그녀가 미융의 직계 후손이 틀림없음을 알 수 있습니다. 그리고 화양부인의 남편인 안국군은 선태후의 손자입니다. 화양부인 3남매는 각각 화양대저華陽大姐²라 불린 큰 언니와 양천군陽泉君에 봉해진 남동생이 있었습니다.

　이제 자료 B의 오른편을 살펴볼까요. 먼저 선태후의 경우 그녀는 화양군 미융의 누나이자 화양부인의 고모 할머니였습니다.

의문의 출생　41

왕실 입장에서 보면 그녀는 진소왕의 생모이자 안국군의 조모이고 자이의 증조모였죠. 초나라 왕족 출신으로 성이 미씨인 선태후는 '미팔자 芈八子'라 불리는 진나라 왕의 후궁이었습니다. 미팔자는 후궁 등급인 팔자八子[3]에 성씨인 미를 붙여 만든 그녀의 전용 호칭입니다. 태후가 된 후에는 선태후라고 불리게 되었습니다. 당시 진나라 역사에서 선태후라는 인물은 정치적으로 매우 중요한 위치를 점하고 있었습니다. 그녀는 친정인 초나라 왕실의 힘을 빌려 진소왕이 즉위하는 데 큰 역할을 했으며 진나라 국정을 오랫동안 장악했던 터라 정치적인 위치나 업적이 상당했습니다.

화양부인은 선태후의 조카딸이면서 안국군의 재종 누이였기 때문에 화양부인과 안국군 간의 혼인은 집안 내 결속력 강화를 위한 정략결혼이었습니다. 이 정략결혼을 주관한 이가 바로 선태후와 화양군이었죠. 내부 결속력 강화 및 기득권 유지를 목적으로 한 정략결혼이었기 때문에 화양부인은 안국군의 후계자 문제에서 결정적인 발언권을 가지고 있었습니다. 좀더 자세히 살펴볼까요?

먼저 화양부인을 살펴 보겠습니다. 초나라 왕실 출신이라는 고귀한 신분배경에 젊음과 미모, 명석한 두뇌를 갖추고 있던 그녀는 주변 사람들 기분을 잘 맞추는 재주도 있었습니다. 당시 진나라 실세이던 선태후의 유전자를 물려받아서인지 정치에도 상당한 감각과 관심을 가지고 있었고요. 자신의 주관과 의지도 있었기 때문에 선태후 사후 초나라계 외척세력의 차기 영수가 될 만한 그릇이었습니다. 선태후와 화양군이 안국군과의 혼례를 추진한 것도 둘 사이에서 태어난 왕자를 왕위에 올려 이후에도 계속 진나라 대권을 장악하려고 했기 때문입니다.

다음으로 안국군을 볼까요? 왕위 계승권이 있는 적장자(嫡長子)도 아니고 정치적 포부도 없던 안국군은 원래 주색에 빠져 살았습니다. 그래서 처첩과 자식이 많았죠. 반면에 정치판에서 운신의 폭은 상당히 좁았습니다. 그러다가 진소왕 42년에 기존의 왕태자가 세상을 뜬 후 처가인 화양부인 집안, 즉 미씨 집안의 힘을 빌려 진소왕의 숱한 왕자들 사이에서 태자가 되었습니다. 태자가 될 때 처가의 힘을 빌렸던 탓에 이후에도 미씨 가문의 의견을 따를 수밖에 없던 처지였겠죠? 그래서 화양부인의 발언권이 강해진 것입니다.

그런데 세상 이치가 참 묘한 것이 화양부인과 안국군이 한이불을 덮은 지 여러 해가 되었지만 자녀가 없었습니다. 이 때문에 두 사람은 자식이 태어나길 기다리고 기다렸던 것입니다. 하지만 후계자 선정이 코앞에 닥치면서 그 기다림이 수포로 돌아가게 되었습니다. 나날이 쇠약해가는 안국군의 몸을 생각했을 때 자식을 갖는 것은 점점 어려워 보였습니다. 그 때문에 기존의 왕자들 가운데에서 안국군의 후계자를 골라야 했습니다만 아들도 20명에 달하다 보니 쉽지가 않았습니다. 이 때문에 섣불리 결정하지 못하고 관망할 수밖에 없었습니다.

20명에 달하는 왕자들 가운데 후계자를 선택한다고 생각해보죠. 그러면 당연히 각 왕자의 어미들, 즉 여러 처첩 간의 이해관계가 얽힐 수밖에 없지 않겠습니까? 이렇게 정치적 이해관계가 얽힐 수밖에 없는 상황에서 가장 총애받던 정부인인 화양부인과 그녀 배후의 정치세력인 미씨 집안의 의중은 대세를 판가름 짓는 캐스팅보트가 될 수밖에 없습니다. 화양부인이 안국군의 후계자 문제에서 결정적 발언권을 가질 수밖에 없는 바로 이런 이유, 이것이 바로 여불위가 눈여겨본 자이의 잠재가치였습니다.

기회란 순식간에 지나가는 법입니다. 그래서 기회가 왔을 때 즉시 포착하는 재주가 바로 성공의 첩경입니다. 일단 여불위는 이 기회를 포착했습니다. 이제는 '이 기회를 어떻게 현실화시킬 것인가?' 가 문제였습니다. 그리고 이 기회를 실현하기 위한 관건은 화양부인 설득 여부였습니다. 화양부인이 여러 왕자 가운데 자이를 예뻐하고 선택하면 되는 것입니다.

화양부인 설득 프로젝트는 결국 여불위의 PR 능력을 시험하는 것이었습니다. 이 중요한 자이 PR 프로젝트에 성공하기 위해서는 일단 사전 준비작업, 속된 말로 밑밥을 깔아야겠죠? 일단 자이의 대권 도전의욕 불사르기는 앞서 이야기한 것처럼 자이 설득에 성공하면서 잘 마무리했습니다.

1단계를 잘 넘긴 여불위는 바로 2단계 행동에 들어갔습니다. 그는 자이에게 거액을 들여 거처 확장공사에 특급 마차를 마련해 주었고, 입소문 마케팅을 위한 빈객賓客을 모집하여 한단발 PR 활동에 들어갔습니다. 여불위의 막강한 재력과 세심한 포장 작업을 거치면서 자이의 명성은 '진나라에서 온 현명한 왕자'로 탈바꿈하여 각국에 퍼져 갔고, 진나라의 도성인 함양에도 전해지게 되었습니다. 입소문을 통한 이미지 메이킹이 효력을 보기 시작하면서 여불위는 다시 금전 공세를 중심으로 한 3단계 작업을 시작했습니다. 3단계 작업을 위해 여불위는 금은보화를 고가에 대량 매입하여 함양으로 입성했습니다.

여불위의 함양행은 나름 명분이 있었습니다. 즉 이유 있는 정식 방문이라는 것입니다. 왜냐면 자이가 조나라 볼모라서 그를 대신해 태자인 안국군 부부에게 그간의 경과를 보고해야 했기 때문입니다. 게다가 함양 행차를 하면서 빈손으로 오지도 않았으니 더 당당했습니다. 명분도 있지, 귀국하는 손도 무겁지, 마치 왕위 계승권을 당장에라도 손에 쥘 듯한 기세였습니다. 여불위는 이번 함양 행차에서 자이를 확실히 홍보해 반드시 안국군의 후계자로 만들겠다는 분명한 목적의식이 있었습니다. 여불위가 이번에 목표로 하는 대상은 다름 아닌 화양부인이었습니다. 하지만 함양에 도착한 여불위가 처음 찾은 상대는 화양부인이 아니라 그녀의 남동생인 양천군이었습니다.

왜 양천군을 먼저 찾았을까요? 그 이유를 알면 여불위가 보통 인물이 아니라는 것을 알 수 있습니다. 비즈니스계에서 잔뼈가 굵은 여불위이기에 당연히 날카로운 안목을 가졌을 것이고 철두철미한 일 처리를 보였겠죠. 더군다나 '자이 군왕 만들기'는 자신의 일생일대 최대의 도박이었으니 더 신중했을 것입니다. 그래서일까요? 세상 물정에 밝은 만큼 목표를 직접 공략하기보다는 일단 그 주변부터 포섭하는 것이 화양부인의 마음을 얻는 첩경이라는 사실을 잘 알고 있었습니다. 이를 위해 여불위는 치밀한 계획을 세웠습니다. 이 계획, 즉 여불위 PR 작업의 제1막이 바로 양천군 포섭이었던 것입니다. 그렇다면 그는 양천군을 어떤 방식으로 포섭했을까요?

  이에 대한 기록이 《전국책》〈진책〉에 보입니다. 그는 양천군을 대면한 자리에서 자질구레한 인사치레는 생략한 채 바로 공략에 들어갑니다. 양천군 일가, 즉 화양부인을 중심으로 한 미씨 집안이 전에 없는 최대 위기에 봉착할 수도 있다는 위기설을 설파한 것입니다. 여불위는 양천군에게 "현재 공의 집안 분들께서 조정 요직을 차지하고 계시니 곳간과 마구간이 항상 풍족하고 미녀도 언제든 손에 넣을 수 있사옵니다. 그만큼 막강한 권력을 가지고 계시오나 제 눈에는 절체절명의 위기가 코앞에 닥쳤음이 보이옵니다"라고 했습니다.

  여불위는 왜 양천군을 보자마자 이런 위기감을 조장한 것일까요? 여불위는 계속 말합니다. "공께서 좀 놀라시겠지만 외척은 양날의 검과도 같사옵니다. 왜냐하면 그 권력기반이 왕의 총애와 혼인에 의해 결정되기 때문이옵니다. 작금의 현실을 보십시오. 안국군과 화양부인 마마 소생의 왕자가 없으시옵니다. 지금의 권력과 총애가 사상누각이나 다름없지 않겠사옵니까. 안국군께서 미령하시기 때문에 의외의 상황이 발생하오면 공을 비롯한 집안의 앞날에 흉한 일이 더 많이 발생할 것이옵니다. 현재 후계 구도에서 선두주자는 누가 뭐라고 해도 장자이신 자혜공자입니다. 더구나 사창의 보필을 받고 있어 더욱 가능성이 크옵니다. 만약 자혜 공자가 차기 대권을 차지하시오면 공자의 모친이 실권을 잡게 될 것이니 공 가문이 권력에서 밀려날 것은 불 보듯 훤한 일이지 않겠사옵니까?"

여불위의 이 말은 곧 외척의 흥망성쇠가 혼인에 달렸다는 것입니다. 미씨 일가의 부귀영화는 결국 진나라 왕족인 영씨 왕실과 혼인을 하여 왕후를 배출해내는 데 달렸으며 장기적인 실권 장악을 위해서는 추가 조치가 필요하다고 한 것입니다. 그 추가 조치가 바로 안국군과 화양부인 사이에서 태어난 왕자를 후계자로 만드는 것입니다. 그래야 화양부인은 왕후, 태후가 될 수 있고 진나라 왕위도 미씨 혈통에서 잇게 되니까요. "지금 공 일가는 이미 혼인을 통한 덕을 보고 계시옵니다. 지금의 권세, 부가 화양부인과 태자의 혼인 덕택이지 않사옵니까? 하지만 두 분 사이의 왕자가 계시지 않기 때문에 너무 불안하옵니다. 겉보기에는 화려한 권세를 뽐내고 계시지만 바람 앞의 등불처럼 위태하단 말이옵니다." 여불위는 한 번 더 강조했습니다.

묵묵히 자신의 말을 경청하는 양천군을 본 여불위는 쇠뿔도 단김에 뽑기 위해 확신에 찬 어조로 자신의 생각을 말했습니다. "오늘 전 두 가지 목적을 가지고 공을 찾아뵈었습니다. 첫째는 공에게 도움을 요청하기 위해서이며 둘째는 공의 어려움을 해결해 드리기 위해서 입니다. 공께서 저를 믿으시고 제 말대로만 하신다면 이후 공 일가는 변함없이 부귀영화를 유지하실 수 있을 것이오며 잠재적인 위협 요소도 사라질 것이옵니다."

자신의 말을 다 마친 여불위는 매우 태연자약한 모습으로 양천군을 바라봤습니다. 양천군은 오랜 세월 진나라 권세를 장악한 미씨 일가를 대표하는 정치 실세였습니다. 지금 비록 권세를 장악하고 있으나 선태후 사후 조금씩 몰락하고 있는 것이 당시 진나라 내 초나라계 외척세력의 실상이었습니다. 양천군이 보기에도 초나라계 외척세력이 권력을 유지하는 데에는 자신의 누이인 화양부인이 핵심 기반이었습니다. 하지만 총애를 받는 것과는 무관하게 왕자를 출산하지 못했기 때문에 권력이 너무도 불안했습니다. 여불위가 설명하기 전에 양천군도 이미 이 점을 염려하고 있었습니다. 그 역시 권력 핵심부에서 잔뼈가 굵은 인물이었으니까요.

독자 여러분도 정치적이든 경제적이든, 아니면 생활적으로든 어떤 일이 각 당사자에게 다른 이해관계로 다가가는 경우를 경험해 보았을 것입니다. 현재 우리가 이야기하고 있는 진나라 왕실의 권력게임도 마찬가지입니다. 한번 당시 상황으로 들어가 볼까요. 여불위는 진나라 왕실의 자이를 대표한 자격으로 화양부인 중심의 초나라계 외척세력과 정치적 거래를 하고 있습니다. 나름 조커도 가지고 있었습니다. 게임머니도 충분히 챙겨 왔고요. 여불위가 가진 조커는 당연히 자이였습니다. 이 자이라는 조커는 화양부인 일가에게는 특별한 의미가 있었습니다.

사실 안국군의 후계자 확립 문제는 진나라 왕위 계승권을 둘러싼 정치 게임이었습니다. 화양부인과 안국군의 여러 처첩, 장자인 자혜와 자이를 비롯한 안국군의 왕자들 모두 게임 참여자입니다. 문제는 핵심 플레이어인 자이나 화양부인 모두 핵심 패가 하나씩 부족하다는 사실입니다.

일단 자이가 가진 패를 볼까요. 가장 내세울 수 있는 패는 다름 아닌 안국군의 아들, 즉 진나라 왕실 혈통의 왕자라는 것입니다. 얼마든지 왕위 계승의 가능성이 있는 왕자라는 것입니다. 하지만 손에 쥐고 있지 못한 패가 있습니다. 그것은 왕위 계승전에서 이기는 데 필요한 부친의 총애입니다. 특히나 장자인 자혜와의 경쟁에서 이기기 위해서는 말이죠. 그럼 이번에는 화양부인이 가진 패를 살펴볼까요? 그녀는 누가 뭐래도 현재 안국군의 총애를 한몸에 받고 있는 태자의 정부인이자 태자비이며, 후계자 선정에서도 결정적 발언권을 가지고 있습니다. 하지만 가지지 못한 패도 있다고 했습니다. 바로 안국군 혈통의 왕자를 낳지 못했다는 것입니다. 서로 가진 패와 부족한 패가 묘하게 맞아떨어졌기 때문에 도울 필요가 있었습니다.

거래가 성립하기 위해서는 일단 서로 가진 패를 교환해 이익을 볼 수 있어야겠죠. 자이와 화양부인 사이를 오가던 타고난 장사꾼, 여불위는 양측이 서로 돕는다면 모두가 윈-윈 할 수 있다는 사실을 알게 됩니다. 양천군을 설득하는 과정에서 그는 이 점을 확실히 짚어주고 있고요. 여불위가 양천군에게 한 말을 다시 한번 요약하면, 지금 조나라에 볼모로 가 있는 자이를 이대로 두고 보기만 하면 자이는 자이대로 이역만리 땅인 한단성에서 고립되어 쓰러질 것이며, 화양부인 일가도 자혜가 안국군의 후계자가 되는 것을 속수무책으로 바라보다가 쇠망을 길을 걸을 수밖에 없다는 것입니다. 하지만 만약 자이와 화양부인 사이에 동맹이 결성되면 자이는 든든한 모후를 얻어 왕위 계승권을 확보할 수 있게 되고 화양부인은 없던 자식이 생기면서 실권은 그대로 손에 줄 수 있게 되니까 양측 모두에게 이익이라는 것이지요. 이렇게 설명을 한 후 여불위는 단도직입적으로 이야기합니다.

"지금 저희 모두 바로 행동에 들어가야 합니다."

여기서 말하는 '저희'라는 말은 크게 보면 자이로 대표되는 정치세력과 화양부인으로 대표되는 정치세력의 연합을 가리키는 것이며 작게 보면 여불위와 양천군을 가리키는 것입니다. 여불위는 양천군에게 결정권을 넘겼습니다. 이미 자신이 자이를 대표해 먼저 손을 내밀었으니 이해관계를 잘 따져보고 자신들과 함께 할 것인지 결정하라는 것입니다.

따지고 보면 양천군과 자이는 모두 왕실 인척이었기 때문에 함양에서 어느 정도 일면식이 있는 사이일 것입니다. 하지만 두 사람 사이에 어느 정도 거리감이 있을 수밖에 없는 것이, 양천군은 핵심 실세인 화양부인의 아우지만, 자이는 안국군의 총애와는 거리가 먼 하희의 아들이었습니다. 더구나 자이가 한단에서 오랫동안 볼모 생활을 하는 바람에 양측 간의 연락이 끊긴 지 오래였습니다. 수년간 왕래가 없다가 태자의 후계자를 결정하는 민감한 시기에 자이를 대표해 여불위가 갑작스레 방문했으니 양천군 역시 뭔가 기회가 왔다는 걸 느꼈습니다. 여불위의 솔직하고 예리한 분석에 양천군은 읍을 하며 상세한 방도를 알려달라고 청했습니다.

여불위는 직설적으로 핵심만 말했습니다. "자이 공자는 조나라에 볼모로 있으면서 어머니의 정이 그리워 얼른 귀국하고 싶어 합니다. 하지만 도와줄 세력이 없어 발만 동동 굴리고 계시지요.

그러다가 화양부인 마마께 손을 내미시게 되었습니다. 부디 화양부인 마마께서는 공자를 내치지 마시고 양자로 삼으시어 태자 저하의 후계자로 삼으시길 바라옵니다. 그렇게만 된다면 공자는 진나라로 돌아오실 수가 있으며 마마께서는 없던 아들이 생기는 것이니 일거양득이 아니겠사옵니까?"

양천군은 즉석에서 "좋소. 선생께서 말한 대로 하겠소이다"라며 답했습니다. 덕분에 이후 여불위가 화양부인에게 PR 작업을 진행하는 데 양천군은 훌륭한 조력자가 되었습니다. 양천군을 설득한 여불위의 다음 행동은 무엇일까요?

화양부인의 눈물

화양부인 3남매 가운데 화양부인이 가장 신뢰하고 의지하는 사람은 바로 큰언니였습니다. 그래서 여불위가 취한 다음 작업은 다름 아닌 화양부인의 큰언니, 화양대저華陽大姐를 포섭하는 것이었습니다. 그녀를 통해 화양부인을 설득하려는 것이었죠. 양천군의 소개로 화양대저를 친견親見한 여불위는 양천군에게 사용한 직설적 화법이 아닌 부드럽고 친근한 화술을 사용해 화양대저의 호감을 샀습니다. 어느 정도 대화가 진행된 이후에 여불위는 특별히 챙겨간 금은보화를 내놓으며 화양부인에게 대신 전해달라고 부탁했습니다.

화양대저는 여불위가 챙겨준 금은보화를 손에 들고 즉시 화양부인을 만나 자이가 현명하고 지혜로우며 천하의 인재들과 교류를 한다며 공자들 가운데서도 최고라고 극찬했습니다. 화양대저는 자이의 처지를 이렇게 설명하기도 했습니다. "그 아이가 불철주야 태자 저하와 아우님을 생각한다 합니다. 여불위 공의 말에 따르면 그 아이에게 아우님은 태양과도 같은 존재라고 하더이다. 아우님의 총애를 받고 싶다는 말까지 한다 합니다. 더구나 이번에 후한 선물을 보내왔으니 효심으로 여기고 받아 두시지요."

사서에 따르면 화양부인은 화양대저가 전하는 여불위의 말과 자이가 보낸 금은보화를 받아들고는 '크게 기뻐했다大喜'고 했습니다. 화양부인의 기쁨은 두 배일 수밖에 없었습니다. 여불위가 전해주는 자이와의 연합 계획에다 엄청난 양의 금은보화까지 받게 되었으니 말입니다. 화양부인이 기뻐하는 틈을 타 화양대저는 여불위의 말대로 쐐기를 박는 멘트를 날립니다.

"제가 이런 이야기를 들은 적이 있습니다. '아름다움으로 흥한 자, 그 아름다움이 사라지기 시작하는 순간 추락하기 시작한다以色事人者, 色衰而愛弛.' 젊음과 미모에 기대 총애와 환심을 사게 되면 그 젊음과 미모가 다하는 순간 그간 누렸던 총애도 사라진다는 것이지요. 지금 아우님이 태자 저하의 총애를 얻고 있지만 왕자를 생산하지 못했으니 위태롭기 짝이 없습니다. 지금 총애를 많이 받으실 때 미리 대비해야 합니다. 그러니까 훗날을 위해 여러 왕자 가운데 현명하고 효성이 지극한 이를 양자로 거두세요. 그런 다음 태자를 설득해 그 양자를 후계자로 삼으면 되지 않겠습니까? 그리만 되면 태자께서 생존해 계시는 동안은 물론이고 아우님의 양자가 차기 왕위에 오른 뒤에도 지금의 부귀영화를 그대로 유지할 수 있습니다. 지금 아우님 말 한마디면 훗날의 평생 이익이 보장되니 얼마나 좋습니까?"

화양대저는 이어, "만약 지금 미리 준비하지 않으시면 나중에 총애받지 못할 때에는 어디 하소연하실 곳도 없게 됩니다. 보석도 세월이 오래되어 빛이 바래 보세요. 아무도 거들떠보지 않지 않습니까. 사람도 늙으면 그만입니다. 다행히 자이 그 아이는 현명하고 효성이 지극하지 않습니까. 왕자들 가운데 서열이 중간이라 차기 왕위를 이을 가능성도 희박하고 더구나 어미인 하희 역시 태자 저하의 총애를 받지 못하고 있다는 점이 좀 걸리긴 합니다만 어쨌든 아우님께 도움을 요청하고 있지 않습니까? 그 아이를 태자 저하의 후계자로만 만들어 주면 아우님은 진나라에서 영원한 권세를 누릴 수 있을 것입니다."

머리가 비상한 화양부인은 금세 언니인 화양대저의 말을 알아들었습니다. 그리고는 즉시 행동에 착수했습니다. '베갯밑송사 앞에 장사 없다'는 말처럼 화양부인은 태자인 안국군에게 밤낮으로 자이 칭찬을 해댑니다. 현명하고 각국에서 명망을 얻고 있다는 식으로 말이죠. '여성의 눈물은 최고의 무기'라는 말도 있지 않습니까? 안국군을 어느 정도 설득했다고 판단하자 화양부인은 눈물을 흘리면서 "신첩, 태자를 여러 해 동안 모실 수 있어 너무 행복하옵니다. 허나 지금껏 저하께 후사를 안겨드리지 못했으니 불행이 아닐 수 없사옵니다. 신첩, 남은 여한이 없사오나 다만 한 가지 바라는 것이 있다면 태자 저하를 위해 양자를 거둬서라도 후사를 안겨드리고 싶사옵니다. 태자 저하의 후계 구도를 위해서도, 신첩이 믿고 의지할 후사 마련을 위해서도 자이를 양자로 맞이하고 싶사옵니다"라며 안국군을 꼬드겼습니다. 오늘날 안국군의 태자 자리도 화양부인의 힘으로 얻은 것이고 앞으로도 화양부인 일가의 조력을 받게 될 것이기에 안국군은 화양부인의 요청을 거절할 수 없었습니다.

'일단 시작했으면 끝장을 보라 不作二不休'는 중국 속담처럼 화양부인은 안국군에게 자이를 후계자로 확정해 버리자고 요구합니다. 결국 승낙 받은 화양부인은 해당 내용을 문서화해 한 쌍으로 된 옥부절玉符節⁴에 기록해 법률적 효력을 가질 수 있도록 했습니다. 참 철두철미한 여인이지 않습니까? 이런 우여곡절 끝에 자이는 진나라 태자인 안국군의 정식 후계자가 됩니다. 중국 역사최대의 배팅이 시작된 것입니다.

🐫 1심 결과

진시황 생부 미스터리의 유력한 용의자 중 한 명이었던 여불위에 대한 조사가 일단락된 듯합니다. 여불위 감독, 화양부인 및 자이가 주연으로 나선 '자이, 태자 후계자 만들기'는 진나라 왕위 계승권을 둘러싼 3자 연합이 주된 내용이었습니다. 물론 3자 연합의 주체는 두말할 것 없이 여불위, 자이, 화양부인이었죠. 이번 연합의 총감독, 총기획자인 여불위는 상호 협력을 통한 윈-윈 달성이라는 비즈니스 원칙을 정치에 응용하여 자이가 후계자 쟁탈전에서 유리한 고지를 선점하도록 했습니다. 이 연합은 겉으로 보기에는 복잡하고 극적으로 이루어진 듯하지만 실제로는 초나라계 외척세력과 진나라 왕자인 자이 간에 이해관계가 얽힌 정치 거래입니다. 이 거래에서 가장 중요한 요소는 바로 자이의 혈통입니다. 그가 왕실 적통이라는 점은 여불위와 자이, 화양부인을 이어주는 핵심이었습니다.

여불위 눈에 비친 자이의 핵심가치는 진나라 적통 왕자라는 점이었고 그 때문에 평생의 업이라 여겼던 장사를 내팽개치고 정치에 뛰어든 것입니다. 더구나 자신의 운명은 물론 가문의 명운을 모두 건 일생일대의 도박이었기 때문에 신중할 수밖에 없었죠. 그토록 중요한 배팅이었던 만큼 자이라는 상품이 보물인지 아니면 정크 본드Junk Bond(신용평가 등급이 아주 낮은 회사가 발행하는 고수익·고위험 채권)인지 분명히 파악해야 했고 혈통 자체를 조작해 이 거래에 뛰어들 이유가 전혀 없었습니다.

화양부인의 입장에서도 마찬가지입니다. 여불위가 추천한 상품인 자이를 매입, 즉 양자로 거둬들여 후계자로 확정하려면 가장 중요한 투자 포인트는 다름 아닌 그의 혈통이었습니다. 자이가 순수 혈통의 진나라 왕자인지는 앞으로 화양부인과 그 일가의 정치 운명을 결정할 수 있는 중요한 사항이었습니다. 이 때문에라도 화양부인과 그 일가가 자이의 혈통에 관해 소홀했을 리가 없고 의혹의 여지를 남겨둘 리도 없었습니다. 따라서 화양부인을 위시한 초나라계 외척세력의 감시하에서는 조작할 가능성이 없다고 볼 수 있습니다.

지금까지 함께 살펴본 내용에 따라 내린 진시황 생부의 정체를 둘러싼 미스터리의 1심 의견은 다음과 같습니다. 범행 동기로 판단했을 때 여불위는 '무죄'입니다. 당사자는 물론 당시 상황을 봐도 화양부인을 중심으로 한 초나라계 외척세력이 이 문제의 조작을 절대 용납하지 않았을 겁니다. 그래서 여불위는 '진시황 친부 미스터리'에서 결백하다는 것입니다.

두 번째 추적

여불위 스캔들의
실체는 무엇인가?

🦌 법률 감정

진시황 생부 미스터리를 밝히기 위해 우리는 주요 용의자인 여불위의 혐의 가능성을 세심하게 살펴보았습니다. 조사 결과, 여불위는 사건을 조작할 동기도 없고 주변 여건도 허락하지 않았기 때문에 결백하다고 판결했습니다. 두 명의 용의자 가운데 여불위를 제외하면 이제 장양왕 자이가 유력한 용의자로 남습니다. 하지만 이와 같은 추론을 신뢰성 있는 결론으로 바꾸기 위해서는 좀더 직접적인 증거가 필요합니다. 직접적인 증거는 법률 감정과 의학 감정이라는 기술 분석을 통해 얻을 수 있습니다.

이천 년 전의 진나라는 상앙변법商鞅變法[5]을 통해 중국 역사상 최초의 법치국가가 되었습니다. 이때 체계가 잡힌 법률과 꼼꼼한 제도는 진나라가 훗날 기타 6국을 병합하여 천하를 통일할 수 있는 밑거름이 되었습니다. 《사기》와 같은 기존 사서는 물론이고 새로 출토된 문헌인 《수호지운몽진간睡虎地雲夢秦簡》, 《장가산한간張家山漢簡》 등을 살펴봐도 진나라는 당시에 이미 왕위 계승에 관해 체계가 잡힌 법률이 있었습니다. 왕위 계승법에서 자녀의 법률적 신분 인정은 매우 중요한 문제였습니다. 진시황의 친부가 누구인가 하는 문제는 법률적으로 진나라 왕위 계승법과 직결된 문제였죠. 그렇다면 진나라 법률에서 자녀의 신분을 어떻게 규정하고 있는지 알면 좀더 확실히 진시황 친부 미스터리를 해결할 수 있을 것입니다. 진나라의 법률에서는 자녀의 신분이 친부모에 의해 결정된다고 규정했습니다. 그 세부사항으로 다음 세 가지가 있습니다.

첫 번째 규정에 따르면 자식의 신분은 친부모의 사회적 신분에 의해 결정되었습니다. 사회적 신분이 다른 남녀가 자녀를 낳을 때 그 자녀의 신분은 부계, 즉 아버지를 따르게 되었습니다. 만약 부친이 서민이면 그 자녀의 신분은 서민으로 결정됩니다. 진나라를 멸망의 구렁텅이로 밀어 넣었던 그 조고趙高가 이 상황에 해당합니다. 어쨌든 앞서 이야기한 첫 번째 규정을 적용하면 진시황의 부친인 자이는 진나라 왕자였고 모친은 평민 출신의 조희가 아니었습니까? 진시황 영정은 부친인 자이 때문에 왕족이 됩니다.

두 번째 규정을 보면 자식의 국적, 신분은 친부모의 국적에 따라 정하도록 했습니다. 만약 부친은 진나라 사람인데 모친이 다른 나라 사람이면 그들 사이에서 난 자식은 법률적으로 진나라 사람이 되는 것입니다. 반대로 부친이 타국 사람이고 모친이 진나라 사람이라도 자식은 진나라 사람으로 인정받았습니다.

독자 여러분 중에도 외국 출국 경험이 있거나 외국인과 많이 접촉해 보신 분들은 다음과 비슷한 경험을 해 보셨을 것입니다. 출국 여권을 보면 한 쪽에 국적이 기재된 부분이 있죠? 세계 각국이 이 국적에 대해 각자의 규정을 갖고 있습니다. 예를 들어, 미국은 속지주의에 따라 출생지에 의해 국적이 결정되고, 일본은 부친의 국적에 따라 자녀의 국적이 정해집니다. 진시황이 태어난 전국시대도 요즘 관점에서는 글로벌 사회라고 할 수 있어서 국제결혼, 특히 각국 왕실 간의 국제결혼이 대세였습니다. 그래서 나라별로 해당규정을 확실히 정해놓고 있었습니다. 이렇게 왕실 간의 국제결혼을 통해 태어난 자녀 가운데서도 왕위 계승과 관련된 적자의 경우는 훨씬 엄격한 규정을 적용했습니다. 그렇지 않다면 국제결혼 사기가 발생해 각국 왕실의 왕위 계승에 혼란이 발생할 테니까요. 여하튼 이 규정에 따라 진나라 출신의 부친과 조나라 출신의 모친 사이에서 태어난 진시황 영정은 법률적으로 진나라 사람으로 인정받았습니다. 마지막 세 번째 규정을 볼까요?

세 번째 규정은 친부모의 혈통에 따라 자녀의 신분이 결정된다는 것입니다. 즉 자녀가 사생아라든가, 부모의 법률적인 친자가 아니면 그 자녀의 계승권은 박탈되고 부모 역시 처벌받았습니다.

이미 언급했듯이 이 세 가지 법률 조항 모두 진시황의 친부를 둘러싼 미스터리의 최종 결과와 직접 관련이 있는 중요한 근거가 됩니다. 따라서 좀더 구체적인 예를 가지고 자세히 살펴보도록 하겠습니다. 지금 제가 드는 사례는 진나라 이후 들어선 서한西漢 시기의 실제 사건입니다. 제가 굳이 서한 시기의 사례를 언급하는 데는 두 가지 이유가 있습니다. 바로 서한이 진나라의 법률을 그대로 계승했고, 사례 자체가 워낙 역사적으로 유명했던 사건이었기 때문에 부연설명이 필요 없기 때문입니다. 그럼 간략하게 살펴봅시다.

진나라 말기 일어난 홍문연鴻門宴[6] 사건을 예로 들어보겠습니다. 항우項羽가 홍문에서 개최한 연회석에 한고조漢高祖 유방劉邦이 참석한 이 사건은 두 영웅의 운명이 갈랐습니다. 이 홍문연에서 유방 측 호걸이 등장 합니다. 바로 유방과 동서지간이었던 번쾌樊噲였습니다. 장량張良의 지시를 받은 그는 칼을 들고 연회석에 뛰어들어가 술을 통째로 들이키며 고기를 베어 무는 대범함을 보여 항우의 호감을 샀습니다. 덕분에 유방도 그 자리를 탈출할 수 있었고요. 목숨을 내걸고 이런 모험을 한 덕택에 그는 한나라가 건국된 후 세습이 가능한 열후列侯에 봉해졌습니다.

그런데 번쾌 사후 그의 뒤를 이은 적장자가 죄를 짓고 참수 당하면서 작위 세습이 끊기게 됩니다. 다행히 유방의 아들인 한문제漢文帝가 지난날 번쾌의 공을 참작해 번쾌의 서자인 번시인樊市人에게 작위를 계승하도록 했습니다. 문제는 그 번시인이 무슨 병 때문인지는 모르겠으나 자식을 낳지 못했다는 것입니다. 진한秦漢의 법률에 따르면 작위는 반드시 적자가 계승을 하고 적자가 없으면 그 작위는 즉시 환수조치 되었습니다. 자기 대에서 작위가 끊길 것을 염려한 번시인은 나름 방법을 생각해 냈습니다. 바로 자신의 부인과 친아우를 동침하도록 한 것이죠. 그리고 그 소생인 번타광樊他廣을 자기 아들이라고 속인 다음 적장자로 등록해 열후의 지위를 유지합니다. 하지만 가신家臣의 고발로 이 사실이 드러나면서 처벌을 받고 말았습니다. 결국 번타광은 작위를 박탈당한 뒤 일반 백성으로 강등되고 봉지는 몰수당했습니다.

　이 사건에서 알 수 있듯 진한시대의 후계 계승 제도는 굉장히 엄격했습니다. 적장자 우선 원칙이 철저히 지켜졌고 관련 부가 사항도 세세하게 마련되어 있었습니다. 즉 부모 쌍방의 적장자임을 증명할 수 있어야 하는 것은 물론이고 정실 소생인지도 따졌고, 부친의 신분도 중시했습니다. 이렇게 꼼꼼했던 탓에 번시인처럼 형과 동생이 공모한 사안에 대해서도 엄격한 법 적용이 이루어졌던 것입니다. 그런데 진시황의 출생을 둘러싸고 여불위 같은 제3자가 사기를 칠 수 있겠습니까? 이런 경우 더욱 엄격하게 처벌을 받을 것이 뻔했습니다. 비즈니스계에서 정치계로 진입하려 했던 노련한 여불위가 엄격하고 철두철미했던 당시의 진나라 법률 시스템에 무지했을까요? 자신의 재산, 인생 등 모든 것을 건 도박이었는데 말이죠. 아마도 상당히 정통했을 것입니다.

　글로벌 무대에서 잔뼈가 굵은 여불위가 전국시대 최고의 법치국가이던 진나라에서 왕위 후계구도와 관련해 장난을 치는 모험을 할 리가 없습니다. 또 다른 당사자인 자이도 마찬가지입니다. 어려서부터 진나라 법률 속에서 자란 그가 직접적인 이해관계가 얽힌 왕위 계승과 관련한 사항에 무관심하지 않았을 것입니다.

　이쯤에서 이런 추론을 해 볼 수 있을 것 같습니다. 진시황의 친부를 둘러싼 미스터리와 직접 관련이 있는 '여불위 스캔들'이 설득력을 얻으려면 다음과 같은 전제조건이 충족되어야 합니다. 즉, 여불위와 자이가 모두 지적 능력이 형편없고 진나라 법률에 정말 무지해야 한다는 것입니다. 이렇게 접근해 본다면 '여불위 스캔들'이 얼마나 황당한 사건이며 법률적 상식이 전혀 없는 상태에서 나온 발상에서 나온 이야기인지 판단이 설 것입니다. 혹시라도 이 이야기에 혹했던 분들이라면 당시 법률에 대해 한번 검색해 볼 필요가 있습니다. 법률 감정에 대한 부분은 이것으로 충분합니다. 다음으로는 의학적 시각에서 접근해 보도록 하겠습니다.

의학 감정

여러분, 제가 질문 하나 할까요? 전국시대에 태아 성별을 감별해내는 기술이 있었습니까? 태아의 성별 감별은 최근에야 가능해진 기술입니다. 그러니까 당시 조희가 임신을 했을 때는 자신의 뱃속에 있는 생명체가 사내아이인지 여자아이인지 몰랐다는 것입니다. 이렇게 보면 여불위가 아들을 낳을지 딸을 낳을지도 모를 임신한 여성을 자이와 연결해주고, 그 자식을 후사로 밀어 왕위에 즉위시킨 뒤 정치적 이득을 챙기려 했다고 이야기할 수 있는데요. 저는 이 자체가 도박이라고 생각합니다.

여불위는 자신의 모든 것을 걸고 일생일대의 도박을 하는데, 운이 좋아야 성공한다니 좀 앞뒤가 맞지 않습니다. 경제학이 기본적으로 전제하는 가정은 바로 인성이 탐욕적이라는 것입니다. 탐욕적이기에 사람들은 이해득실을 따져 이익이 되면 몰려가지만 손해될 것 같으면 무조건 피하려 하죠. 독자 여러분도 지금 이 순간 자신이 여불위처럼 노련한 상인 혹은 노회한 정치가라고 가정해 보시기 바랍니다. 그럼 여러분은 리스크가 크고 실패할 가능성이 큰, 희박한 성공 확률을 가진 이런 어리석은 도박을 하겠습니까? 아마 아무도 원치 않을 것입니다.

《사기》〈여불위열전〉에는 조희가 자이와 동거한 다음 '대기가 오니 아들 정을 낳았다. 자초는 조희를 부인으로 봉했다至大期時, 生子政. 子楚遂立姬爲夫人'고 나옵니다. 여기서 말하는 '대기'는 바로 여자가 산달이 꽉 차서 분만하는 것을 가리킵니다. 당나라 대학자인 공영달孔穎達이 《좌전左傳》〈희공僖公〉17년에 주석을 달면서 '열 달이 되어 출산하는 것을 여성들의 대기라고 한다十月而産, 婦人大期'고 했습니다. 이런 기록에 기초해 생각해보면 조희는 자이와 관계를 가진 지 10개월 지난 후 영정을 출산했기 때문에 자이도 영정을 자신의 장자로 인정한 것이고 조희를 정부인으로 책봉했던 것입니다. 만약 일부 의견처럼 '대기'를 12개월로 보면 영정은 더더욱 자이의 자식이 됩니다.

만약에 조희가 정말 자이와 잠자리를 하기 전에 임신했다면 조희는 임신한 지 한 달 만에 월경이 없다는 사실에 의문을 가졌을 것입니다. 과학적 검사 수단이 없던 당시 상황을 고려하면 여불위는 두 번째 월경이 없을 때쯤 임신을 확신했을 것이고요. 임신 2개월의 조희가 자이와 동침했다면 영정은 대기인 10개월이 차기 전, 자이와 잠자리를 한 지 8개월 되던 시점에 태어났을 것입니다. 정상적으로 10개월이 되기 전에 조산을 했다면 자이가 자초지종을 묻고 의심했을 것입니다.

 자이가 나름 유머감각도 있고 너그러운 사람이기는 했지만 진나라의 왕위 계승과 연관되는 혈통 문제에는 매우 민감했습니다. 여불위와 만난 이후에는 후계자의 혈통 문제에 대해 더 많이 신경썼죠. 따라서 조희가 진나라 사람이 아니라 타국 출신이라는 점에 매우 신경을 썼을 것입니다. 조산할 경우 의혹의 눈초리를 가질 수밖에 없었습니다. 당사자인 자이가 의심을 하게 되면 여불위의 의도는 모두 물거품이 되고 말 것입니다. 영정은 적장자 자격을 얻지 못할 것이고 조희도 정부인이 될 수 없으니까요. 만약에 운 좋게 자이가 임신과 출산에 대한 지식이 부족해서 의심을 안 했다고 해도 자이 주변 인물들 가운데 의심을 하는 사람이 분명 있었을 것입니다. 가장 가능성이 큰 사람은 바로 조나라 내 진나라 공관公館 주치의입니다.

 당시 한단에 볼모로 있던 자이는 요즘말로 조나라 주재 진나라 대사였습니다. 자이가 비록 조나라에서 곤궁한 처지였다고는 하지만 우리 같은 일반인이 동정의 눈길을 보일만큼 힘들거나 한 것은 아니었습니다. 그 곤궁함도 전부 부친의 총애를 받지 못하고 조나라의 대접을 제대로 받지 못해서 오는 심리적 곤궁함일 뿐이었습니다. 자이는 화려하지 않을 뿐이지 한단에 관저, 마차, 말이 있었습니다. 우리가 생각하는 것처럼 찢어지게 힘들었던 것은 아니죠. 업무는 수행 관원들이, 일상 잡일은 시중들이 다 챙겨

주었습니다. 제가 말씀드리려고 하는 것은 자이가 나름 괜찮은 생활을 했다는 게 아닙니다. 주변에서 일거수일투족을 다 챙겨주었던 만큼 자이가 조희의 임신을 발견하지 못했어도 자이의 주치의인 의관이 임신한 조희를 그냥 넘겼을 리가 없다는 점입니다.

전국시대에 접어들면서 중국의 의술은 상당한 발전을 이루었습니다. 여성의 임신에서부터 출산에 이르는 메커니즘과 태아가 출산하기까지 상황에 대해 충분히 이해하고 있었죠. 장사長沙 마왕퇴馬王堆[7]에서 출토된 의서인《태산서胎産書》의 기록을 보면 얼마나 구체적으로 이해하고 있었는지 알 수 있습니다.

사마천이 의관에 대해 특별히 기록한 전기인《사기》〈편작창공열전扁鵲倉公列傳〉를 보면 자이가 살던 시대의 진나라 조정에 이미 의관과 관련된 제도가 있었음을 알 수 있습니다. 당시 유명했던 의원인 편작은 한단에서는 산부인과를, 낙양에서는 이비인후과를, 함양에서는 소아과를 운영하는 등 각국을 돌아다니면서 못 고치는 병이 없는 명의로 이름을 날렸습니다. 그랬던 편작이 생을 마감한 곳은 진나라 함양으로 그는 진나라의 태의령太醫令인 이혜李醯가 보낸 자객에 살해당했습니다. 편작이 뛰어난 의술로 명성이 자자하자 진나라 최고 의원 자리가 위협받는 것을 꺼린 이혜가 시기, 질투했던 것이지요.

여하튼 진한시대의 의술 수준과 왕족 및 귀족의 생활을 조금만 이해한다면 조희가 속도위반으로 임신한 것을 자이 주변의 의관이 눈치채지 못했을 리가 없습니다. 혹 의관의 눈을 피했다고 가정해 볼까요. 그렇다 하더라도 자이 주변의 또 다른 시중들의

의문의 출생 65

눈을 피하기 어려웠을 것입니다. 자이는 부친인 안국군의 총애는 받지 못했지만 모친인 하희의 사랑은 듬뿍 받았습니다. 아마 두 사람 다 진나라 왕실 내에서, 특히 안국군에게서 냉대를 받았기 때문에 그 유대감이 남달랐을 것입니다. 스무 살도 안 된 하나뿐인 아들, 자이가 이국땅이자 적국인 조나라의 도성, 한단으로 떠나게 되자 하나뿐인 아들을 유달리 사랑하던 하희는 멀리까지 배웅을 하면서 여러 가지 당부를 했을 것입니다. 그리고 분명 오래 데리고 있던, 믿을만하면서 말 잘 듣고 착실한 심복 가신, 하녀를 딸려 보냈을 것입니다.

 자이를 금지옥엽처럼 키운 모친입니다. 당연히 아들인 자이의 결혼, 그러니까 미래의 며느리나 손자에 대해 많은 신경을 썼겠죠. 자이에게 딸려 보낸 심복 하인들이 그녀의 명을 받아 자이를 세심하게 보살폈을 것은 말할 나위가 없습니다. 왕실에서 시중을 들며 살아왔던 이들인 만큼 그들은 왕실 결혼이 어떤 의미를 지니는지 잘 알고 있었습니다. 특히 '여아女阿'라고 불린 늙은 하녀는 왕자를 어릴 때부터 늙어서까지 보살피는 위치에 있었습니다.[8]

 부인을 맞는 당시 관례에 따르면 여불위가 조희를 자이에게 바칠 때에도 반드시 근실謹室을 거쳐야 했습니다. 근실이란 혼인할 여인이 단독으로 묵을 수 있는 거처를 말하는데요, 해당 여성의 임신여부를 확인한 후에 임신하지 않았을 경우 처소에 들였습니다. 그렇게 근실을 거쳤다 하더라도 자이의 관저에 가게 되면 의관의 진맥, 여아의 월경여부 검사를 통과해야 하는데 이들을 어떻게 다 속일 수 있겠습니까? 이렇게 조희가 자이의 관저에 들어가 그의 처첩이 되면 실무진들이 이를 기록으로 남깁니다. 만약에 임신을 했을 때는 더 철저히 기록했겠죠. 그리고 자이가 정식으로 태자인 안국군의 후계자가 되면 이 기록은 왕실로 넘어갔습니다.

따라서 〈진시황본기秦始皇本紀〉의 '진시황은 장양왕의 아들이다秦始皇者, 非襄王子也'와 '진소왕 48년 정월 한단에서 태어났다以秦昭王四十八年正月生於邯鄲'는 기록은 진나라 왕실의 정식 문서를 기반으로 작성되었기 때문에 신뢰할 수 있습니다.

태사공의 시험

사마천은 사관으로서의 자질이 뛰어났습니다. 이야기를 꾸며내거나 흥밋거리를 조작하지 않았죠. 구전으로 전해진 내용들은 신뢰성이 높다고 판단되는 내용 위주로 사서에 기록했습니다. 만약 내용이 좀 황당하고 의심이 가면 읽는 사람들이 스스로 그 진위를 판단할 수 있도록 《사기》 내 곳곳에 단서를 남겼습니다. 그렇다면 '여불위 스캔들'은 태사공太史公 사마천이 우리를 시험하기 위해 기록한 내용일까요?

태사공의 장난에 걸려들지 않고 진시황의 친부를 둘러싼 미스터리를 해결하기 위해 《사기》〈여불위열전〉에 기록된 다음 내용을 살펴보도록 하겠습니다.

한단에서 가무에 뛰어난 무희와 함께 살던 여불위는 어느 날 그녀가 임신한 사실을 알았다. 여불위와 술자리를 함께하던 자초는 그녀에게 마음을 빼앗겨 여불위에게 자신의 마음을 밝혔다. 여불위는 화를 냈다가 이미 자신의 가산을 자초에게 모두 투자하기로 했고 그를 통해 더 큰 장사를 하길 원했기에 무희를 그에게 주었다. 무희는 자신의 임신 사실을 숨기고 있다가 아들 영정을 출산했으며 자초는 그녀를 부인으로 봉했다.

呂不韋取邯鄲諸姬絶好善舞者與居, 知有身. 子楚從不韋飮, 見而悅之, 因起爲壽, 請之. 呂不韋怒, 念業已破家爲子楚, 欲以釣奇, 乃遂獻其姬. 姬自匿有身, 至大期時, 生子政. 子楚遂立姬爲夫人.

이 기록이 사마천이 직접 기록한 것인지 아닌지에 대한 판단은 다음으로 미루고 지금은 언급하지 않도록 하겠습니다. 이 이야기를 자세히 보면 내용 자체를 부정할 수밖에 없는 단서를 만나게 됩니다. 그 단서는 바로 '대기'라는 단어입니다. 앞서 대기는 여성이 산달이 꽉 차서 출산하는 것을 지칭하며 대략 10개월에 해당한다고 했습니다.

자이는 조희와 동거한지 10개월 만에 얻은 영정을 장자로 인정하고 조희를 정부인으로 책봉했습니다. 혼전 임신이라면 조희 자신이 임신한지 한 달 만에 월경이 중단된 데 의구심을 가졌을 것입니다. 그리고 두 번째 달에도 월경이 없으면 확신을 했겠죠. 이런 조희를 여불위가 자초에게 주었다면 영정은 10개월 대기를 채우지 못하고 팔삭둥이로 태어났을 것입니다. 10개월을 채우지 못하고 태어난 영정에 대해 왕실 혈통을 중시할 수밖에 없는 자이가 의심을 했을 것은 불을 보듯 뻔합니다. 그럴 경우 영정은 적장자가 될 수도 없었겠죠. 조희가 정부인이 되지 못하는 건 당연하고요.

자, 이렇게 보면 위에서 영정이 여불위의 사생아라고 기록한 내용에 들어간 대기라는 말에는 조희가 자이와 잠자리를 하기 전에 임신했다는 설을 전면 부정하는 의미가 숨어 있다는 사실을 알 수 있습니다. 이는 청淸의 대학자로《사기》에 나타난 의혹을 집중적으로 연구했던 양옥승梁玉繩이 처음 제기했습니다.

> 태사공이《사기》〈진시황본기〉에 진시황이 출생한 연월을 기록하고〈여불위 열전〉에는 다른 내용을 기술한 것을 두고 세간에서 여불위가 임신한 자신의 첩을 헌상했다는 이야기가 있지만, 사실 진왕 영정이 10개월 대기를 채워서 출생했음을 강조한 것이다. 의심 가는 바를 밝히려 세세히 분석하는 태사공의 이런 필법은《춘추》에서 '적장자가 태어났다'는 내용을 '子同生'이라고 기록하는 것과 유사하다. 이는 사람들이 아직《사기》를 충분히 이해하지 못하고 잘못 읽고 있다는 사실을 보여준다.
> 史公於《史記》特書生始皇之年月, 而於此更書之. 猶云: 世皆傳不韋獻匿身姬, 其實秦政大期始生也. 別嫌明微, 合於《春秋》書"子同生"之意, 人自誤讀《史記》耳.

여기까지 살펴보면 '여불위 스캔들'은 두 가지 버전이 있으며 여불위가 임신한 조희를 자초와 연결해 주었다는 버전은 다른 버전에 의해 전면 부정된다는 사실을 알 수 있습니다. 이런 각본대로라면 태사공 선생은 참 장난꾸러기이지 않습니까? 독자들이 세세히 책을 읽어보고 표면적 의미뿐 아니라 내면에 숨겨 놓은 진의도 파악해야 하니 말입니다.

세 번째 증거

지금까지 쭉 함께 살펴본 바로 진시황의 친부가 누구인지 최종 결론을 낼 수 있을 것 같습니다. 결론을 내기 전에, 이번 수사에 착수하며 언급했던 말을 다시 한번 살펴볼까요. 바로 '어느 쪽에도 치우치지 않게 결정을 내려라. 점을 보면 어떤 점집에서는 좋은 운세라고 하고, 다른 점집에서는 불길한 운세라고 하면 행동을 쉽게 결정하기 어렵다. 사건에 대한 증거가 유죄 50, 무죄 50으로 갈리면 법관이 쉽게 판결을 내릴 수 없는 것처럼 말이다'라는 말이었습니다. 진시황 친부를 둘러싼 미스터리에 이렇게 많은 지면과 시간을 들였던 것은 부족한 증거, 즉 1차 증거를 대신해 간접적인 증명을 해 줄 2차 증거를 가지고라도 논리적인 추론을 하기 위함이었습니다.

이제 첫 번째 사건인 진시황 친부 미스터리를 정리하는 시점인 현재, 전 '2대 1일 때는 2를 따르라'는 다수결의 원칙을 언급하고 싶네요. 두 군데에서 점을 봐서 결정하기 어려울 때는 점을 한 번 더 보고 나서 결정해보는 것입니다. 흉한 점괘든 길한 점괘든 말이죠. 갑자기 이런 이야기를 하는 이유는 제가 최근에 《사기》

에 기록된 진시황과 여불위에 관계된 모든 기록을 다시 한번 자세히 살펴보다가 발견한 사실이 있기 때문입니다. 이를 통해 이번 미스터리를 확실히 마무리 지을 수 있을 듯합니다.

오늘날 우리가 《사기》를 읽으면서 살펴봐야 할 점이 있습니다. 물론 역사학자들이야 알고 있는 내용입니다만, 《사기》에는 원서 완성 이후 부연·첨가된 내용이 있다는 사실이죠. 그 중에서 진시황과 관련된 내용이 세 가지가 있습니다.

하나는 사마천이 직접 기술한 내용인데, 서한 초기 정치가인 가의賈誼의 명저 《과진론過秦論》을 인용하여 진나라 멸망과 진시황에 대해 내린 비교적 중립적인 자신만의 평가입니다. 다른 하나는 동한東漢 시대 역사학자이자 《한서漢書》의 저자인 반고班固가 한 평가입니다. 대부분이 진나라와 진시황에 대한 공격이고, 심지어 진시황을 여정呂政이라고 기술해 진시황이 여불위의 아들이라고 단정했습니다. 이 둘 외에 〈진시황본기〉 끝에 또 다른 기록이 있는데 바로 진양공秦襄公에서 진2세秦二世에 이르는 왕실 계보도와 능지陵地에 대한 내용입니다. 그중에서 진왕실의 계보도는 동한 시기 기록으로 보입니다.

전문가들은 이 진왕 계보가 《사기》〈진본기秦本紀〉의 계보와 다르며 진시황의 출생에 대해서도 〈진시황본기〉와 다른 내용이 기록되어 있다고 지적했습니다. 어떻게 다른지 잠깐 볼까요?

진시황은 장양왕의 아들이다. 장양왕이 조나라에 볼모로 있을 때 여불위의 첩을 보고 반해 그녀를 얻어 아들을 얻으니 진시황이었다. 진소왕 48년 정월 한단에서 태어났다.
秦始皇者, 莊襄王子也. 莊襄王爲質子於趙, 見呂不韋姬, 悅而取之, 生始皇. 以秦昭王四十八年正月生於邯鄲

당나라 역사가 사마정司馬貞이 쓴 《사기》 주석서인 《사기색은史記索隱》[9]에는 이 진왕 계보가 '《진기秦記》를 기초로 한 것이다皆當據《秦記》爲說'라고 언급하고 있습니다. 《진기》는 진나라 조정의 공식 사서로 진나라 왕실에 대한 기록 중 신뢰도가 가장 높은 자료라고 할 수 있습니다. 따라서 《진기》를 바탕으로 한 왕실 계보도도 신뢰도가 높다고 평가받고 있습니다. 이 왕실 계보도에 다음과 같은 내용이 나옵니다.

장양왕이 재위 3년 되던 해 승하하니 채양에 묻혔다. 시황제를 낳았다.
莊襄王享國三年, 葬茝陽. 生始皇帝.

이 자료 역시 장양왕, 즉 자이가 시황제의 친부라는 점을 밝히고 있네요. 제가 말씀드린 중요한 증거자료가 바로 이것입니다. 이 자료까지 포함해 그간에 살펴본 내용을 바탕으로 진시황의 친부 미스터리에 대한 결론을 내려보겠습니다.
 진시황 영정은 생부가 자이이고 생모는 조희이며, 진나라 33대 장양왕의 적장자입니다. 《사기》〈진시황본기〉의 기록 및 〈진시황본기〉 뒤에 첨부된 진왕 계보도 기록은 신뢰할 만하므로 《사기》〈여불위열전〉에서 언급한 '여불위 스캔들'은 날조되었다고 판단할 수 있습니다.

독자 여러분, 만약 여러분이 위에서 내린 결론에 대해 만족한다면 다음 미스터리 수사로 넘어가면 됩니다. 만약 아직도 궁금증이 가시지 않는다면 마지막 챕터로 넘어가 그 부분을 읽어보시면 좋을 듯합니다. 《사기》가 왜 이렇게 앞뒤가 맞지 않는 내용을 기록하고 있는지 이해할 수 있도록 내용이 구성되어 있습니다.

진시황을 둘러싼 미스터리는 꼬리에 꼬리를 무는 암호 같습니다. 저희는 그중에서 친부에 관한 미스터리를 밝혀낸 데 불과합니다. 이제 이를 이용해 즉위 이전 유년 시절과 관련한 미스터리를 파헤쳐 볼까요?

제2장

반란과 음모

진시황의 유년시절에 대해서는 기록이 거의 남아 있지 않습니다.
거의 유일하게 남아 있는 단서라고는 아우가 있었다는 기록 정도입니다.
그러나 즉위 후 그 아우는 군사를 동원해 반란을 일으킵니다.
어린 진시황은 피를 나눈 아우의 배신에 어떻게 대응했을까요?
또 어머니 제태후와 남총인 노애는 왜 그에게 반기를 들었을까요?
과연 그들은 영정을 폐위하고 자신들의 소생을 왕으로 만들려 했을까요?
부족하기 짝이 없는 단서이지만 지금부터 그 속에 담긴
정치적인 음모와 진실을 파헤쳐 나가도록 합시다.

세 번째 추적

아우 성교는
왜 반란을 일으켰나?

한단성을 탈출하다

진시황이 22살이 되어 친정을 하기까지가 그의 유년시절이라고 볼 수 있습니다. 하지만 아쉽게도 중국 최초의 황제인 진시황이 어떤 유년시절을 보냈는지에 대한 역사 기록은 전혀 없는 상태입니다. 현존하는 사서는 물론이고 전기 등에서도 아무런 흔적을 찾을 수 없기 때문에 저명한 학자들도 그의 유년시절에 대해서는 언급하지 않고 있습니다. 현존하는 사료들을 뒤져서 그의 유년시절 행적을 밝혀줄 인물 둘을 겨우 찾았습니다. 한 명은 유년시절 단짝이었던 희단姬丹이고 다른 한 명은 배다른 아우인 성교입니다. 부족하기 짝이 없는 이 단서를 가지고 진시황의 잃어버린 시간을 추적해보도록 하겠습니다.

《사기》〈자객열전刺客列傳〉의 기록에 따르면 희단은 연燕의 왕자로서 진시황 영정과 함께 조나라의 수도 함양에서 볼모 생활을 했다고 합니다. 사춘기를 전후한 시기이다 보니 함께 장난도 많이 치고 그만큼 친해졌던 것 같습니다. 희단은 영정이 친정을 시작한 후에 진나라에서도 볼모 생활을 조금 했었습니다. 하지만 조나라에서 함께 볼모 생활을 할 때와는 그 처지가 천양지차였습니다. 당시 영정은 이미 진나라를 중심으로 나머지 6국을 병합할 생각에 집중할 때였기 때문에 희단을 무시했었죠. 오만함도 엿보였을 거고요.

진나라에서 도망을 친 희단은 자객 형가荊軻에게 진왕 영정을 암살해 달라며 청부를 했습니다. 형가가 진왕 영정을 암살하려 떠나는 여정은 한편의 스펙터클한 드라마입니다. 이 이야기는 오늘날까지도 회자되면서 사서는 물론이고 시나리오로 각색되어 영화나 드라마로도 방영될 정도이니까요. 조금 아쉬운 점이 있다면 진시황을 너무 부도덕하고 음험한 인물로 몰고 갔습니다. 사실 권력을 손에 쥐면 사람은 대부분 변하곤 합니다. 사람이 변하면서 인망人望을 잃고 다시 권력에서 멀어지게 되죠. 형가와 진시황에 관련된 이야기는 논란이 많은 부분이기 때문에 다음에 따로 파헤쳐볼 생각입니다.

일단 희단과 영정과의 관계는 이 정도만 사서에 언급되어 있기 때문에 더 살펴볼 것은 없습니다. 저희가 좀 심층적으로 살펴볼 인물은 앞서 언급한 배다른 아우 장안군長安君 성교입니다. 영정과 거의 같은 또래인 성교는 부친인 장양왕 자이의 사랑을 받으며 자랐습니다. 어릴 때는 영정과도 친하게 지냈던 듯합니다. 영정 친정 이후에 성교도 나름 정치 세력을 구축했습니다.

그러다가 진왕정 8년, 성교는 조나라 정벌을 갔다가 갑자기 반기를 들었습니다. 반기를 든 이후 그는 마치 유성이 사라지듯 역사 속에서 자취를 감춰 버립니다. 사서에서 '성교의 난成蟜之亂'이라 칭하고 있는 이 사건은 《사기》〈진시황본기〉 진왕정 8년 기록에 다음과 같이 나옵니다.

> 왕제인 장안군 성교가 군대를 이끌고 조나라를 공격했는데 반란을 일으켜(死는 오자로 보임) 둔류에 주둔하니 반란 평정 후 반군 군관을 모두 참수하고 동조했던 백성을 임조로 이주시켰다.
> 王弟長安君成蟜將軍擊趙, 反死(按"死"爲衍字)屯留, 軍吏皆斬死, 遷其民於臨洮.

《한서漢書》〈오행지五行志〉에도 같은 내용이 나옵니다.

> 진왕 영정의 아우인 장안군 성교가 군대를 이끌고 조나라를 공격하다가 반란을 일으킨 후 둔류에 주둔했다. 반란 평정 후 반군 군관을 모두 참수하고 백성을 임조로 이주시켰다.
> 王弟長安君成蟜, 將軍擊趙, 反屯留, 軍吏皆斬死, 遷其民於臨洮.

《사기》〈조세가趙世家〉 기록에는 이 사건 이후 성교가 조나라로 망명해 요饒(오늘날 하북성 요양) 지역을 봉지로 하사받았다고 나옵니다.

사서에는 성교라는 인물과 성교의 난에 대해 이 정도로 간략하게 등장합니다. 그가 어떤 인물이며 모친은 누구인지, 또 어디서 출생했고 왜 반란을 일으켰으며 이후 어떻게 되었는지는 상세한 기록이 없습니다.

하지만 분명한 사실은 성교는 영정의 배다른 동생이고 성교의 난은 표면적으로는 왕자들 간의 정치 암투라는 것입니다. 물론 그 배후에는 외척이 개입되어 있었습니다. 다시 말해 성교의 난은 누구와도 나눠 가질 수 없는 권력을 두고 형제지간에 벌어진 내분이며 왕위 세습 체제의 문제점이 낳은 필연적 결과라는 것입니다. 왕정체제에서는 골육지간에도 정적이 될 수밖에 없었습니다. 그뿐 아니라 그 두 사람의 배후에는 이해관계가 얽힌 정치세력이 존재하고 있었고, 각각 생존을 위해 칼부림할 수밖에 없었습니다. 하지만 정말 이상하게도 역사 기록에는 이 사건이 위의 내용처럼 간략하게만 기술되어 있을 뿐 그 내막에 대해서는 일말의 단서도 남아 있지 않습니다.

이 미스터리를 추적하기 전에 일단 해당 용의자를 살펴보도록 하겠습니다. '성교의 난'의 주연인 성교의 프로필을 먼저 볼까요? 이 프로필에 따르면 성교나 영정 모두 장양왕 영이의 아들이라는 점을 알 수 있습니다. 성교가 출생하면서 진시황 영정도 우여곡절을 겪게 되는데요. 이 우여곡절의 출발점은 바로 그들의 부친인 장양왕 영이의 유랑 생활이었습니다.

영이는 기원전 281년, 즉 그의 조부인 진소왕이 재위한지 26년째 되던 해에 태어났습니다. 그리고 17살에 볼모로 조나라 도

성교 프로필	
이름	성교
출생연월	진소왕 51년(?)
부친	장양왕 영이
모친	한부인(?)
작위	장안군
관직	장군
주요사항	진왕정 5년, 사신 자격으로 한 압박, 대규모 토지 할양받음 진왕정 8년, 군대를 이끌고 반란을 일으켜 조나라에 투항

읍인 한단에 갔고, 몇 해 뒤 여불위와 친분이 생기면서 왕태자 후계자가 되기 위한 작업을 개시했습니다. 영정은 자이가 23세가 되던 해에 태어났습니다. 자이는 25세가 되던 해에 진나라로 돌아와 왕태자의 후계자가 되었으며 32세 때 즉위하여 3년간 재위한 후 35세에 세상을 떠났습니다. 장양왕은 그의 사후 시호이며 왕위는 태자 영정에게 계승되었습니다.

영이의 일생을 정리한 다음 페이지의 표에서 특히 주목해 봐야 할 부분은 영이가 부인인 조희, 장자 영정과 장장 6년이나 떨어져 있었다는 점입니다. 이 6년 동안의 따로 살림은 진시황과 그의 아우 성교의 인생에 큰 영향을 미쳤기 때문에 주목해서 살펴볼 필요가 있습니다.

그럼 표에서 진소왕 47년에 해당하는 부분을 잠시 살펴볼까요. 이해는 자이가 여불위에게서 조희를 얻어 영정을 가진 해였습니다. 그리고 진나라와 조나라 사이에 전국시대 말기 주도권을 결정지은 장평대전이 벌어진 해이기도 합니다. 이 전쟁에서 대패한 조나라는 무려 40만에 달하는 병사들이 항복했습니다. 하지만

장양왕 영이의 일생과 두 아들					
연대	나이	사건	영정 나이	성교 나이
진소왕 26년	1세	영이 출생		
진소왕 42년	17세	한단에서 볼모 생활 시작		
진소왕 45년	20세	여불위와 교류		
진소왕 47년	22세	조희와 동거, 조희 임신 장평대전 발생, 조나라 대패		
진소왕 48년	23세	장자 영정 출생 진나라 군대, 조나라 입성	1세	
진소왕 49년	24세	진나라 군대, 한단 포위	2세	
진소왕 50년	25세	영이와 여불위, 진나라로 탈출 조희와 영정, 한단에 남음	3세	
진소왕 51년	26세	차남 성교 출생(?)	4세	1세
진소왕 56년	31세	영정과 조희, 진나라로 귀국 진나라와 조나라, 화해	9세	6세
효문왕 원년	32세	영이, 왕태자로 책봉 3일 후, 효문왕 사망, 영이 즉위	10세	7세
장양왕 원년	33세	영이 즉위 영정, 왕태자 책봉	11세	8세
장양왕 3년	35세	영이 사망, 영정 즉위	13세	10세

 군량미가 부족해 전군에 동요가 발생할 것을 염려한 진나라 장수 백기는 포로들을 전부 생매장을 해버렸습니다. 이 전쟁은 전국시대의 흐름에서 상당히 중요한 의미가 있습니다. 장평대전의 승리로 진나라의 천하 통일 가능성이 더욱 커졌기 때문입니다. 이토록 거대했던 장평대전의 소식을 자이는 어디서 접했을까요?
 하필이면 패전국인 조나라의 수도 한단에서 들었습니다. 자신의 조국인 진나라로서는 천하 대권을 손에 쥐는 전례 없던 대승이었지만 아내인 조희의 조국 조나라로서는 건국 이래 최대의

참패였습니다. 장평대전 이후 자이 일가는 어떤 처지에 놓였을까요?

장평대전에서의 참패로 한단성 및 조나라 전역에 비통과 분노, 공포와 혼란의 분위기가 형성되었습니다. 다음 해인 진소왕 48년 진나라는 장평대전의 승세를 타고 조나라를 전면 공격했습니다. 진시황 영정은 바로 이때 적국의 도성 한단에서 태어났습니다. 진소왕 49년, 진나라 군대는 한단성을 포위한 뒤 장기전을 전개했습니다. 그렇게 되자 한단성 내에 있던 자이 일가는 분노한 조나라 백성의 목표가 되었죠. 좌불안석의 시간이었습니다.

진소왕 50년, 진나라 군대가 한단성에 맹공을 가하면서 성내에서는 병사와 식량 부족에 시달리기 시작했습니다. 부족한 군사는 부녀자와 노약자로 충당하고 식량은 인육으로 대체할 정도로 처참한 지경에 몰렸죠. 그만큼 조나라는 진나라에 결사항전을 했습니다. 그리고 자신들의 분노와 항전의지를 표현하기 위해 자이 일가를 처형하려고 했습니다. 돈이면 안 되는 것이 없다고 했던가요? 거상 여불위는 옥리獄吏를 매수해 급한 대로 자이부터 빼내 한단성을 탈출했습니다. 그리고 진나라 군영을 거쳐 함양성으로 갔습니다.

그렇다면 조희와 세 살배기 영정은 어떻게 되었을까요? 한단성 내에서 숨어 살며 죽음의 위기를 수차례 넘깁니다. 조희가 한단성 내에서 세력 있는 부호집안 출신이었기 때문에 생명의 위협을 수차례 넘길 수 있었습니다.

🦌 또 다른 왕자

구사일생으로 함양에 돌아온 자이는 왕태자인 안국군의 정식 후계자가 되었습니다. 후계자가 된 자이는 이후 자초子楚라고 불리게 되는데요. 여기에는 다음과 같은 이유가 있었습니다. 함양으로 돌아온 후 자이는 조나라에서 입던 옷을 그대로 입은 채로 여불위와 함께 양모養母인 화양부인을 배알했습니다. 이때 화양부인이 매우 기뻐하며 이렇게 말했죠. "네가 초나라 출신인 나의 양자로 들어왔으니 이제 네 자호를 초楚라고 하여라."

함양으로 돌아온 자이는 화양부인이나 안국군, 소왕도 배알해야 했지만 또 반드시 찾아뵈어야 할 사람이 있었습니다. 누굴까요? 바로 친모 하희였습니다. 이미 말씀드린 것처럼 자이의 친모인 하희는 자이와 마찬가지로 안국군의 총애를 받지 못했던 터라 모자지간에 그 정이 남달랐습니다. 하희는 자이가 화양부인의 양자가 되어 왕위에 오르면 그 덕을 볼 수 있겠다 싶어 기쁘기도 했지만 아들이 자기 곁으로 돌아왔다는 사실이 더욱 기뻤습니다. 그래서 아들을 구해준 여불위와 화양부인에게 거듭 감사했습니다.

하희에 대해 기록한 사서 자체가 워낙 적어서 이미 말씀드린 내용이 거의 전부입니다. 하희는 안국군의 여러 부인 가운데 총애를 받지 못한 여인이었습니다. 그렇다면 하희는 어느 나라 사람이었을까요? 이미 말씀드린 것처럼 당시 각국 왕실은 서로 국제결혼을 했습니다. 그랬기 때문에 하희도 분명 다른 나라 왕실 출신이었을 것입니다.

하희의 '희姬'는 부인을 좋게 부르는 말이고 앞에 붙은 '하夏'는 성씨이거나 출생국과 관련 있는 어떤 칭호일 것입니다. 진시황의 친모이자 자이의 부인이 조나라 출신이라서 조희라는 칭호가 붙었듯이 말이죠. 한번 제대로 파고 들어가 볼까요. 하는 고대 중국의 왕조였습니다. 그리고 그 주무대가 산서성 남부의 안읍安邑(오늘날 산서성 하현과 하남성 서부의 양성)을 중심으로 하는 지역이었습니다. 이 지역은 전국시대에 한나라의 영토였습니다. 그래서 한을 하라고도 불렀습니다. 따라서 하희 역시 한나라 출신이지 않을까 유추해 볼 수 있습니다.

제가 이렇게 추정하는 데는 두 가지 간접적 근거가 있습니다. 하나는 15살이 된 성교가 사신의 자격으로 한나라에 가서 병력동원 없이 상당 규모의 영토를 할양받고 그 공으로 작위를 하사받았다는 사실입니다. 아마 자이 등극 이후 하태후夏太后가 된 하희와 직간접적으로 연관이 있다고 봅니다.

또 다른 근거는 바로 진나라 마지막 왕[10] 영영嬴嬰입니다. 그는 왕에 즉위한 후 자신의 두 아들과 한담韓談이라고 불리는 측근과 함께 당시 대권을 쥐고 있던 조고를 척살했습니다. 이 한담이라는 측근은 그 성씨로 봤을 때 한나라 왕족 출신일 가능성이 상당히 큽니다. 저는 그와 군주였던 영영이 밀접한 관계를 형성할 수 있었던 배경이 출신성분이라고 보고 있습니다. 저는 현재 영영의 신분에 관련된 연구를 진행 중입니다. 대략적인 내용을 살짝 일러드리면, 영영과 함께 조고를 척살한 용의자들이 몇몇 있습니다. 부소의 아들, 진2세의 형(부소를 제외한 다른 형제), 진시황 아우(성교를 제외한 다른 어린 아우), 성교의 아들 정도로 추려지는데요. 그 가운데 성교의 아들이 아닌 다른 이들이 가담했다고 보기에는 기존 사료들과 모순되는 점이 많습니다. 50세까지 살다 간 진시황에게 역적 척살에 주도적으로 참여할 나이 많은 증손자가 있었다고 보기 어렵기 때문에 영영의 아들은 아닐 것입니다. 진2세가 즉위 후 자신을 위협할 만한 형제자매를 모두 죽였기 때문에 진2세의 형제들은 아닐 것이고요. 진시황의 아우들에 대한 행적도 기록으로 남아 있기 때문에 역시 아닙니다. 따라서 아마도 성교의 아들이 영영과 함께 조고를 주살했을 것입니다.

　이런 점에서 하희가 한나라 왕족 출신의 여인이라고 판단할 수 있습니다. 자이가 한단을 탈출할 때 워낙 긴박한 상황에서 몸을 빼낸 터라 부인인 조희와 세 살배기 장자 영정은 모두 한단성 내에 둘 수밖에 없었습니다. 양국 관계나 분위기로 봤을 때 조희와 영정의 생사를 장담할 수 없는 상황이었죠. 25살의 열혈 청년이었던 자이를 봐서라도 그렇고 진나라 왕실의 후사 문제를 위해서라도 새로운 부인을 배필로 맞아 주는 것이 시급했습니다.

　당시 관례상 왕자의 혼례는 그 모친이 주도했습니다. 조희를 맞아들일 때는 자이를 위해 화양부인이 결정하는 대로 아무 말 안 했지만 이번에는 하희가 가만히 있을 수 없었을 것입니다. 당시에는 왕자비를 고를 때 최우선으로 고려되던 후보는 바로 왕자 모친의 친정 집안 여인들이었습니다. 예를 들어보죠. 진무왕秦武王의 모친인 혜문후惠文后는 위나라 출신이었는데, 그녀는 진무왕에게 위부인魏夫人을 짝지어 주었습니다. 초나라 출신인 진소왕의 모친 선태후는 초부인楚夫人을 진소왕의 배필로 정해주었습니다. 그러니 하희 역시 분명 한나라 왕족 출신의 여성(편의상 한부인으로 칭함)을 자이의 배필로 맺어줬을 것입니다.

자이가 진소왕 50년(기원전 257년)에 함양으로 돌아와서 한부인을 맞아 그 이듬해에 성교를 낳았다고 가정하면 성교는 진시황 영정보다 3살 정도 어렸을 가능성이 큽니다. 하희는 틀림없이 자기 친정 집안의 한부인이 낳은 성교를 예뻐했겠죠. 한부인의 등장과 성교의 출생으로 진나라 왕실에 한나라계 외척세력이 형성되었을 것입니다. 이 상황에서 정실이자 장자인 조희와 영정이 귀국하지 않는다면? 당연히 성교가 왕위를 잇게 될 것이고, 한부인이 조희를 대신해 정부인이 되어 태후가 됩니다. 그럴 경우 진나라 정계에 세력 변화가 불가피해집니다. 진시황 영정의 입장에서는 운명이 바뀌는 긴박한 상황이었습니다.

🦌 불안한 균형

하지만 행운의 여신이 아직 영정을 버리지 않았나 봅니다. 조희와 영정 모두 무사히 함양으로 돌아오게 되니까요. 진소왕 56년(기원전 251년)에 장평대전의 장본인인 진소왕이 눈을 감고 안국군이 효문왕으로 즉위했습니다. 동시에 진나라와 조나라 사이의 적대관계에 약간의 훈풍이 불면서 조나라가 화해의 의미로 조희, 영정을 송환해 주었습니다.

안국군이 왕에 즉위하자 자이는 태자로 책봉되었습니다. 자이가 한단성을 빠져나온 지 6년이 지난 시점이었으니 영정은 9살이었고 이복동생인 성교는 6살 즈음이었습니다.

즉위할 때 이미 쉰 살을 넘겼던 효문왕은 즉위 3일 만에 죽고, 자이가 왕위에 올랐습니다. 그리고 화양부인은 화양태후華陽太后로, 생모인 하희는 하태후夏太后가 되었습니다. 함양 궁중에 장양왕 영이를 주축으로 태후 둘이 존재하는 미묘한 역학 구도가 형성된 것입니다. 다음 표를 볼까요.

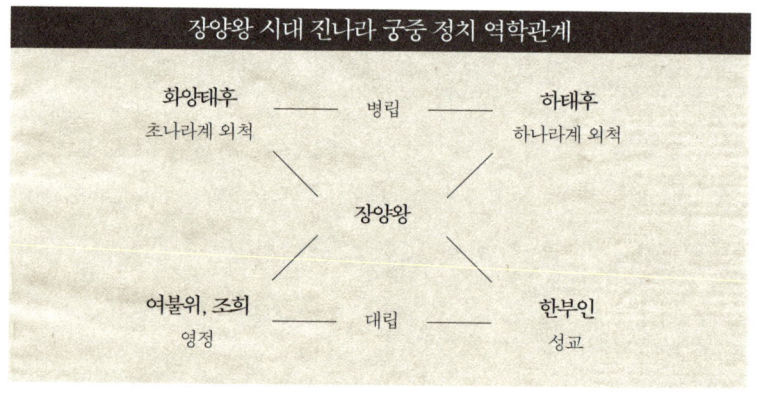

도표를 보면 상단의 화양태후와 하태후는 병립관계라고 할 수 있습니다. 즉 협력할 수도 대립할 수도 있는 관계인 것이지요. 자이에게 화양태후는 양모이자 막강한 초나라계 외척세력의 중심으로 한 자신의 정치적 기반이었습니다. 반면 자이의 친모인 하태후는 한나라계 외척세력의 중심인물이었죠. 이 두 세력은 자이를 중심으로는 협력할 수 있었습니다. 자이를 지원할 때는 하나가 될 수밖에 없었습니다. 반면 조희와 한부인을 대하는 입장은 서로 극명하게 갈렸습니다.

여불위의 설득으로 화양태후는 한단에 머물던 자이 일가를 자기 사람으로 받아들였습니다. 덕분에 조희는 정부인의 위치를 확보할 수 있었고 영정 역시 적장자로서 인정받을 수 있었습니다. 그래서 화양태후와 조희, 영정은 서로 우호적인 관계였습니다. 반면 하태후는 그렇지 못했습니다. 여불위나 조희와 별다른 교류나 이해관계가 얽혀있던 것이 아니었고 친손자인 영정 역시 9살이 되어 함양으로 돌아온 뒤에야 처음 만났기 때문에 그다지 애정이 없었습니다. 하지만 한부인이나 성교는 달랐습니다. 한부인은 하태후 자신이 직접 선택했고 성교가 성장하는 모습도 옆에서 쭉 지켜봤기 때문에 그만큼 더 애착이 갈 수밖에 없었습니다.

조희와 한부인, 영정과 성교는 서로 적대적 관계였습니다. 우선 진시황 영정의 친모인 조희를 살펴봅시다. 조나라 부호 출신이었고 조나라의 관대한 조치로 목숨을 부지한 그녀는 주변 지지 세력을 중심으로 조나라계 외척세력을 형성했습니다. 물론 조나라계 세력이 강해질 때까지는 화양태후를 중심으로 한 초나라계 외척세력의 비호를 받았습니다.

그녀와 적대적 관계일 수밖에 없는 한부인은 앞서 말씀드린 대로 한나라계 외척세력의 수장인 하태후, 즉 장양왕 자이의 친모인 하희와 함께 했습니다. 문제는 조희와 영정의 생사가 불분명할 때 자이와 한부인 사이에서 성교가 태어났다는 것입니다. 조희와 영정이 돌아오지 않으면 하희의 비호 속에 한부인과 성교가 조희와 영정의 자리를 대체할 수 있었기 때문에 진나라 조정 내에 미묘한 분위기가 형성되었습니다. 여하튼 한부인과 조희,

영정과 성교는 정적이 될 수밖에 없는 운명이었습니다.

한부인과 성교가 조희, 영정의 자리를 차지하게 되면 한나라계 외척세력이야 더할 나위 없이 좋은 일이겠지만 화양부인을 중심으로 한 초나라계 외척세력은 큰일 날 일이었습니다. 비록 조희, 영정이 초나라 혈통은 아니었지만 초나라계 외척세력 입장에서는 조희·영정과 연합해 하희를 중심으로 한 한나라계 외척세력의 발호를 막아야 했습니다. 그래야 자신들의 기득권을 지킬 수 있으니까요. 6년간 조희, 영정이 돌아오기까지 자이는 하희와 한나라계 외척세력의 압박과 요구를 받았을 것입니다. 그가 그렇게 버틸 수 있었던 것은 화양부인을 필두로 한 초나라계 외척세력의 강력한 비호가 있었기 때문이었습니다. 사료가 부족해 세세한 상황은 알 수 없지만요.

장양왕 자이는 즉위 후 조희와 영정을 왕후, 태자로 책봉했습니다. 그리고 자신이 직접 나서 정국을 안정시켰기 때문에 신하와 왕족, 백성의 지지를 받았습니다. 한동안 평화로운 시간이 이어졌습니다. 속사정이야 어떻든 진나라 법률이 왕후의 정치 간섭을 금하고 있었기 때문에 왕후인 조희와 후궁인 한부인이 표면적으로 서로 충돌하지 않았습니다. 그 덕분에 영정과 성교도 형제로 함께 자랐습니다. 영정 입장에서는 인생 최고로 행복한 시절이 아니었을까 싶습니다.

하지만 이 평화에는 한 가지 전제조건이 있었습니다. 바로 장양왕 자이가 생존해 있어야 한다는 것이었습니다. 장양왕이 재위 3년 만인 기원전 247년 운명하고, 13살에 불과한 영정이 즉위하면서 결국 평화도 끝나게 됩니다. 이후 진나라는 정쟁의 소용돌이에 빠졌습니다. 장양왕이 세상을 뜨면서 태후가 된 조희와 한부인이 조정 세력 장악을 위한 주도권 싸움을 벌였습니다. 물론 영정과 성교 사이에도 마찬가지였습니다.

13살에 즉위하게 된 영정은 나이가 어려 태후와 대신들이 섭정하게 됩니다. 영정이 13살이던 해부터 22세가 되어 친정하게 되는 순간까지 10년 동안 섭정이 존재하게 되는데요, 과연 누가 섭정으로서 진나라 정국을 장악했을까요?

이 질문에 대해 그동안 학자들은 공통된 견해를 보였습니다. 10년의 섭정 동안 최고 권력자는 영정의 모후인 제태후帝太后(조희)였고 조정은 상국相國 여불위가 장악했다는 것입니다. 하지만 저는 여기에 이의를 제기하고 싶습니다. 많은 학자들이 10년 동안의 섭정에 제태후와 여불위가 권력을 장악했다고 생각했습니다. 그러나 이는 두 가지 중요한 역사적 사실을 간과한 것입니다. 우선 영정이 즉위했을 때 태후가 모두 세 명이었다는 점을 간과한 것입니다. 당시에는 영정의 생모인 제태후 조희 외에도 화양태후와 하태후도 있었습니다.

이들 가운데 명실상부한 실세는 누가 뭐래도 화양태후였습니다. 그 뒤로 하태후, 제태후의 순이었습니다. 최근 출토된 진한 시기 유물인 《장가산한간張家山漢簡》 2년 율령律令 내용이 이를 증명합니다. 여기에는 당시 집안의 가장이 숨질 경우 후계 계승 순서를 다음과 같이 규정했습니다. 여기에 따르면 1순위는 아들, 2순위는 부모, 3순위는 부인, 4순위는 딸이었습니다. 따라서 자이 사후 가장 먼저 모든 권력 및 권리를 계승 받는 사람은 당연히 장자인 아들 영정이었습니다. 그리고 그다음은 자이의 모친이 되겠죠. 양어머니이건 친어머니이건 말이죠. 그렇다면 2순위는 화양태후와 하태후가 됩니다. 다음 3순위는 자이의 아내인 제태후였습니다.

그런데 지금 1순위인 영정이 어려서 바로 계승할 수 없는 상황입니다. 그렇다면 당연히 2순위인 태후들이 일시적이나마 그 권력, 권리를 행사했을 것입니다. 2순위권자 가운데 가장 세력이 강한 이는 다름 아닌 화양태후였고요. 화양태후는 영정의 조부인 효문왕 안국군의 정실이었고 장양왕 자이의 의붓어머니였기 때문에 그 위세가 막강했습니다. 그녀의 주위에는 자이가 후계자가 되는 과정에서 중요한 역할을 한 화양대저와 양천군 등 친족 세력이 있었습니다. 그들은 진나라 내에서 나는 새도 떨어뜨릴 만큼 막강한 세력을 구축했습니다. 따라서 학자들의 기존 관점과 달리 영정이 친정하기까지 10년 동안 진나라 내에서 실권을 장악한 이는 화양태후를 중심으로 하는 초나라계 외척세력이었습니다.

그럼 학자들이 간과한 두 번째 사실은 무엇일까요? 여태까지 학자들은 섭정하는 동안 조정을 장악한 이가 여불위 한 명이라고 했습니다만 실질적으로는 여불위 한 명이 아니었습니다. 당시 진나라 조정에는 구신舊臣들이 매우 많았습니다. 그리고 그들은 소왕 이래로 계속 조정에서 활약했기 때문에 세력이 상당했습니다. 예를 들어 몽오蒙驁 장군과 왕기王齮 같은 인물들은 병권을 쥐고 있었습니다. 그중에서 주목할 만한 인물들은 바로 여불위와 함께 진나라 조정을 총괄했던 창평군과 창문군昌文君이었습니다. 뒤에서 다시 언급하겠지만 여불위, 창평군, 창문군은 '노애의 난' 발생 당시 노애 토벌령을 받은 주요 대신입니다. 특히 창평군과 창문군은 진나라의 실권을 장악한 초나라계 외척세력의 핵심인물이었습니다.

따라서 영정이 친정하기 이전에 진나라 국정을 주도한 이는 여불위 한 사람이 아니라 진소왕 이래 조정 요직을 맡아오던 창평군, 창문군이 포함된 3인 체제였을 것입니다. 이들 3인은 모두 화양태후 중심의 초나라계 외척세력에 속했습니다. 창평군과 창문군은 화양태후와 같은 초나라 출신이었고, 여불위는 화양태후와 자이를 연결해 세력 확장을 가능하게 한 책사였으니까요. 여불위의 경우에는 화양태후와도 긴밀한 관계를 유지하고 있었지만 영정의 모친인 제태후 조희와도 상당한 친분이 있었기 때문에 좀더 운신의 폭이 넓었습니다.

하태후의 죽음

따라서 영정과 성교의 형제지간의 정도 태후 세 명의 주도권 싸움에 따라 움직일 수밖에 없었습니다. 사서에는 성교 관련 기록이 달랑 둘 뿐입니다. 바로 조나라에 투항해 진나라에 반기를 든 것과 한나라에 사신으로 갔다는 내용 말입니다.

《전국책》〈진책〉, 《신서新序》〈선모善謀〉, 《사기》〈춘신군열전春申君列傳〉 등 문헌에 따르면 진왕정 5년, 사신의 자격으로 한나라를 방문한 성교는 군사 동원 없이 사방 100리에 달하는 한나라 영토를 할양받아 돌아왔습니다. 이 내용은 진왕 영정이 다른 나라 사신과 하는 대화에 잠시 등장합니다. 그 외에 자세한 상황에 대해서는 전혀 알려지지 않았습니다.

　성교의 기록을 본 저는 그의 나이가 유독 눈에 띄었습니다. 성교가 한나라에 사신으로 가서 공을 세울 당시인 진왕정 5년에 영정은 18세로 아직 친정하기 전이었습니다. 이때 성교는 많아 봐야 15세였을 텐데요. 15세밖에 안 된 어린 성교가 군대 동원 없이 세 치 혀로 한나라로부터 그 엄청난 영토를 할양받았다는 사실 자체가 쉽게 믿기질 않습니다.

　고대사를 연구하다 보면 이런 불가사의한 일들을 자주 맞닥뜨립니다. 물론 추적해 가다 보면 그 배후에 나름의 이유가 있긴 합니다. 그럼 이 사건의 배후에는 뭐가 있을까요? 성교-한부인-하태후-한나라계 외척의 맥락에서 생각해보면 어떨까요? 영정이 즉위한 후 성교의 모친인 한부인과 조모인 하태후 모두 조급해졌습니다. 왜냐하면 성교가 군공을 세운 적이 전혀 없었기 때문입니다. 진나라 법률에 따르면 왕자가 특별한 공을 세우지 못하면 관직 등을 전혀 받을 수가 없었기 때문에 세력을 키울 수 없었으므로 조급해질 수밖에 없었습니다.

　한나라 왕실 출신인 하태후와 한부인은 자신의 인적 네트워크를 이용해 사전에 작업을 좀 했을 가능성이 있습니다. 그랬기에 한나라를 방문한 성교가 군사력 동원 없이 외교활동 만으로 100리에 달하는 영토를 할양받는 공을 세울 수 있었겠죠. 그 덕택에 성교는 장안군에 책봉됩니다. 하태후는 자신이 세상을 뜨기 전, 성교에게 최대한 많은 신경을 썼습니다. 하지만 그녀가 진왕정 7년 세상을 떠나면서 성교는 의지할 보호막을 잃게 됩니다. 하태후라는 든든한 방패를 잃은 성교는 좌충우돌하며 돌파구를 마련하려다가 결국 '성교의 난'을 일으켰습니다. 《사기》〈진시황본기〉에 성교의 난은 다음과 같이 등장합니다.

> 하태후가 운명했다. 진왕정 8년, 진시황의 아우인 장안군 성교가 군대를 이끌고 조나라를 공격하다가 둔류에서 반란을 일으켰으나 주살되었다.
> 夏太后死. 八年, 王弟長安君成蟜將軍擊趙, 反死屯留.

하태후가 죽은 지 얼마 안 돼 그 손자인 장안군 성교도 불명예스럽게 생을 마친 배후에 뭔가 있지 않을까요? 사서에 그에 관한 단서가 전혀 남아 있지 않기 때문에 다른 각도로 접근해 보겠습니다.

우선 성교의 버팀목이었던 하태후가 사후 어떻게 능에 묻혔는지 알아보기로 하겠습니다. 하태후는 진시황의 조부인 효문왕의 후궁이었습니다. 화양태후가 왕후였기 때문에 하태후는 사후에 효문왕과 함께 합장될 수 없었습니다. 반면 화양태후는 효문왕이 묻혀있는 진동릉秦東陵(오늘날 서안 임동 지역)에 합장되었습니다. 하태후는 임종 전에 자신의 장지로 오늘날 서안시 남부 지역의 장안구의 두동杜東을 선정했습니다. 《사기》〈여불위열전〉을 보면 하태후가 두동을 자신의 장지로 지정한 이유가 나옵니다.

> 두동은 동쪽으로는 아들의 묘를, 서쪽으로는 부군의 묘지를 볼 수 있다. 백 년 후에 이 지역은 만 가구 규모의 도시가 될 것이다.
> 東望吾子, 西望吾夫. 後百年, 旁當有萬家邑.

정말 하태후가 생전에 이 말을 했다면 이 말이 사서로 확인 가능한 그녀의 유언일 것입니다. 지금까지 말했듯 사서에 기록된 하태후의 모습은 보잘 것 없었습니다. 남편인 안국군 효문왕의 사랑을 받지 못한 채 화양부인을 돋보이게 하는 조연 정도였죠. 하지만 실제로 그랬을까요? 우리가 잘못 알고 있는 것은 아닐까요?

하태후 묘지 발굴 소식을 듣고 저는 2007년 3월 발굴 현장에 갔습니다. 도착한 날 비가 많이 내린 탓에 발굴 현장 주변지역이 매우 질퍽거려 출입하기 매우 불편했던 기억이 납니다. 하지만 제가 서안 남부의 장안구 신화원神禾塬 발굴현장에 도착해서 하태후의 묘지를 직접 보고는 진흙으로 불편했던 기억이나 그동안 사서를 통해 알았던 하태후에 대한 저의 고정관념이 완전히 바뀌었습니다. 눈앞에 드러난 하태후 묘지의 규모는 제왕급 수준으로 상상을 초월할 만큼 크고 화려했습니다. 그 크기나 형태를 살짝 묘사해 보겠습니다. 형태는 아亞자 형입니다. 그리고 가로 길이가 130미터, 세로 폭이 110미터에 달했고, 묘실은 지하 50미터쯤에 있었는데, 주 묘실 주위로 13기의 부장묘가 딸려 있었습니다. 전체 능원陵園은 동서 가로길이 310미터에 남북 세로길이가 550미터로 총면적이 173,400제곱미터에 달했습니다. 게다가 능원 지상에는 각종 건축물이 있었습니다.

제 생각에 이 정도로 엄청난 규모라면 절대 단시간 내에 완성할 수가 없습니다. 모르긴 몰라도 하희가 태후로 불리게 된 장양왕 원년에서부터 하태후가 사망한 진왕정 7년까지에 달하는 10년 동안 이 묘지가 축조되었을 가능성이 큽니다. 거대한 규모만큼 그 주인공의 지위나 권세도 막강했을 것입니다. 하태후는 아들인 장양왕 재위 시 화양태후와 대립하면서 진왕을 도와 국정을 운영했고 손자인 진왕 영정이 재위할 때는 화양태후와 함께 국정을 주도했기 때문에 진나라에서 그녀가 가진 영향력은 엄청날 수밖에 없었습니다.

진한시대에는 제도적으로나 관습적으로 외척이 정치 간섭을 하고 권력을 장악하는 것이 일반적이었습니다. 사료가 부족해 단언할 수는 없지만 극히 일부의 사료와 발굴된 명문銘文을 살펴보면 초기 진나라 역사 속에서도 외척의 정치 활동을 발견할 수 있습니다. 외척의 발호는 진소왕 즉위 이후에 두드러지게 나타납니다. 이미 몇 차례 말씀드린 대로 진소왕의 모후인 선태후를 중심으로 한 초나라계 외척세력이 진나라 조정을 완전히 장악한 것이 대표적입니다. 외척의 권력 장악이 가지는 가장 큰 약점은 구심점이 되는 태후가 세상을 뜰 경우 붕괴할 가능성이 크다는 것입니다. 선태후 사후에도 마찬가지였습니다. 일시적이기는 했지만 화양태후의 조부인 화양군을 비롯해 기득권층이던 초나라계 외척세력이 모두 함양에서 축출되면서 실권을 잃게 됩니다. 이와 같은 현상은 하태후 사후에도 그대로 재현되었을 것입니다.

하태후의 죽음은 한나라계 외척세력의 구심점 상실을 의미했습니다. 따라서 한나라계 외척세력의 몰락은 피할 수 없는 수순이었던 것이죠. 하태후와 조정 세력을 양분하고 있던 화양태후, 그리고 영정의 모후로서 조나라계 외척세력을 구축하기 시작하던 조희. 이들은 이 기회를 놓치지 않고 한나라계 외척세력을 숙청했을 것입니다. 하태후의 힘에 힘입어 세력을 넓히던 한부인은 든든했던 방패막이가 사라지면서 고립무원孤立無援의 상태에 빠집니다. 한부인과 대립각을 세우던 제태후 조희는 정반대였고요. 현재 왕위에 있는 영정의 친모인데다 하태후의 견제까지 사라졌기 때문에 제태후의 세력은 점점 커졌습니다. 게다가 조정 대신의 영수로서 국정을 운영하던 상국 여불위까지 지원했기 때문에 거리낄 것이 없게 된 만큼 구심점을 상실한 한나라계 외척세력을 제거하기 위한 행동에 착수했던 것이 분명합니다.

이런 배경을 종합해 보면 성교의 난은 제태후 조희를 중심으로 한 조나라계 외척세력이 한부인과 성교를 압박해 나타난 결과일 확률이 높습니다. 한편, 성교의 난을 진압하는 과정에서 진나라 정국에 파란을 몰고 올 한 인물이 두각을 나타냅니다. 바로 제태후 조희의 면수였던 노애입니다.

🐪 대음인이라 불린 사내

그렇다면 노애는 어떤 인물이기에 성교의 난이 발생했을 때 조나

노애 프로필

이름	노애
출신국	조나라
출생지	한단
작위	장신후
직업	광대
사건발생지	함양
사건과의 관계	제태후 조희의 정부, 성교의 난 토벌, 노애의 난 주범

라계 외척세력을 대표해 반란 진압에 나섰을까요? 그의 프로필을 잠깐 살펴보겠습니다.

노애는 제태후 조희와 동향인 조나라 한단 사람이었습니다. 노애는 한단에 있을 때 조희와 친분이 있던 관계로 진나라에 들어올 때 함께 와서 그녀 곁에 있다가 조희가 태후가 된 이후 급부상했다는 이야기도 있습니다. 단순한 주종 관계를 넘어선 육체적 관계를 맺던 사이였다는 말이죠. 하지만 《사기》〈여불위열전〉에는 노애가 원래 여불위의 시종이었다가 제태후의 총애를 받으면서 급부상해 진나라 최고 작위에 해당하는 장신후長信侯가 되었다고 나옵니다. 여하튼 일세를 풍미한 인물이었습니다.

광대였던 노애에게 한 가지 특출한 데가 있었다고 합니다. 바로 성기가 상상을 초월할 정도로 거대했다는 점입니다. 연회석상에 참석한 노애는 발기된 자신의 성기에 오동나무로 만든 작은 수레바퀴를 매달고 쇼를 할 정도였다고 합니다. 그래서 대음인大陰人이라는 별명까지 얻게 되었습니다. 여불위는 왜 이런 인물을 제태후에게 천거한 걸까요? 그리고 노애는 어떻게 제태후의 총애를 얻어 진나라 조정에서 권세를 누리게 된 걸까요? 그 이유를 알기 위해서는 여불위와 제태후 조희, 두 사람을 먼저 언급할 수밖에 없습니다.

조희는 조나라 한단의 부호 집안 출신이었다고 앞서 몇 차례 언급했습니다. 그녀는 타고난 미모에 뛰어난 가무 실력을 갖추고 있었습니다. 당시 조나라의 한단이 얼마나 선진문물이 넘쳐난 도시였는지는 처음 한단에 온 연나라 사람이 한단의 모든 것이 너무 신기하고 멋지게 느껴져 한단 사람이 걷는 모습까지 따라 하다가 결국 자신의 원래 걷는 자세도 잊어버리고 기어서 연나라로 돌아갔다는 '한단학보邯鄲學步'라는 성어에서 알 수 있습니다.

《장자莊子》에 등장하는 이 성어는 맹목적 모방을 하게 되면 새로운 것을 배우기는커녕 원래 가지고 있던 것도 잊게 된다는 교훈을 담고 있습니다. 장자도 전국시대를 살았던 인물인지라 한단학보의 배경이 된 한단과 조희가 살던 한단의 모습은 거의 유사했을 것입니다. 그만큼 당시 한단은 천하의 유행을 선도하는 도시로 그 명성이 높았습니다. 한단이 선도한 유행 중 하나는 식객食客(세력가들에게 의탁해 자신의 재주를 뽐내던 이들)을 받아들여 자신의 위세를 드러내고 협객의 기상을 발휘하는 것이었습니다. 또한 한단은 재주가 뛰어난 미녀들이 몰려 있던 곳입니다. 조희는 가무에 뛰어나고 사랑에 약한, 그래서 정치보다는 남녀의 정에 목을 매는 전형적인 한단 여성이었던 것 같습니다.

조희가 영정을 임신했던 해에 진나라와 조나라 사이에 장평대전이 발생했었다고 앞서 말씀드렸습니다. 그리고 영정 출생 2년째에 한단이 포위되고 3살 되던 해에 자이와 여불위가 함양으로 탈출했다고 했죠. 그로부터 6년 후 진나라와 조나라가 화해하면서 무사히 돌아오기까지 조희와 어린 영정은 구사일생의 위기를 수차례 넘깁니다. 아마 그동안 갖은 고생을 함께 견딘 조희와 아들 영정 간에 끈끈한 모자의 정이 생겨났을 것입니다.

지옥 같은 한단을 벗어나 함양으로 돌아온 조희와 영정에게 자이는 충분한 보답을 해 주었습니다. 그들 모자를 각각 태자비와 장자로 정식 인정한 것입니다. 그리고 자이 즉위 후 조희는 자연스레 왕후가, 11세의 영정은 태자가 되었습니다. 함양으로 돌아온 직후의 시간은 조희 인생 최고의 황금기였다고 봐도 무방할 만큼 평온하고 행복했습니다. 하지만 인생에 마냥 좋은 날만 있을 수 있나요? 얼마 지나지 않아 조희는 새로운 국면을 맞게 됩니다.

기원전 247년, 장양왕이 재위 3년 만에 세상을 떠나고 13살 된 영정이 즉위하면서 조희가 태후가 된 것입니다. 서른도 안 된 젊은 과부, 조희. 그녀는 정치보다는 사랑을 원했습니다. 자연스레 옛사랑이었던 여불위를 만나는 횟수가 늘어갔습니다. 여러 사서에 두 사람이 다시 옛 기억을 되살리며 탐닉했다는 기록이 엿보입니다.

《사기》〈여불위열전〉에 이런 기록이 있습니다. '진왕이 나이가 어린 것을 이용해 태후는 수시로 여불위와 사통했다 秦王年少, 太后時時竊私通呂不韋.' 일각에서는 조작의 냄새가 많이 난다면서 여불위와 진나라 왕실을 음해하려고 이런 이야기가 유포되었다고도 합니다. 그렇다면 여불위와 조희는 과연 어떤 관계였을까요?

먼저 역사적인 관점에서 두 사람 사이를 보겠습니다. 한단 무희 출신인 조희는 자이와 인연을 맺으면서 진나라 생활을 시작했습니다. 그녀는 영정을 출산한 후 태자비, 왕후, 태후로 점차 신분이 상승했습니다. 하지만 진나라 왕실의 입장에서 그녀는 진나라 내 정치 기반이나 인맥이 전혀 없는 외국인일 뿐이었습니다. 그래서 조희에게 믿을 사람이라고는 장양왕 자이, 옛 연인인 여불위, 그리고 아들 영정, 세 사람뿐이었습니다. 그런 상황에서 자이가 숨지게 되니 조희는 여불위를 찾을 수밖에 없었습니다. 아들 영정은 살벌한 왕실 세계에서 자신의 버팀목이 되어 주기에는 아직 너무 어렸기 때문입니다. 늘 사랑을 원하는 젊고 예쁜 조희. 그런 조희가 자신을 믿고 의지한다는 것은 여불위 입장에서 분명 흐뭇한 일입니다. 하지만 이는 자신이 조희의 정치적 버팀목이 되어줌과 동시에 애인 역할도 해줘야 함을 의미했습니다.

동서고금을 통틀어 봐도 젊은 태후의 연인이 된 인물은 항상 살얼음 위를 걷듯이 신중한 처세가 필요했습니다. 일단 정적의 공격에서 벗어날 수 없고, 유년이던 왕이 성인이 되어 친정하게 되면 자신의 모친과 부적절한 관계를 한 사실에 대해 추궁을 할 것이 뻔했기 때문입니다. 조희와 여불위의 위험한 관계에는 이 두 가지 위험요소 외에 또 다른 리스크도 있었습니다. 바로 화양태후와 하태후의 위협이었습니다. 이미 말씀드렸듯 세 명의 태후 가운데 권력 서열은 화양태후, 하태후, 제태후 순이었습니다. 장양왕 자이가 세상을 뜰 때 왕실 어른으로 막강한 권세를 가지고 있던 화양태후와 하태후는 자신들을 위협하게 될 제태후를 견제하기 위해 그녀와 여불위의 관계를 트집 잡을 가능성이 매우 컸습니다. 일단 꼬투리가 잡히면 그 후폭풍은 예상하기 어려울 만큼 거셀 것이 분명했습니다.

그런 부담 속에서도 조희는 여불위를 찾았습니다. 항상 사랑을 원하는 성격 탓도 있었겠지만 진나라에 연고가 없는 외국인인데다, 항상 신경을 곤두세우고 있어야 하는 왕실에서 외로움에 힘들어하던 그녀로서는 어쩔 수가 없었을 것입니다. 하지만 여불위는 그렇지 않았습니다. 상인으로도, 정치인으로도 성공해 봤고, 성공 가도를 달리고 있는 그입니다. 당시 정국을 철저히 이해하고 있던 상국 여불위는 조희와 관계를 지속할 경우 자신에게 이로울 것이 하나도 없다는 점을 본능적으로 느끼고 있었습니다. 그래서 조희와의 관계를 정리하기 위해 방법을 찾기 시작했습니다. 여러 가지 방안을 고민하던 그는 결국 만족스러운 해결 방법을 생각해 냈습니다. 바로 '노애'를 제태후에게 추천하는 것이었습니다.

여불위는 일단 제태후와의 관계 정리를 위해 두 가지 방법을 택했습니다. 그녀와 영정의 정치적 버팀목은 되어 주지만 조희와 사적으로 얽힌 연인관계는 청산하기로 한 것입니다. 처세술에 능했던 여불위는 여자와 관계를 정리할 때도 노련하게 처리했습니다. 갑자기 이별 통보를 하면 조희가 예상치 못한 돌발 행동을 할 수 있었기 때문에 자신을 대신해 제태후 조희를 만족하게 해줄 남성을 물색했습니다. 그러다가 찾은 인물이 노애입니다.

노애를 선택할 때도 그냥 즉흥적으로 선택하지 않고 여러 가지를 고려했습니다. 우선 노애 역시 조나라 출신이었기 때문에 조희와 의사소통의 불편함이나 문화적 이질감이 없었습니다. 그래서 제태후 조희가 쉽게 친밀감을 느낄 수 있었죠. 또한 이미 한층 물이 오른 조희에게 정력이 절륜한 노애는 최고의 상대였습니다. 여불위는 제태후 앞에서 수시로 노애를 언급하여 그 호기심을 자극했습니다. 얼마 지나지 않아 제태후는 노애에게 상당한 관심을 보이기 시작했습니다. 직접 만나서 경험해 보고 싶었던 것입니다.

막상 데려오려고 하니 태후의 궁에 외부인이 함부로 출입할 수 없다는 왕실 법규가 걸렸습니다. 한참을 고민한 여불위는 노애를 궁형宮刑 처리해 태감太監이라고 속인 후 궁으로 들이기로 합니다. 그래서 형벌을 총괄하는 관리를 매수하여 노애의 수염만 뽑아 태감처럼 보이게 하여 궁으로 들였습니다. 이야기로만 듣던 노애를 직접 접한 제태후는 놀라움과 기쁨의 환호성을 질렀습니다. 사서에는 그녀가 노애를 '절애지絕愛之' 즉, 매우 사랑했다고 기록되어 있습니다. 그만큼 모든 것을 잊고 노애만 탐닉한 것입니다. 제태후의 머릿속에 여불위가 생각날 리가 없었습니다. 여불위도 노애 덕분에 제태후와 떨어질 수 있게 되어 매우 기뻐했습니다.

노애에 빠져 살던 제태후는 임신까지 해버립니다. 환관이라 속인 노애와 태후의 스캔들은 보통 문제가 아니었기 때문에 제태후는 이목을 피할 방안을 찾기 시작했습니다. 일단 점술가들을 불러서 점을 치고, 지금 머물고 있는 궁이 몸에 해로우니 다른 성

城에 머물러야 한다는 점괘를 얻었죠. 그리고 이 점괘를 이용해 함양성에서 수백 리 떨어진 옹성雍城으로 거처를 옮겼습니다. 옹성으로 간 제태후는 남의 눈을 의식하지 않고 노애와 사랑을 나눴습니다. 아들도 두 명이나 낳았습니다.

노애와 제태후는 한시도 떨어지지 않고 붙어 지냈습니다. 그만큼 노애는 제태후의 총애를 받았습니다. 현재 왕인 영정의 모후, 즉 태후의 총애를 받았던 만큼 노애는 노비가 수천에 달할 정도의 막대한 부를 손에 쥐게 되었습니다. 그리고 그 부만큼 강력한 정치적 영향력도 가지게 되었습니다. 지난 세월 동안 노애는 각종 문학작품이나 영화, 드라마에서 정력의 상징으로 표현되었습니다. 제태후와 궁중 깊숙이 숨어서 음란한 행위를 즐기는 색마처럼 인식되어 후세 사람들이 거부감을 가졌습니다. 하지만 이는 후세에 조작되고 왜곡된 이미지일 뿐입니다. 역사 속의 노애는 그렇지 않았습니다.

전국시대를 전후해 태후나 공주가 공개적으로 섹스파트너를 가졌던 예는 비일비재했습니다. 다들 그것을 추하다거나 숨길만한 일로 생각하지 않았습니다. 대표적인 예가 진시황의 고조모 선태후입니다. 그녀는 서북 지역의 의거왕義渠王과 사통하여 아들을 둘이나 낳았습니다. 선태후가 숨질 때 순장하려다가 그만뒀던 위추부魏醜夫 역시 그녀의 면수였습니다. 한소제漢昭帝의 손위 누이도 정외인丁外人이라 불리는 면수를 거느렸습니다. 그는 소제의 특별대우까지 받았습니다. 어떻게 보면 이런 모습이 더 인간의 본성에 가까운 모습이 아닐까 합니다. 따라서 조희가 노애를 면수로 데리고 있었다는 사실 자체는 남자들이 첩을 두는 것만큼 자연스러운 일이었습니다. 정작 문제는 바로 노애가 정치적인 영향력을 가지게 되었다는 사실이었습니다. 광대에 불과했던 노애가 부적절한 관계를 통해 정치적으로 엄청난 영향력을 손에 넣게 되자 그에 대한 이미지가 왜곡되기 시작한 것입니다.

🐫 열후 책봉

《사기》〈여불위열전〉에 노애가 얼마나 제태후의 총애를 받았는지 나옵니다.

> 노애는 세태후의 총애를 받아 후한 상을 받았다. 그리고 대소사를 모두 결정했다. 노애의 가동은 수천에 달했고 관직을 청탁하는 이들도 천 명이 넘었다.
> 嫪毐常從, 賞賜甚厚, 事皆決於嫪毐. 嫪毐家僮數千人, 諸客求宦爲嫪毐舍人千餘人.

이 기록은 노애가 궁궐 속에서 숨어있던 인물이 아니라 호화로운 저택에서 수천의 노복을 거느린 세도가였음을 보여줍니다. 심지어 전국시대 4공자인 초나라의 춘신군春申君, 위나라의 신릉군信陵君, 조나라의 평원군平原君 제나라의 맹상군孟嘗君이나 당시 진나라의 승상이었던 여불위처럼 천여 명에 달하는 식객을 받아들이며 그 위세를 떨쳤습니다.

노애의 위용에 대해 《사기》〈진시황본기〉는 더 구체적이고 정확하게 기술하고 있습니다.

> 노애는 장신후에 봉해졌고 산양 지역을 봉지로 하사받았다. 궁실의 마차와 의복, 사냥터를 마음대로 사용했다. 대소사를 모두 노애가 결정했다. 하서 태원군은 노애의 나라였다.
> 嫪毐封爲長信侯, 予之山陽地, 令毐居之. 宮室車馬衣服苑囿馳獵恣毐. 事無大小皆決於毐. 又以河西太原郡更爲毐國.

사실 제일 마지막의 '하서 태원군은 노애의 나라였다'는 부분 이외의 내용은 제태후의 사적 비호 아래 무난하게 행사할 수 있는 권세입니다. 하지만 노애가 장신후로 봉해지고 봉국을 하사받는 일은 사서에 기록이 남는 중대한 일입니다. 그렇다면 한낱 환관에 불과했던 노애가 어떻게 열후의 작위를 받을 수 있었을까요?

그 구체적인 이유에 대해 사서에는 기록이 없습니다. 호사가들은 그저 제태후의 총애에서 이유를 찾을 뿐이었죠. 저 역시 여태껏 그렇게 알고 있었습니다. 하지만 자료들을 정리하다 보니 이런 생각이 잘못됐음을 알게 됐습니다. 이천 년이 넘게 이어진 이 오해는 《사기》를 해석할 때 구두점을 찍고 단락을 나누는 표점분단 標點分段을 잘못해서 비롯되었던 것입니다. 중화서국 中華書局에서 나온 점교본 點校本[11]에서 한 해에 일어났던 두 가지 사건을 진왕 8년과 진왕 9년으로 나눠 기술하면서 이런 오해가 더욱 굳어져 버렸습니다.

우리는 진나라가 작위를 매우 중시했던 나라였다는 사실을 명심해야 합니다. 상앙변법 이후 작위는 군공이나 그에 상당하는 공로가 있을 때만 하사받을 수 있다고 명백히 규정했습니다. 신분 고하를 막론하고 군공이 없으면 작위를 받을 수 없도록 한 것입니다. 20등급으로 나뉘는 진나라 작위들 가운데 최고위 작위는 후侯입니다. 노애가 받은 장신후가 바로 이에 해당하죠. 작위를 하사받게 되면 엄청난 특권이 따라 오는 것은 물론이고 자신의 영지에 세운 봉국에서 왕처럼 행사할 수 있었습니다. 진나라 역사에서 이렇게 강력한 권세를 가진 작위를 하사받은 이가 손에 꼽을 만큼 적은 이유도 그만큼 엄격히 자격제한을 두고 있었기 때문입니다.

작위를 받기가 얼마나 어려운지 대표적으로 보여주는 인물이 바로 진시황이 전국 통일을 할 때 최고의 공을 세운 왕전[12]입니다. 그는 진나라 총사령관으로 수년간 출정하면서 조나라, 연나라를 멸망시키는 등 혁혁한 전공을 세웠지만 작위를 하사받지 못했습니다. 자신의 상당한 공적에도 작위를 못 받아 불만이던 왕전은 60만 대군을 이끌고 초나라를 멸망시킨 전쟁에 출정하면서 영정에게 직접 불만을 털어놓기까지 했습니다. "소장, 전하를 위해 군대를 이끌고 출전하여 수차례 공을 세웠지만 아직 열후에 봉해지지 못했사옵니다." 이렇게 직접 불만을 이야기한 후에야 왕전 같이 최고의 공을 세운 장군도 겨우 열후에 봉해질 수 있었습니다.

노애의 열후 책봉은 진나라 사서에서도 매우 중요한 일로 기록되어 있습니다. 앞서 언급한 《사기》〈진시황본기〉외에 《사기》〈육국연표六國年表〉에도 진왕정 8년에, '노애가 장신후에 봉해졌다嫪毒封長信侯'라고 나옵니다. 이는 모두 진나라 조정의 정식기록입니다. 노애가 장신후에 봉해진 일이 그만큼 중요한 사건이었다는 것입니다. 이는 노애가 그에 준하는 범상치 않은 공을 세웠으며 작위를 하사해도 진나라 법률에 어긋나지 않았다는 말입니다. 그렇다면 노애는 도대체 무슨 공을 세웠으며 그가 최고 작위를 받은 이유는 도대체 무엇일까요? 사서에 따르면 노애가 열후에 봉해진 바로 그해에 진나라 역사에 매우 중요한 사건이 발생했습니다. 바로 앞서 언급했던 성교의 난입니다. 그렇다면 이런 추론을 해볼 수 있지 않을까요? '같은 해에 발생한 이 두 사건 사이에 모종의 관계가 있을 수 있다'고 말이죠.

진왕정 7년, 하태후 사후 구심점을 잃은 한나라계 외척세력이 조희를 위시한 조나라계 외척세력의 공세 속에 궁지에 몰리게 되었다는 점은 우리가 앞서 살펴본 내용입니다. 당시에 노애는 진나라 정계에서 나름의 세력을 구축한 상태였습니다. 더구나 그는 제태후의 애인이었고 대리인이었기 때문에 제태후가 한부인과 성교를 압박하는 정치 공세의 선두에 서 있었을 것입니다. 노애가 주도하는 조나라계 외척세력의 거센 정치 공세 속에서 한나라계 외척세력이 급격히 위축되었고 결국 진나라 내에서는 반격을 노릴 수 없던 성교가 군을 이끌고 그대로 조나라에 귀순한 다음 반란을 일으켰다고 추측해 볼 수 있습니다. 그리고 이 성교의 난을 진압한 후 노애는 장신후에 봉해진 것이지요.

하지만 이 역시 성교의 난을 진나라 조정 내 외척세력간 암투라는 맥락을 통해서만 분석한 것에 불과합니다. 따라서 설득력이 있으려면 충분한 근거가 필요합니다. 당시 진나라 법률은 상앙변법에 기초하고 있었습니다. 상앙변법 중에 다음과 같은 중요한 단서가 나옵니다. '모반을 고한 자는 적의 목을 벤 것과 동일하게 포상한다告奸者與斬敵首同償.' 진한시대 역사 속에서 그 예를 찾기 어렵지 않습니다. 한무제漢武帝 때 황위 계승을 둘러싸고 외척 간에 암투가 벌어집니다. 유명한 '무고의 난巫蠱之亂'[13]이었습니다. 이 사건으로 당시 황후인 위후가 자결하고 태자 유거劉據가 도주 중 피살되었습니다. 이때 태자를 추격해 주살한 관리는 그 공으로 열후에 봉해졌습니다.

역사 속 사건의 진상을 파악할 때는 전체를 보는 눈이 필요합니다. 사건 자체에서 그 해답을 찾을 수도 있지만 사건을 둘러싸고 전후 시대 및 동시대 다른 사건 속에서도 실마리를 발견할 수 있기 때문입니다. 앞서 저희가 하태후의 죽음과 성교의 난을 서로 연관시켜 성교의 난이 발생한 원인을 분석한 방식이 바로 그것입니다. 이제 동시대 사건인 성교의 난과 노애의 열후 책봉을 연결해 보면 새로운 사실을 찾아낼 수 있을 듯합니다. 이런 관점에서 보면 하태후의 죽음, 성교의 난, 노애의 열후 책봉이라는 각각의 개별 사건이 동일한 배경에서 비롯된 연관성 있는 사건일 수 있다는 생각이 듭니다. 그것을 파악하기 위해 진왕정 9년에 발생한 노애의 난을 살펴보도록 하겠습니다.

네 번째 추적

노애의 표적은 진왕 영정인가?

🦌 칼을 들다

중국 속담 중에 '사람은 유명해지는 것을 두려워하고 돼지는 살찌는 것을 두려워한다人怕出名猪怕壯'는 말이 있습니다. 사람은 유명해질수록 많은 이들의 입에 오르내리고 돼지는 살이 찔수록 도축될 확률이 높아지기 때문이죠.

진나라에서 노애가 바로 여기에 해당하는 인물이었습니다. 그가 장신후로 벼락출세하자 진나라 정국에 소용돌이가 몰아칩니다. 사실 노애가 제태후와 함께 옹성에 있을 때는 부와 세력을 행사해도 그다지 경계하지 않았지만 열후에 봉해져 실권을 손에 쥐자 음해 공작과 표적 수사의 대상이 됩니다. '털어서 먼지 하나 안 나오는 사람 없다'고 하지 않습니까? 가뜩이나 많은 결점을 안고 있던 노애는 결국 치명적인 덜미를 잡힙니다.

《설원說苑》〈정간正諫〉에 그 내용이 비교적 상세하게 나옵니다. 노애의 위기는 사소한 말다툼에서 비롯되었습니다. 노애는 제태후의 총애를 받으며 옹성에서 무소불위의 권세를 누리다 보니 오만함과 사치스러움, 음란함이 극에 이르렀습니다. 그러던 어느 날, 시중들과 술을 마시며 게임을 하다가 언쟁을 벌이게 되었는데 술기운에 격분한 노애가 눈을 부라리며 "내가 왕의 아비나 다름없는데 감히 네놈 따위가 어찌 나와 맞서려 하느냐!"라며 꾸짖었습니다. 노애의 이 말을 들은 모든 이들이 깜짝 놀랐습니다. 그리고 노애에게 혼찌검이 난 그 시종은 바로 이 일을 조정에 고발했습니다.

사실 노애와 제태후가 사통한 사실은 이미 진나라 조정에서는 공공연한 사실이었습니다. 다만 진왕 영정이 나이가 어렸고 제태후의 권세가 막강했던지라 알면서도 모르는 척했을 뿐이었죠. 하지만 이제 진왕 영정은 곧 친정을 앞두고 있을 만큼 장성한 상태였습니다. 그런 상황에서 노애가 거리낌 없이 제태후와의 관계를 떠벌이고 심지어는 자신이 진왕의 부친이나 다름없다는 말을 하는 것은 심각한 문제였습니다. 태후가 면수를 둔다고 해서 문제 삼는 경우는 거의 없지만, 면수 주제에 태후와의 관계를 직접 입 밖으로 떠벌이는 것은 안 될 일이었습니다. 왕실이나 왕 자신의 명예와 직결되는 문제였기 때문입니다. 그런 금기를 범한 노애는 처벌을 받아야 했습니다. 점점 목이 죄어온다는 사실을 깨달은 노애는 단순히 자신에게서 끝나는 것이 아니라 제태후까지 위기에 직면했음을 직감했습니다.

영정이 만 22세가 되던 진왕정 9년 정월, 영정의 친정이 다가오자 노애는 그 위기를 피부로 느꼈습니다. 진왕정 9년 4월, 영정이 관례를 치르기 위해 옹성에 온다는 소식을 들은 노애는 이제 궁지에 몰렸다고 생각했습니다. 결국 그는 극단적인 생각까지 하게 됩니다. 바로 국왕의 관례를 위해 왕족대신들이 모두 옹성에 모이면 도성인 함양성이 텅 비게 될 것이고, 이때 함양성을 점령하면 자신이 주도권을 쥘 수 있다고 말입니다. 노애에게는 운명을 건 도박이었습니다. '지렁이도 밟으면 꿈틀댄다'고 노애도 정변을 돌파구로 생각하고 행동에 옮겼습니다. 노애의 난은 《사기》 〈진시황본기〉에 다음과 같이 기록되어 있습니다.

> (진왕정 9년) 4월, 진왕이 옹성에 행차했다. 기유일에 검을 차고 관례를 치렀다. 장신후 노애는 군사를 일으켜 진왕의 옥새와 태후 인장을 챙겨 함양성 내의 군대와 호위군, 관군, 대신들의 가병 등을 동원해 기년궁으로 공격해 들어갔다. 진왕이 이 소식을 듣고 상국 여불위, 창평군, 창문군에게 토벌을 명했다. 함양에서 전투가 벌어지니 수백 명의 목이 떨어지고 노애는 패해 달아났다.
>
> (秦王政九年) 四月, 上宿雍. 己酉, 王冠, 帶劍. 長信侯毐作亂而覺, 矯王御璽及太后璽以發縣卒及衛卒・官騎・戎翟君公・舍人, 將欲攻蘄年宮爲亂. 王知之, 令相國・昌平君・昌文君發卒攻毐. 戰咸陽, 斬首數百, 皆拜爵……毐等敗走.

🦌 풀리지 않는 의혹

노애가 난을 일으켰을 때 생각보다 조정대신 및 핵심 구성원들이 많이 가담했습니다. 구체적으로 보면 진나라 조정 호위를 맡은 위위衛尉, 도성의 최고 군정대신인 내사內史, 궁정고문을 맡고 있는 중대부령中大夫令, 궁중 내에서 궁병을 맡은 무관인 좌과左戈 등 20여 명이 포함되어 있었습니다. 따라서 만약 노애의 난이 성공했다면 진나라 정치계에 피바람이 불었을 것입니다. 대변혁이 일어났겠죠. 영정도 다른 운명을 맞았을 것입니다.

노애는 제태후 조희의 면수였습니다. 그렇다면 노애가 일으킨 정변의 배후에 제태후가 있지는 않았을까요? 어쨌든 반란은 진압되고 노애의 반란군 측에 가담했던 조정 대신들은 모두 처형되었습니다 그리고 제태후는 함양성에서 쫓겨나 옹성에 연금되었고요. 그토록 애틋했던 제태후와 진왕 영정의 관계가 근본적으로 변하게 된 것입니다.

진시황에게 노애의 난은 자신의 50년 인생에서 정치적으로든 한 개인으로서든 최대의 위기였습니다. 노애의 난은 진나라 정국에도 엄청난 영향을 미쳤습니다. 진나라 역사 전체를 통틀어 봐도 손꼽히는 대사건이었습니다. 이토록 엄청난 사건이 이천 년이 지난 지금까지 미스터리로 남아 있다는 사실이 좀 의아합니다. 왜 미스터리가 된 걸까요? 이는 《사기》가 모호하게 기록했기 때문입니다.

노애의 난을 둘러싸고 다음 네 가지 주요 의문점을 살펴볼 필요가 있습니다.

첫째, '노애의 공격 목표는 무엇이었는가' 입니다. 사서에는 다만 '기년궁을 공격해 난을 일으킬 생각이었다欲攻蘄年宮爲亂'라고만 기록되어 있습니다. 그가 왜 기년궁을 공격하려 했는지, 어떤 식으로 정변을 일으켰는지는 아무런 기록이 없습니다.

둘째, '노애의 난 당시 제태후의 입장은 무엇이었는가' 입니다. 노애의 난은 영정이 옹성에서 관례를 치르고 있을 때 함양에서 발생했습니다. 그녀와 노애의 난과는 어떤 관련이 있었을까요? 사서에서는 답을 찾을 수 없습니다.

셋째, '상국 여불위는 어떤 입장이었는가' 입니다. 노애의 난이 발발했을 때, 진왕 영정은 상국 여불위, 창평군, 창문군에게 노애 토벌령을 내렸습니다. 하지만 여불위는 제태후뿐 아니라 이번 정변의 주모자인 노애와 제태후를 연결해 준 인물이었습니다. 제태후, 노애와 긴밀한 관계를 맺고 있던 그가 이번 정변에서 어떤 태도를 보였는지는 상당히 중요하지만 사서에는 아무런 설명이 없습니다.

넷째, 노애 토벌령 속에 등장한 '창평군과 창문군의 정체는 무엇인가' 입니다. 상국 여불위 외에 노애 토벌령 속에 등장하는 창평군과 창문군의 이름은 무엇이며 관직은 무엇이었을까요? 그리고 그들은 정확한 정체는 무엇일까요? 노애와는 어떤 관계였으며 영정과는 어떤 사이였을까요? 역시 사서에서는 답을 찾을 수 없습니다.

위에 언급한 네 가지 의문점은 노애의 난 진상과 직접적인 관련이 있는 의문점들이지만 사서에는 아무런 설명이 없습니다. 그저 사마천이 이 사건에 대해 진나라 왕실 기록을 바탕으로 하다 보니 《사기》에 기록할 때 불완전한 상태로 내용을 기록할 수밖에 없었다는 점 정도만 짐작할 뿐입니다. 오랜 세월 이 사건을 둘러싸고 의혹들이 끊임없이 제기되었지만 속 시원한 해답을 찾을 수는 없었습니다. 오늘 여러분과 함께 새로 출토된 유물을 바탕으로 사료를 재해석해 이 의혹 가득한 미스터리를 파헤쳐보도록 하겠습니다.

누구를 노렸는가

노애가 난을 일으킨 목적과 목표는 명확하게 밝혀진 바가 없습니다. 사서에는 단지 노애가 함양에서 군대를 일으켜 기년궁을 공격하려 했다고만 나옵니다. 최종 공격 목표에 대해서는 전혀 기록이 남아 있지 않습니다. 옹성 내에 있던 기년궁은 오늘날 섬서성 봉상현의 서남쪽 지역에 위치한 하늘에 풍년을 기원하는 재궁齋宮(하늘에 제를 지내는 궁)이었습니다. 영정도 이곳에서 목욕재계하고 하늘에 자신이 성인이 되었음을 고하는 형식으로 관례를 치렀습니다. '영정은 기년궁에 있었고 노애는 기년궁을 공격했다? 그렇다면 노애의 공격목표는 영정?'이라고 추측할 수 있을 텐데요. 과연 그럴까요? 하지만 전후사정을 고려해보면 영정이 노애의 목표는 아닌 것으로 결론 내릴 수 있습니다.

노애가 제태후의 측근이자 조나라계 외척세력의 행동대장이었기에 그의 부와 권력은 모두 제태후의 총애가 뒷받침되었을 때

위력을 가진다는 점에 주목해야 합니다. 그렇다면 노애가 취하는 정치 행보에는 제태후의 의중이 반영되지 않을 수 없다는 점도 눈치챌 수 있겠죠? 제태후가 지지했기 때문에 태후와 진왕의 인장을 마음대로 이용해 군대를 동원할 수 있었던 것입니다. 그리고 제태후의 이름으로 조정 대신들도 모을 수 있었고요.

따라서 노애의 난을 배후에서 조종한 실질적 주모자는 제태후와 조나라계 외척세력일 가능성이 굉장히 큽니다. 제가 왜 영정이 공격목표가 아니라고 했느냐면 영정은 제태후가 진나라 왕실에서 권력을 가질 수 있는 유일한 근거가 되기 때문입니다. 영정은 제태후의 장자이고 합법적인 왕위 계승자입니다. 따라서 조나라계 외척세력의 입장에서 영정 제거는 자신들의 숨통을 직접 끊는 것과 다름없었습니다.

일각에서는 진왕 영정이 사라지면 노애와 제태후 사이에서 출생한 두 아들이 왕위를 이을 수 있다고 합니다. 노애도 그걸 노리고 정변을 일으켰으리라 추측하는데요. 하지만 이는 절대 불가능합니다. 왜냐하면 노애와 제태후 사이에서 태어난 두 아들에게는 진왕실의 혈통이 전혀 흐르지 않기 때문입니다. 진왕실의 혈통이 아닌 왕자가 왕위 계승을 할 수 없다는 사실은 제태후나 노애 모두 잘 알고 있었을 것입니다. 그들이 자기 자식들을 왕으로 즉위시키고 싶다는 말은 했을 수 있지만 공개적으로 떠벌일 수는 없었겠죠. 그런 발언 자체가 반란이었으며 수백 년을 이어온 진나라 왕위 계승법을 정면으로 부정하는 것이니까요. 따라서 그들의 자식들을 보위에 올리기 위해 난을 일으켰을 리는 없습니다.

그러므로 노애의 공격 목표는 영정이 아니었습니다. 그렇다면 누구였을까요? 전 화양태후와 여불위라고 봅니다. 그 이유를 말씀드리겠습니다. 제가 앞서 하태후의 죽음과 성교의 난, 노애의 장신후 책봉이 서로 연관 있다는 말씀을 드렸습니다. 그리고 그 배후에 제태후와 한부인의 세력 다툼이 있었다고 했었죠. 이 세 사건을 거치는 과정에서 벌어진 양측의 정쟁에서 제태후의 조나라계 외척세력이 승리를 거두고 한나라계 외척세력은 숙청되었습니다.

당시 조정 내 제1세력이던 화양태후의 초나라계 외척세력은 양측의 대결을 그저 지켜만 봤습니다. 그들은 양측이 양패구상兩敗俱傷(양측이 대결을 하다가 모두 큰 손실을 입는 것을 의미함)을 하길 바랐습니다. 문제는 조나라계 외척세력이 너무 손쉽게 한나라계 외척세력을 제거하면서 급속히 파벌의 세를 확대했다는 것입니다. 조나라계 외척세력은 곧 초나라계 외척세력을 위협할 정도로 커졌습니다. 조나라계 외척세력이 부담스럽던 시점에 노애가 제태후와의 관계를 떠벌인 것은 스스로 무덤을 판 꼴이었습니다. 화양태후 측이 다시없을 이 좋은 공격 기회를 놓칠 리가 없었습니다. 초나라계 외척세력은 노애의 망언을 빌미 삼아 노애와 제태후의 관계에 대한 증거를 하나하나 수집했습니다. 그리고 영정이 친정하는 순간 터뜨려 노애와 제태후를 비롯한 조나라계 외척세력을 제거할 계획을 세웠죠. 이런 주변 정황을 바탕으로 추정해 볼 때 노애의 정변은 화양부인의 초나라계 외척세력에 자기 방어 성격의 선제공격을 가한 것이라고 볼 수 있습니다.

노애의 난에서 메인 매치는 화양태후와 제태후 간의 대결이고, 서브 매치는 노애와 여불위의 대결이었습니다. 성교의 난 이후 노애가 작위를 하사받아 봉국封國을 세우게 되면서 조정 내에서 노애의 위상이 급격히 높아졌습니다. 그의 급성장은 초나라계 외척세력의 경계심은 물론이고 상국 여불위의 질투도 불러왔습니다. 사실 여불위는 어떤 관점에서는 조나라계 외척세력의 일원이라고 볼 수 있습니다. 한때 제태후와 연인관계였다는 점이나 노애를 제태후에게 추천한 점, 조나라에서 진나라로 건너온 점 등을 미루어 봤을 때 말이죠. 하지만 제태후가 노애를 총애하면서 여불위와 제태후 간의 관계는 소원해지기 시작했고, 이후 조나라계 세력과 거리가 생겼습니다. 게다가 노애가 급성장하며 자신의 위치를 위협하면서 더욱 거리를 두게 되었죠.

노애와 여불위, 두 사람 사이의 주도권 싸움은 《전국책》〈위책魏策〉에 다음과 같이 등장합니다. 당시 진나라가 위나라를 공격하자 누군가 위왕에서 권고하기를,

> 진나라는 백성이든 관료이든 '노애 측이냐?' 아니면 '여불위 측이냐?' 두 파로 나뉩니다. 전하께서 노애를 통해 영토를 할양하여 진나라를 따르시기로 하시면 이 모든 것이 노애의 공이 되옵니다. 전하께서 노애 측에 힘을 실어주시면 노애의 공이 여불위를 넘어서게 되니 제태후도 기뻐할 것이고 진나라와 위나라 사이의 관계가 다른 나라보다 돈독해질 것이옵니다. 그리 되면 천하는 분명 여불위를 버리고 노애를 따르게 될 터이니 좋은 보답을 받을 것이옵니다.

秦自四境之內, 執法以下, 至於長挽者, 故畢曰:"與嫪氏乎? 與呂氏乎?"雖至於門閭之下, 廊廟之上, 猶之如是也. 今王割地以賂秦, 以爲嫪毒功, 卑體以尊秦, 以因嫪毒. 王以國贊嫪氏, 以嫪毒勝矣. 王以國贊嫪氏, 太后之德王也, 深於骨髓, 王之交最爲天下上矣. …… 今由嫪氏善秦, 而交爲天下上, 天下孰不棄呂氏而從嫪氏? 天下必舍呂氏而從嫪氏, 則王之怒必報矣.

이 기록은 당시 진나라 조정에서부터 민간에 이르기까지, 관원에서 백성에 이르기까지 노애 계파와 여불위 계파 둘로 나뉘었다는 점을 밝히고 있습니다.

이 기록은 진왕정 8년 때의 내용으로 노애가 절정의 권세를 누릴 시기의 일입니다. 이 기록을 보면 진나라 조정 내에서 노애와 여불위 간에 정쟁이 매우 치열했으며 그 와중에 제태후가 여불위가 아니라 확실한 노애 지지자로 변했음을 보여주고 있습니다. 따라서 노애가 제태후와의 관계를 떠벌인 사건은 여불위에게도 정적인 노애를 제거할 구실이 되었습니다. 이미 계속 치열한 세력 다툼을 하고 있던 차에 정변을 계획했었기 때문에 노애에게 여불위는 당연히 제거 대상이 되었을 것입니다.

반란의 여파

노애의 난은 노애의 패배로 막을 내렸습니다. 노애는 운 좋게 생명은 부지했으나 결국 사로잡혀 마차에 사지가 찢기는 거열형車

裂刑을 당해 숨지고, 그의 일족은 모두 주살되었습니다. 반란에 가담했던 20여 명의 고관대작 모두 효수梟首되었고 노애의 가신 4천여 가구는 대부분 사천四川 지역으로 유배 갔습니다.

노애의 실질적 배후 조종자이자 바람막이였던 제태후는 노애의 난이 진압된 후 함양에서 쫓겨나 옹성의 역양궁棫陽宮(오늘날 섬서성 봉상현 남쪽)에 연금되었고 노애와의 사이에서 태어난 두 아들은 처형되었습니다. 이후 제태후를 중심으로 한 조나라계 외척세력은 완전히 와해되었고 제태후도 영향력을 상실했습니다.

제태후와 노애를 연결했던 여불위도 노애 정변의 후폭풍을 맞았습니다. 그는 진왕정 10년 10월, 상국에서 파직되어 자신의 봉지封地인 하남(오늘날 하남성 낙양)으로 유배를 갔습니다. 다음 해에 영정은 여불위에 대한 조사를 더욱 강화했습니다. 그리고는 직접 "그대는 진나라를 위해 무슨 공을 세웠는가? 그런데도 조정에서는 그대에게 작위를 주고 10만 호에 달하는 식읍을 주었다. 그대가 진과 무슨 관계라고 본인은 그대에게 중부仲父라는 칭호까지 주었단 말인가! 공도 없는 그대와 가솔들은 촉 땅으로 떠나도록 하라君何功於秦? 秦封君河南, 食十萬戶. 君何親於秦? 號稱仲父. 其於家屬徙處蜀."라고 추궁한 후 모두 파촉으로 유배 보냈습니다.

위의 글을 보면 여불위가 파면된 이후에도 진왕 영정의 분노는 사그라지지 않았던 것 같습니다. 그랬기에 저런 추궁을 했겠지요. 여불위는 이 서신을 받은 후 더 가혹한 처벌이 있을까 두려워 짐독鴆毒을 마시고 자결했습니다. 당시 그의 나이 57세였습니다. 그의 가신과 빈객들 역시 엄중한 처벌을 받았습니다.

여불위가 파면당하던 그해, 영정과 제태후의 관계에 변화가 있었습니다. 영정이 모초(茅焦)라고 하는 제나라 사신의 권고를 받아들여 직접 옹성으로 가서 모후인 제태후를 영접해 함양으로 돌아온 것이었습니다. 그리고 제태후를 함양성 감천궁(甘泉宮)에 거주하도록 조치했습니다. 《사기》〈진시황본기〉에는 다음과 같은 기록이 있습니다.

> 제나라 사람 모초가 진왕에게 이르기를 "진나라가 천하를 얻고자 하는데 대왕께서는 태후를 연금하셨사옵니다. 만약 그 소문이 제후들에게 들어가면 진나라를 따르지 않을까 염려되옵니다"라고 했다. 진왕은 그러하다 생각하여 직접 옹성으로 행차해 함양으로 태후를 데려온 후 감천궁에 거주토록 했다.
> 齊人茅焦說秦王曰:"秦方以天下爲事, 而大王有遷母太后之名, 恐諸侯聞之, 由此倍秦也." 秦王乃迎太后於雍而入咸陽, 復居甘泉宮.

이 기록은 다소 극적인 맛을 살린 조작 같다는 생각이 듭니다. 진왕 영정의 생각이 너무 갑작스럽게 변하기 때문입니다. 진왕의 결정을 쉽게 이해하기도 어렵고요. 그래서 내용 자체에 대해 그다지 신뢰감이 들지 않네요. 제나라 사람 모초가 도대체 어떤 인물이기에 노애의 난 직후 진왕 영정의 곁에 등장했을까요? 모초가 모자지간의 천륜을 이야기하며 화해를 권하는 것이야 이해가 가지만 왜 다른 제후들이 진나라에 등을 돌린다고 한 것일까요? 그리고 모초의 이야기를 들은 영정은 왜 갑자기 깨달음을 얻고 제태후가 있는 옹성으로 갈 수 있었을까요?

🦌 모초의 충고

사마천이 《사기》를 집필할 때 전국시대부터 구전되던 이야기도 참조했음은 앞서 언급했습니다. 《사기》〈진시황본기〉에 등장하는 모초가 영정을 설득하는 위의 이야기 역시 당시에 구전되던 이야기인 듯싶습니다. 왜냐하면 《설원》에 비슷한 이야기가 등장하기 때문입니다. 《설원》에는 《사기》〈진시황본기〉보다 좀더 상세히 기록되어 있는데 대략적인 내용만 살펴보겠습니다.

영정은 제태후를 연금한 뒤, 제태후에 관해 언급하는 자가 있으면 모두 처형시키라고 했습니다. 결국 죽음을 무릅쓰고 간언했던 27명의 대신 모두 목숨을 잃었습니다. 어느 날 28번째 인물, 제나라 빈객 모초가 제태후 일을 언급했습니다. 영정이 시위를 통해 "태후의 일로 왔다더냐?"라고 묻자 모초 역시 시위를 통해 "그렇사옵니다"라고 대답했습니다. 영정이 다시 시위를 통해 "궁문 밖에 처형된 자들을 보지 못했다더냐?"라고 묻자 모초가 "27명을 보았습니다. 신은 하늘에 28성숙星宿이 있다 들었사온데 하나 모자란 듯하니 제가 그 숫자를 채우도록 하겠사옵니다. 저는 죽음이 두렵지 않사옵니다"라고 대답했습니다.

모초의 대답에 화가 난 영정은 즉시 모초를 삶아 죽일 큰 솥을 준비하라 이르고 칼을 차고앉아 모초와 대면했습니다. 전혀 긴장한 기색 없이 대전으로 들어온 모초는 진왕에게 예를 갖춘 후 말하길 "국왕의 생사와 국가의 존망에 관한 일은 모든 군주가 알고 싶어 하는 일입니다. 대왕께서는 이에 대해 듣고 싶지 않으시옵니까?"라고 물었습니다. 진왕이 "말해보도록 하라"라고 하자 모초는 다음과 같이 대답했습니다. "전하께서는 직접 하신 무분별하고 도리에 어긋난 결정들을 전혀 깨닫지 못하고 계신단 말이옵니까?" 진왕은 차갑게 "무슨 결정들을 말하는지 모르겠도다"라고 했습니다.

모초는 엄한 목소리로 "전하께서는 의붓아버지라고 자처한 노애를 거열형에 처하셨으니 이는 모친을 빼앗긴 데 대한 질투심이옵니다. 그리고 의붓아우 둘을 모두 죽이셨으니 이는 형제를 어여삐 여기지 않는 자비롭지 못한 처사이옵니다. 그리고 모친이신 제태후를 역양궁에 연금하셨사오니, 이는 불효이옵고 충언을 간하는 대신들을 처형하셨사오니 걸주桀紂[14]와 다름없는 폭군의 처사이옵니다. 오늘날 천하의 모든 제후국이 전하의 그런 잘못된 결정에 진나라로부터 하나, 둘 등을 돌리고 있사옵니다. 신은 진나라가 이렇게 쇠망해지고 전하께서 위험에 놓이는 것이 염려스럽다고 말씀드리고 싶었사옵니다. 이제 신의 말이 끝났사오니 전하께서는 마음대로 처분하시옵소서."

모초는 옷을 벗고 솥으로 들어가려고 했습니다. 진왕 영정은 얼른 왼손으로 친히 모초를 일으켜 세운 후 오른손으로 주위 시위를 물러가라 했습니다. 그리고 "그대를 용서하겠노라. 그대는 어서 옷을 입도록 하라. 이는 명령이니라"라고 했습니다.

영정은 즉각 모초를 '중부'라고 존칭하고 상경上卿의 작위를 내렸습니다. 이후 진왕은 즉각 마차를 동원해 직접 역양궁으로 가서 제태후를 함양궁으로 데리고 왔습니다. 그리고 궁중에서 연회를 열어 모초를 환대했습니다. 연회석상에서 제태후는 모초에게 "잘못을 바로잡아 새로운 시작을 하게 하고 진나라 사직을 안정시켰으며 우리 모자를 상봉하게 해 준 것은 모두 모 대부의 공이오"라고 했습니다.

이상의 이야기와 〈진시황본기〉의 기록을 비교해보면 어느 기록이 원본인지 대충 아실 수 있을 것입니다. 사마천 역시 진나라 왕실 기록과 구전 야사들에 기대 노애의 난의 전말에 대해 판단할 수밖에 없었습니다. 그래서 사마천은 《설원》에 기록된 이 이야기 중에서 모초가 27명의 대신들이 간언하다 처형당한 후 28번째에 등장했다든가 영정이 직접 모초를 부축해 주었다든가 하는 부분은 적당히 생략하고, 제태후를 연금하여 각국이 등을 돌리고 있다고 한 부분 정도의 단서만 남겨두었습니다. 이런 취사선택법이 옳은 방법일까요? 역사학의 관점에서 한번 살펴보겠습니다.

첫째, 사마천은 노애의 난이라는 진나라 정권 핵심부에서 발생한 정변이 범국가적 배경을 가지고 있음을 꿰뚫어 봤습니다. 그래서 그는 《설원》의 이야기 가운데 제태후에 대한 조치가 외교적인 문제를 일으킬 수 있다는 부분만 인용했습니다. 하지만 왜 외교 문제가 되는지를 사마천 자신도 정확히 몰랐던 듯합니다. 전혀 분석이 없으니까요.

둘째, 모초는 스스로 제나라 빈객이라고 밝혔듯이 제나라 사람입니다. 그는 진왕 영정의 신하가 아닌 사신의 신분이었기 때문에 제태후에 관한 이야기를 한다고 해서 목숨을 잃을 리는 없었습니다. 그 점을 이용해 제태후 연금이 외교적으로 어떤 영향을 미칠지를 직접 설명을 할 수 있었던 것입니다.

셋째, 노애의 난을 전후해 일어났던 진나라 내 외척세력, 즉 하태후를 중심으로 한 한나라계 외척세력, 제태후를 중심으로 한 조나라계 외척세력, 화양태후를 중심으로 한 초나라계 외척세력들의 흥망성쇠는 해당 국가와 밀접한 관련이 있었습니다. 노애의 난 직전에 성교의 난을 거치면서 한나라계 외척은 숙청되었고, 노애의 난으로 조나라계 외척세력 역시 와해되었습니다. 따라서 당시 최강국이던 진나라 조정을 초나라계 외척세력이 독점하는 상황이 벌어졌습니다. 이는 한나라, 조나라뿐 아니라 제나라 등 주변 국가의 불안을 일으켰습니다. 이 때문에 모초가 진왕에게 "모든 제후가 진나라를 등지게 될 것이다"라고 말한 것으로 보입니다.

넷째, 이야기의 마지막 부분에 제태후는 모초에게 다음과 같이 말했습니다. "잘못을 바로잡아 새로운 시작을 하게 하고 진나라 사직을 안정시켰으며 우리 모자를 상봉하게 해 준 것은 모두 모 대부의 공이오." 과거의 잘못을 바로잡아 새로운 시작을 하고 진나라 사직을 안정시켰다는 말은 곧 영정이 제태후를 다시 함양으로 복귀시키면서 진나라 조정이 균형을 잡았다는 뜻입니다. 제태후의 복귀가 진나라 조정에 가지는 의미는 그만큼 컸습니다.

다만 사마천은 제태후의 복귀가 그만큼 중요한 의미를 지녔는지 몰랐던 듯합니다. 그래서인지 제태후의 이 말을 《사기》에 기록을 하지 않았습니다. 그렇다면 왜 제태후의 복귀가 진나라 내정 안정에 큰 영향을 미쳤을까요?

사실 노애의 난 종식 후 초나라 외척세력이 확대되는 것은 영정이 원하던 바가 아니었습니다. 사실 영정 입장에서는 외가이자 어린 시절을 보낸 조나라계 외척세력이 더 가깝게 느껴졌습니다. 반면 조정 내에서 막강한 세력을 형성하고 있던 의붓할머니 화양태후와 초나라계 외척세력은 매우 부담스러운 존재였습니다. 그동안 모친인 제태후 조희의 조나라계 외척세력과 조모인 화양태후를 중심으로 하는 초나라계 외척세력 간에 주도권 싸움이 진행되는 동안 중간에서 이러지도 저러지도 못했습니다. 그러다가 노애의 난에 모친인 제태후가 연루되면서 그녀를 등져야 했습니다. 제태후를 등지는 상황은 인륜적으로나 진나라 정국 상황으로나 결코 바람직한 구도가 아니라는 점은 영정도 잘 알고 있었습니다. 한쪽으로만 힘의 균형이 쏠리게 되는 것은 자신의 정치적 입지를 좁히는 결과를 낳기 때문이었죠. 그 때문에 영정은 타국 사신에 불과했던 모초의 훈계를 받아들인 겁니다. 자신의 감정을 억누르고 냉정하게 자신의 통치에 유리한 방향을 모색했습니다. 그랬기에 제태후를 함양으로 불러들여 초나라계 외척세력을 견제하고자 했습니다.

제태후를 불러들인 후, 영정은 사천으로 유배 보냈던 노애의 가신들도 관대하게 처분했습니다. 《사기》〈진시황본기〉에 진왕정

11년 9월, '노애의 가신들을 촉에서 불러들여 복직시켰다復嫪毒舍人遷蜀者'는 기록이 나옵니다. 이때 그들에 대한 조세나 노역도 감면해 주었습니다.

노애의 난에 대한 기록이 극히 드문 관계로 이천 년 동안 이 사건 자체가 미스터리가 되면서 진시황의 일생도 점점 신비롭게 되었습니다. 노애의 난 자체도 의문투성이지만 그 사후 처리를 도맡았던 세 명의 대신이 어떻게 되었는지도 전혀 알려진 바가 없었습니다. 노애의 난을 진압한 대신은 상국 여불위, 창평군, 창문군이었습니다. 이들 중 그나마 이후 행적이 명확하게 드러난 이는 상국 여불위뿐입니다. 앞서 이야기했듯이 그는 제태후와 한때 내연의 관계였고 노애를 제태후와 연결한 혐의가 있었기 때문에 파면되어 함양에서 쫓겨난 채 사망했습니다.

하지만 여불위와 함께 명을 받들어 난을 진압한 창평군과 창문군은 이 사건 이후 의문만 가득 남긴 채 종적을 감춰버립니다. 노애의 난은 화양태후 중심의 초나라계 외척세력과 제태후 중심의 조나라계 외척세력 간 권력 싸움의 결과 발생한 결과물이었습니다. 그리고 이 난을 진압하는 임무를 맡은 창평군과 창문군은 화양태후의 측근이었고요. 따라서 난이 진압된 상황에서는 최대 공신인 두 사람이 더욱 자주 사서에 등장해야 합니다. 하지만 현재까지는 정반대입니다. 오히려 종적을 감췄습니다.

제3장
천하 통일

진왕정 9년(기원전 238년), 일어난 노애의 난으로
진나라 정국은 큰 격변에 휩싸입니다.
승상 여불위가 물러나고 정계 개편이 이뤄진 것입니다.
그러나 이 시기 천하 통일을 주도한 여불위의 후임 승상과 전국시대가 어떻게 종결되고,
통일되었는지 그 과정은 베일에 싸여 있었습니다.
천하를 호령하던 전국 6국이 멸망하고 최초의 제국이 성립되는
긴박한 상황 속으로 들어가 봅시다.

다섯 번째 추적
여불위 이후 국정은 어떻게 운영되었나?

🦌 초나라의 공자

앞 장에서 살펴본 노애의 난 이후 변화를 간략히 정리해 봅시다. 노애의 난이 진압된 뒤 반란에 가담했던 조정 세력이 제거되고 상국인 여불위는 원지로 유배를 갔습니다. 그리고 영수領袖라고 할 수 있는 제태후가 실각하면서 조나라계 외척세력이 진나라 정계에서 영향력을 상실하게 됩니다. 초나라계 외척세력과 함께 진나라 정국을 양분하고 있던 조나라계 외척세력이 붕괴했기 때문에 그 공백을 새로운 정치세력과 인물이 채워야 했습니다. 하지만 대체 세력이나 인물이 누구였는지 역사 기록에는 전혀 남아 있지 않습니다. 여불위 직후의 후임 승상이 누구인지, 진나라가 천하를 통일하기까지 조정을 이끌었을 다른 후임 승상들이 누구

천하 통일 *131*

였는지 말이죠.

여불위가 진왕정 10년에 파면된 후 진나라가 천하 통일을 한 진왕정 26년까지 16년이라는 시간 동안 진나라의 승상이 누구였는지는 공백으로 남아 있었습니다. 그동안 이 16년 동안 진시황이 고군분투하며 나머지 6개국을 차례로 정복했다고만 알고 있었죠. 당시는 500여 년의 분열기가 정리되는 시점이었기 때문에 중국 역사 전체를 통틀어서도 정치 변동이 극심했고 전쟁이 잦았던 시기였습니다. 이런 격동의 시기에 진나라 조정의 내각을 총지휘한 승상이 누구인지 전혀 정보가 없다는 것이 이상하지 않습니까?

일단 이 미스터리를 해결하기 위해서는 노애의 난을 다시 되짚어 볼 필요가 있습니다. 노애의 난이 발생하자 진왕 영정은 진압을 위한 노애 토벌령을 여불위·창평군·창문군에게 내렸습니다.

이 세 명의 진압군 장수 가운데 정·재계를 통틀어 가장 강력한 힘을 가지고 있던 이는 상국 여불위였습니다. 정계 입장에서 보면 그는 경제인에서 정치인으로 변신한 비정통파 정치인이었습니다. 하지만 비즈니스 판에서 잔뼈가 굵은 터라 이익이 될 만한 부분을 파악하는 능력이 탁월했고 모략에도 무척이나 뛰어났습니다. 그래서 《여씨춘추呂氏春秋》를 편찬하는 등 문화사업을 통한 자신의 영향력 강화 작업도 진행했습니다. 반면 군사적인 부분에서는 실전경험이 절대적으로 부족했습니다. 유일하게 참여해 본 군사행동이라고 해봐야 장양왕 원년에 동주군[15]을 멸망시킨 것이 전부였습니다. 당시 동주는 군사역량이 형편없었기 때문에 군대를 동원해 굉장히 손쉽게 승리를 할 수 있었습니다. 정·

재계에서 막강한 힘을 과시한 것과 달리 군사적 역량이 검증되지 않았기 때문에 노애 토벌령을 받든 세 명의 대신 가운데 실질적인 군대 지휘는 창평군과 창문군이 했을 것입니다.

이들은 여불위와 함께 반란 진압을 명령받은 만큼 그 지위나 권세가 여불위 못지않던 진나라 조정 내 핵심 인물들이었습니다. 창평군, 창문군이라는 봉호封號도 그에 해당하는 공을 세웠기 때문에 얻었을 것이고요. 하지만 이름이 무엇이며 진나라 내에서 정확히 어느 정도 위치를 점하고 있었는지 알려지지 않습니다. 거의 유일한 기록이라 할 수 있는 《사기》에도 언급이 없기 때문에 더욱 의혹을 품을 수밖에 없습니다.

그동안 역사학자들은 진나라 조정에서 그들에 대한 기록을 의도적으로 하지 않았기 때문에 사마천도 어쩔 수 없었다고만 생각해 왔습니다. 기록이 없다 보니 노애의 난 진압이라는 혁혁한 공을 세운 창평군과 창문군은 정체불명의 신비한 인물이 되어 버렸고요.

역사 속 미아가 될 뻔했던 그들은 《사기색은》 덕분에 세상에 빛을 보게 됩니다. 《사기색은》에 '창평군은 초나라의 공자이다昌平君, 楚之公子'라는 기록과 '이름이 전해지지 않는다史失其名'라고 기록이 남아 있었거든요. 《사기색은》은 사마정이 당시에 전해지던 여러 사서들을 직접 수집, 분석하여 기록한 저서입니다. 더구나 참고했던 사서들 가운데서 지금까지 전해지지 않는 것도 많아서 매우 귀중한 사료적 가치가 있습니다. 《사기색은》에는 사마천이 《사기》를 편찬할 때 접해보지 못한 후대의 자료들도 다수 인용되어 있습니다. 그래서 신뢰도도 굉장히 높습니다. 따라서 《사기색은》의 기록을 보면 창평군은 초나라의 공자이며 사서에 그 이름이 전하지 않는다는 정보를 얻을 수 있습니다.

하지만 내용이 너무 간략해 궁금증이 더 커져 버렸습니다. 초나라 공자가 왜 진나라 정권의 핵심부에 등장했으며 진왕 영정이 정치 인생 최대의 위기를 맞았을 때 왜 반란 평정에 앞장섰던 걸까요? 일단 진나라 기록에서는 그 흔적을 찾을 수 없기 때문에 '초나라 공자'라는 단서를 바탕으로 초나라 역사 속에서 추적해 보도록 하겠습니다.

볼모가 된 왕자

기원전 238년(진왕정 9년)은 진나라 역사에서 중요한 해였습니다. 노애의 난이 일어났기 때문입니다. 그런데 이해(초고열왕 25년)는 이웃 초나라에도 엄청난 정변이 일어난 해였습니다.

그 해에 41대 초고열왕 웅원熊元(또는 熊完)이 죽고 아들인 웅한熊悍이 42대 초유왕楚幽王으로 즉위했습니다. 즉위 당시 초유왕이 어렸던 터라 누군가 섭정을 해야 했는데 이를 둘러싸고 정변이 벌어진 것입니다. 유왕의 외숙인 이원李園이 권력 장악을 위해 초나라의 대신이었던 춘신군春申君 황헐黃歇을 살해했습니다.

《사기색은》에는 초고열왕의 여러 아들들 가운데 웅한, 웅유熊猶, 부추負芻 그리고 창평군의 이름이 등장합니다. 《사기색은》의 《사기》〈춘신군열전〉에 대한 주해를 보면 다음과 같은 설명이 있습니다.

> 초나라 한에게는 아우인 유가 있었는데 유에게는 이복형인 부추와
> 창평군이 있었다.
> 楚悍有母弟猶, 猶有庶兄負芻及昌平君.

위에 등장한 한은 웅한을, 유는 웅한의 친동생인 웅유를 가리킵니다. 반면 부추와 창평군은 웅유의 이복형이었죠. 이 기록은 이번 미스터리를 푸는 데 매우 소중한 단서가 되는데요. 창평군의 부친과 형제가 누구인지 알 수 있는 거의 유일한 자료입니다. 위 기록과 《사기》〈초세가楚世家〉를 연관시켜 보면 고열왕 전후의 왕위 계승 관계도를 그려볼 수 있습니다.

이 표를 보면 경양왕頃襄王 웅횡熊橫은 고열왕 웅원의 부친이고, 웅한, 웅유, 부추, 창평군은 웅원의 아들임을 알 수 있습니다. 그중에서 웅한과 웅유는 이원의 여동생인 왕후의 소생으로 각각 42

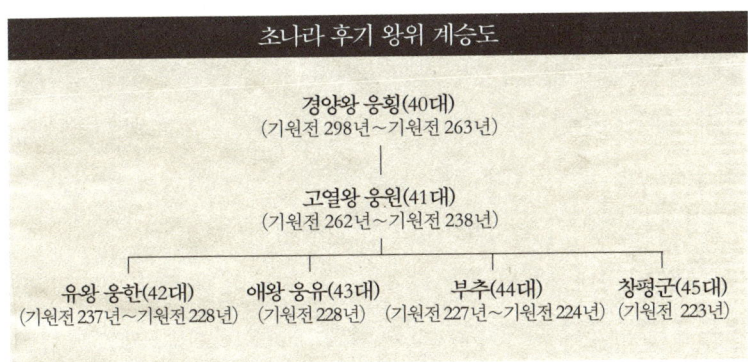

대, 43대 초왕에 즉위합니다. 44대 초왕 부추의 모친은 누구인지 알려지지 않았습니다. 부추는 웅유가 즉위한 지 두 달 후에 정변을 일으켜 웅유를 죽이고 정권을 탈취해 4년간 왕위를 유지했습니다.

창평군의 모친이 누구인지도 궁금하지만 더 궁금한 점은 따로 있습니다. 웅원의 뒤를 이어 웅한이 즉위했으며 이원 남매가 춘신군을 모해하는 정변이 발생한 초고열왕 25년에 왕자였던 창평군이 왜 초나라가 아닌 진나라에 있었느냐는 점입니다. 왜 그 시점에 초나라 왕자가 진왕 영정을 위해 진나라의 내란 진압을 위해 앞장섰을까요? 이 궁금증을 해결하기 위해서는 창평군을 자세히 추적해 봐야 합니다. 먼저 창평군의 부친인 고열왕 웅원의 젊은 시절부터 짚어보겠습니다.

창평군이 노애의 난을 평정하기 34년 전인 기원전 272년에 진나라와 초나라의 양국 관계는 매우 좋았습니다. 당시 진나라는 소왕이 재위 35년을 맞았고, 초나라는 경양왕이 재위한지 27년 되던 해였죠. 창평군의 부친인 웅원이 진나라에서 볼모 생활을 한 지는 10년이 된 해이기도 했습니다. 앞서 1장에서 진나라 장양왕 자이가 조나라에서 볼모 생활을 하며 혼인도 하고 자식을 가진 예처럼 웅원도 진나라에서 볼모 생활을 하며 자식을 가졌을 수 있습니다. 저는 창평군이 볼모로 있던 웅원이 진나라 여성과의 관계 속에서 가진 아들이라고 생각합니다.

웅원이 진나라에서 볼모로 있을 때 진나라 정권의 실세는 선태후를 중심으로 한 초나라계 외척세력이었습니다. 국왕인 진소왕도 선태후의 큰아들인 만큼 초나라 왕실이 외가였고 왕후도 초나라 여인이었으니까요. 그만큼 당시에 진나라와 초나라 양국은 서로에게 있어 가장 중요한 우방이었습니다. 웅원은 분명 신분상 수준이 맞는 여인을 부인으로 맞았을 것입니다. 당시 약 54세이던 진소왕에게 자녀가 많았던 만큼 웅원이 맞아들인 부인은 진소왕의 공주였을 가능성이 매우 큽니다. 그리고 그 사이에서 태어난 아들이 창평군이었을 것입니다.

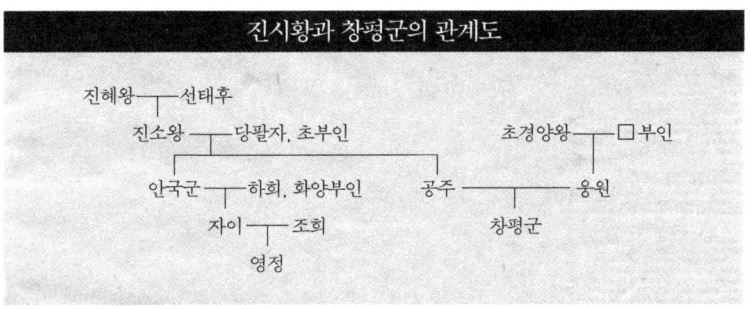

지금까지 가정한 내용과 사료를 바탕으로 작성한 위의 표에서 몇 가지 짚어볼 것이 있습니다. 창평군이 아마도 진소왕의 외손이면서 효문왕 안국군의 외질(外侄)이고 장양왕 자이의 외사촌 형제일 수 있다는 것입니다. 따라서 진시황 영정에게는 외가 쪽 당숙이었을 가능성이 매우 큽니다. 정말 이 가정이 사실이라면 창평군은 양국 왕실에서 엄청난 위치를 점하는 인물입니다. 초나라 왕실로 보면 왕위 계승권을 가진 왕자이고, 진나라 왕실로 보면 선태후를 중심으로 한 초나라계 외척세력의 일원이니까요. 이런 창평군이 왜 부친인 웅원을 따라 초나라로 돌아가지 않고 진나라에 남았을까요? 여기엔 다른 이유도 있습니다.

버려진 모자

진소왕 44년이자 초경양왕 36년이던 기원전 263년, 웅원의 부친인 초나라 40대 왕인 초경양왕 웅횡은 병이 깊어져 다시 회복될 수 없는 지경에 이릅니다. 함양에서 10년간 볼모로 있었던 태자 웅원은 이 소식을 듣고 서둘러 초나라로 돌아가고자 했습니다. 그래야 경양왕을 간호할 수 있고, 정변이 일어나 왕위를 찬탈당하는 것을 막을 수 있었기 때문입니다. 하지만 진소왕은 그를 그냥 보내주려 하지 않았습니다. 진소왕 입장에서는 차기 왕이 될 웅원에게 귀국을 조건으로 뭔가 더 얻어내려 했습니다.

웅원이 볼모 생활을 하는 동안 가장 신뢰했던 이는 태자부太子傅[16]인 춘신군 황헐이었습니다. 워낙 시급한 상황이었기 때문에 웅원과 춘신군은 진소왕의 방해를 뚫고 서둘러 귀국할 대책을 논의해야 했습니다. 춘신군은 자신과 친분이 있던 진나라 승상 응후應侯 범저范雎의 도움을 받기로 했습니다.

춘신군은 범저에게 "공께서는 저희 태자에게 자비를 베풀 생각이 없소이까?"라고 하자 범저가 "무슨 말씀이오?"라며 되물었습니다. 이에 춘신군은 "지금 초왕께서 중병에 걸리시어 다시 일어나기 어려우실 듯하오니 귀국에서 태자 저하를 귀국시켜 주시면 더없이 감사하겠소. 태자께서 무사히 귀국하시어 군왕이 되시오면 진나라는 물론이요 공의 은혜를 절대 잊지 않을 것이오. 그리되면 진·초 양국의 우호 관계를 계속 유지할 수 있을 뿐 아니라 공께서도 초나라라는 든든한 버팀목을 가질 수 있을 것 아니오? 만약 태자께서 계속 진나라에 붙들려 있게 되면 함양성 내의 백성과 다를 바가 없지 않겠소. 그러다가 만약에 다른 왕자가 초나라의 군주가 되면 진나라와의 우호관계도 장담할 수 없소이다. 그러면 진나라는 우방을, 공께서는 정치적 버팀목이 될 강력한 지원군을 잃게 되는 것인데 그런 선택을 할 필요는 없지 않겠소?"라며 이치를 따졌습니다.

위나라 출신인 범저는 이해관계 파악에 매우 능한 인물이었습니다. 그런 만큼 춘신군의 말에 일리가 있다는 걸 알았죠. 그는 바로 소왕을 찾아가 웅원이 초나라로 돌아가는 편이 진나라에 유리하다고 설득했습니다. 심사숙고하던 소왕은 "황헐이 먼저 초나라 왕의 병세를 살펴보고 돌아와 다시 논의하도록 하라"고 명했습니다.

진소왕 입장에서는 이대로 웅원을 돌려보내기가 아쉬웠던 것입니다. 지모가 뛰어났던 춘신군은 이대로 있을 수는 없다는 생각에 다른 방안을 웅원에게 알려주었습니다. "진나라가 저하를 억류하고 있는 것은 귀국을 대가로 뭔가를 바라기 때문입니다. 지금으로서는 저하께서 진왕의 요구치를 만족케 해드릴 수 없지 않사옵니까? 이렇게 발이 묶여 계시다가 전하께서 승하라도 하시게 되면 양문군의 두 아들이 차기 보위를 이을 수 있사옵니다. 따라서 지금은 제가 돌아가 전하의 병세를 살펴보기보다는 저하께서 저로 변장하시어 귀국하시는 것이 유일한 방책이옵니다. 대신

제가 여기에 남아 저하처럼 행세하며 시간을 벌도록 하겠사옵니다."

웅원은 춘신군의 계책대로 마부로 변장하고 급히 귀국합니다. 춘신군은 웅원으로 변장을 하고 진나라 조정에서 보자고 하면 몸이 아프다면서 얼굴을 감추고 있었습니다. 웅원이 진나라의 추격을 벗어날 만큼 시간을 벌었다는 판단이 들자 춘신군은 직접 진소왕을 배알하고 자초지종을 설명했습니다. 그리고는 "신 황헐, 전하를 속인 죄 죽어 마땅하오니 엄히 처단해 주시옵소서"라며 죄를 청했습니다.

크게 노한 진소왕이 춘신군에게 자결을 명하자 범저가 "황헐은 신하된 몸으로 자신의 주인을 위해 목숨을 걸고 아랫사람 된 도리를 다했을 뿐이옵니다. 만약 웅원 태자가 초나라 왕위에 즉위한다면 반드시 황헐을 중용할 것이옵니다. 따라서 차라리 자결을 명하시기보다는 초나라로 석방해 주어 은혜를 베푸시옵소서. 그러면 나중에 지금 살려준 데 대해 보답을 받으실 수 있을 것이옵니다"라고 만류했습니다. 범저의 말을 들은 진소왕은 화를 가라앉히고 춘신군을 초나라로 돌려보냅니다.

초나라로 돌아간 춘신군은 경양왕이 세상을 떠난 후 태자 웅원이 무사히 즉위할 수 있도록 보필했습니다. 웅원(고열왕)은 즉위 후 범저의 말대로 자신의 은인이자 심복인 춘신군을 영윤(초나라 조정 최고 대신. 진나라의 상국, 승상에 해당)에 임명했습니다.

웅원이 초나라 왕이 된 후 창평군이나 부인을 불러들였는지에 대한 기록은 없습니다. 초고열왕 25년, 창평군이 노애의 난을 전후해 진나라 정계의 핵심인물로 등장한 것으로 봤을 때 두 가지 가능성이 있습니다. 하나는 초나라로 일단 귀국했다가 다시 진나라로 돌아왔을 가능성이며 다른 하나는 초나라로 돌아가지 않고 계속 진나라에 머물렀을 가능성입니다. 당시 정황상 창평군은 진나라에서 능력을 발휘할 가능성이 더 많았다고 보입니다. 실제로도 그렇게 되었고요. 창평군이 진나라에서 능력을 발휘할 가능성이 더 크다고 본 이유도 두 가지로 요약할 수 있습니다.

먼저 당시 진나라는 창평군 같은 외국 출신들이 능력을 발휘할 수 있는 환경이 충분히 조성되었습니다. 전국시대에 접어들면서 다른 나라에 비해 진나라의 성장세가 두드러지자 각국의 인재에게 능력을 발휘할 기회를 주는 개방된 분위기가 자연스럽게 형성되었기 때문입니다. 인재 유입으로 국력이 강해지자 진나라에서는 더욱 적극적으로 대외 개방을 추진했습니다. 《수호지진간睡虎地秦簡》 유물을 보면 진나라는 법률을 통해 진나라 여성과 외국 남성 사이에 태어난 자녀의 법률적 지위를 진나라 사람이라고 규정했습니다.

창평군은 아버지가 초나라 사람이었지만 어머니는 진나라 사람이었고 출생지가 진나라였기 때문에 전혀 문화적 이질감이나 소외감을 느끼지 않고 잘 융화될 수 있었습니다. 창평군과 비슷한 출생 배경을 지닌 이들은 대개 이런 이유로 진나라에서 장기 거주를 하려 했습니다. 창평군 같은 경우는 모친이 단순한 진나라 출신의 여성이 아니라 왕족이었기 때문에 특혜도 누릴 수 있었을 것입니다. 또한 초나라 왕족 혈통이었기 때문에 선태후, 화양부인을 중심으로 한 초나라계 외척세력의 적극적 비호를 받을 수 있었습니다. 그래서 더욱 진나라 정계의 핵심부에 진입하기 쉬웠죠.

이미 앞서 살펴본 것처럼 진나라 내에서 초나라계 외척세력은 세도정치를 하고 있었습니다. 진소왕의 모친인 선태후의 조카손녀가 화양부인이었고 그녀의 조부가 선태후의 아우이자 진나라 조정에서 수차례 승상을 지낸 화양군이었습니다. 효문왕 안국군은 선태후의 주선으로 화양부인을 아내로 맞아들였고요. 선태후 사후 초나라계 외척세력의 수장이 된 화양태후는 선대 외척세력이 짜놓은 정계 질서를 등에 업고 차기 왕위 후보 선정에서도 막강한 영향력을 발휘합니다. 그래서 한단에서 볼모 생활을 하던 자이와 자이의 모사였던 여불위가 화양태후를 통해 차기 왕위에 도전할 수 있었던 것입니다.

화양부인과 창평군의 부친인 웅원의 관계는 어땠을까요? 아마도 친척관계가 아니었을까요? 화양부인의 남편은 안국군이었고 창평군의 모친은 안국군의 누이였기에 화양부인은 창평군의 외숙모가 되었고 창평군은 화양부인의 조카가 되었을 것입니다. 부계로 따지든, 모계로 따지든 창평군과 화양부인은 혈연으로 엮이는 관계였던 것이죠. 그런 혈연적 친밀감에 더해 10년 동안 진나라에서 생활하면서 웅원 일가와 안국군 일가는 더욱 가까워졌을 것입니다. 좀더 과장해보면 웅원이 초나라에 귀국하면서 창평군을 일부러 남겼다고도 생각할 수 있습니다. 자식이 없는 화양부인을 달래주기 위해서 말이죠.

정략결혼을 통해 실권을 장악하려면 두 가지 기본원칙이 전제되어야 합니다. 대권 후보, 즉 왕위 계승자를 자신의 집안에서 배출하든지 자신의 집안에서 실권을 장악할 수 있는 조정 실세를 배출해야 한다는 것이었습니다. 이는 바늘과 실처럼 붙어서 다니는 원칙이었습니다. 화양부인이 여불위의 제안대로 자이를 양자와 태자 후계자로 삼은 것은 첫 번째 원칙에 부합했습니다. 절반은 성공한 것이죠. 그리고 조정 실권을 장악하기 위해 창평군을 내세웠습니다. 그렇다면 창평군은 언제 진나라 정계에 등장했을까요?

증거 수집

창평군이 언제 진나라 정계에 등장했는지 사서에는 기록이 누락되고 없습니다. 여기서 주목할 점은 기록이 누락되었다는 것입니다. 보통 누락이라 함은 응당 기록이 되어야 할 역사적 사실이 기록이 되지 않은 것을 가리킵니다. 어떤 이유로 누락된 것일까요? 일부 사학자들은 누락된 역사적 사실에 대해 언급을 피하거나 그런 역사적 사건 자체가 없었기 때문에 기록이 없다고 무시해 버립니다. 저희는 좀 다른 각도로 이런 역사적 사실의 누락을 바라봐야 합니다. 추측만으로 누락된 사실을 있었던 사실이라고 무조건 우겨서도 안 됩니다. 그것보다는 간접적인 증거를 근거로 합리적인 추론을 해야 합니다.

고고학에서는 천공탐사라는 탐사 방식이 있습니다. 정체불명의 고분이 나오면 여러 지점에 구멍을 뚫은 다음 고묘의 내부를 탐사하는 방법이죠. 저희가 궁금해하는 창평군 미스터리에 이 방식을 응용해보면 해당 연도의 사건을 연관시킬 수 있을 것 같습니다.

보통 진왕정 9년 노애의 난이 발발했을 때, 창평군이 갑자기 진나라 역사 전면에 등장했다고 생각하기 쉽지만 그런 중요한 사건에 등장한 만큼 창평군이 진나라 내에서 오랜 기간 세력을 구축했다고 봐야 합니다. 아까 말한 천공탐사를 이용해 설명해 볼까요. 눈에 보이는 고분은 노애의 난이 일어났을 때 등장한 창평군이라고 할 수 있습니다. 그 고분 속 부장물들은 창평군이 진나라 내에서 구축한 세력이라고 할 수 있습니다. 부장품이 어느 정도 묻혀 있는지 알아보려면 고분에 몇몇 포인트를 정해 구멍을 내 들여다보면 됩니다. 그러면 거대한 고분을 전부 파헤치지 않고 부장품의 규모를 확인할 수 있습니다.

마찬가지로 진왕정 9년에 일어난 노애의 난을 중심으로 몇몇 시점을 정해 각 시점에 창평군이 뭘 했는지 파악하면 창평군과 당시 진나라 역사상의 주요 인물들 간 관계와 창평군 개인에 대한 대략적인 모습을 그려볼 수 있을 것입니다.

우리가 살펴볼 탐사 시점은 다음과 같습니다.

첫 번째 탐사 시점은 진소왕 35년, 초경양왕 27년(기원전 272년)입니다. 이해 진나라에 볼모로 온 지 얼마 안 된 웅원은 아내를 맞아들여 창평군을 낳았습니다. 창평군은 빠르면 기원전 272년, 늦어도 다음 해인 기원전 271년에 출생했을 것입니다. 그렇다면 열한 살 정도 된 진시황의 부친인 자이와 대략 열 살 정도 차이가 났을 것입니다.

두 번째 탐사지점은 진소왕 42년, 초경양왕 34년(기원전 265년)입니다. 일곱 살이던 창평군은 함양에 거주하고 있었고, 17세이던 자이는 한단에서 볼모 생활을 시작했습니다. 창평군의 모친이 진소왕의 공주였기 때문에 창평군과 자이는 사촌지간이었습니다. 두 사람은 진나라 왕실의 일원이라는 공통점이 있었던 만큼 자이가 한단에 볼모로 가기까지 7년 동안 상당한 친분을 구축했을 것입니다.

세 번째 탐사시점은 진소왕 45년, 초고열왕 원년(기원전 262년)입니다. 일 년 전인 진소왕 44년(BC 263년)에 창평군의 부친이자 초나라의 태자였던 웅원이 진나라를 탈출해 초나라로 돌아가 왕위에 즉위했습니다. 당시 열 살이던 창평군은 초나라로 돌아가지 않고 진나라에 남아 있었습니다. 한단에 있던 19세의 청년 자이는 여불위와 함께 안국군의 후계자가 되기 위한 계획을 시행에 옮겼습니다.

네 번째 탐사지점은 진소왕 50년, 초고열왕 6년(기원전 257년)입니다. 한단을 탈출한 자이와 여불위는 함양으로 돌아와 화양부인을 찾아뵙고 정식으로 안국군의 후계자가 됩니다. 당시 자이는 25세였고 창평군은 약 15세였습니다. 안국군의 후계자가 되기 위해 자이는 화양부인의 양자가 되었습니다. 초나라계 외척세력과 정치연합을 한 만큼 자이와 창평군 사이는 더욱 돈독해졌을 것입니다. 당시 세 살배기이던 영정과 제태후 조희는 한단에 남아 있었습니다.

다섯 번째 탐사지점은 진소왕 56년, 초고열왕 12년(기원전 251년)입니다. 이해에 영정과 조희가 함양으로 무사히 돌아왔습니다. 이때 자이는 31세였고 창평군은 21세, 영정은 9세였는데, 이 시점부터 창평군과 조카인 영정 사이에 교류가 있었을 것입니다.

여섯 번째 탐사지점은 진장양왕 원년, 초고열왕 14년(기원전 249년)입니다. 힘든 볼모 생활을 끝에 33세의 자이가 장양왕으로 즉위했습니다. 그리고 자신의 즉위에 가장 큰 공을 세운 여불위를 상국에 임명했습니다. 자이의 정치적 후견인이 된 화양부인이 태후가 되면서 초나라계 외척세력이 더욱더 공고한 세력을 확보했습니다. 23살의 창평군은 화양부인의 조카이자 장양왕 자이의 사촌동생이라는 간판을 걸고 정계 전면에 등장했을 가능성이 큽니다.

일곱 번째 탐사지점은 진왕정 원년, 초고열왕 17년(기원전 246년)입니다. 자이가 즉위 3년 만에 급사하면서 13세의 영정이 즉위했습니다. 대신 친정할 때까지 권력을 태후와 대신들에게 위임합니다. 이 당시 영정 배후에 버티고 있던 각 계파 수장들, 즉 태후는 세 명이었는데요. 각각 친모인 제태후 조희, 친조모인 하태후, 양조모인 화양태후였죠. 이들 가운데 가장 막강한 실권을 쥔 이는 화양태후였습니다. 조정 대신들은 중부 여불위가 상국의 자격으로 통솔했습니다. 이때 26세이던 창평군은 국왕의 숙부이자 화양태후의 친인척이라는 배경을 업고 조정 내에서 상당한 영향력을 발휘했습니다.

여덟 번째 탐사지점은 진왕정 9년, 초고열왕 25년(기원전 238년)

입니다. 22세의 진왕 영정은 관례를 올리고 친정을 시작했습니다. 노애의 난이 터졌을 때 34살의 창평군은 왕명에 따라 여불위, 창문군과 함께 난을 진압한 일등공신이 됩니다.

승상에 오르다

노애의 난이 일어났을 때 창평군과 창문군, 여불위는 진왕이 내린 노애 토벌령을 받들어 군대를 이끌고 난을 진압했습니다. 《사기》〈진시황본기〉는 이를 다음과 같이 기록하고 있습니다.

영정은 노애가 반란을 일으켰다는 소식을 들은 후 '상국 여불위, 창평군, 창문군에게 명해 노애의 난을 진압하라고 명했다令相國, 昌平君, 昌文君發卒攻毐'고 말이죠. 여기서 주의할 점이 있습니다. 중화서국中華書局에서 나온 표점본標點本에는 '상국 창평군과 창문군에게 노애의 난을 진압하도록 명했다令相國昌平君, 昌文君發卒攻毐?'라고 나오기 때문입니다. 이는 구두점이 찍혀 있지 않아 생긴 착오입니다. 일단 당시 진나라 상국이 문신후文信侯 여불위라는 점은 여러 사서에 분명히 나오기 때문입니다. 자세한 내용은 호정명胡正明 선생의 논문 〈승상 계가 창평군이라는 설에 대한 연구丞相啓即昌平君說商榷〉를 참조하시기 바랍니다.

상국 여불위는 창평군, 창문군과 함께 진왕 영정의 명을 받아 노애를 토벌합니다. 하지만 이 기록에는 단지 창평군, 창문군이라는 봉호만 등장할 뿐 당시 관직명이 무엇이었는지는 등장하지 않습니다. 따라서 당시 상황을 바탕으로 창평군의 관직이 무엇이었는지 추정해야 합니다. 다행히 몇 가지 단서가 있는데요. 하나는 창평군이 진시황의 당숙이었다는 사실이고 다른 하나는 노애 토벌령 내에서 여불위 다음으로 언급되었다는 점입니다. 이런 점을 종합해 보면 그의 지위가 여불위 다음이지 않았을까 추측됩니다. 진나라 조정 내에서 상국(相國) 다음의 관직은 부승상인 어사대부御史大夫입니다. 따라서 노애의 난 진압 당시 창평군이 어사대부의 위치에 있지 않았을까 합니다.

추측하긴 했지만 근거가 있어야 하겠죠. 직접적인 증거는 찾을 수 없기에 간접적인 근거를 제시하도록 하겠습니다. 이 근거들은 사학계에서 진나라 시대 문건을 정리하면서 찾은 것들입니다. 중국과 일본 사학자들이 연구한 바에 따르면 진한시대에는 매우 엄격한 법률체계가 있었습니다. 왕명 역시 절차에 따라 각종 형식의 조서로 해당 부서를 통해 하달되었습니다. 국왕이 왕명을 하달하면 승상, 그다음으로 어사대부를 거쳐 최종 실행부서로 전해졌습니다.

진시황이 천하를 통일한 그해 반포한 유명한 '의제호조議帝號詔'를 예로 들어봅시다. 천하를 통일한 후 신하들에게 자신의 칭호稱號에 대해 논의하라고 명한 진시황은 최종적으로 '황제皇帝'라는 칭호를 정했습니다. 그리고 이 칭호를 확정한 조서 '의제호조'도 승상과 어사대부를 거쳐 반포되었습니다. 이는 《사기》〈진시황본기〉 진시황 26년 조에 이렇게 기록되어 있습니다.

진나라가 천하를 통일했다. 진시황은 승상과 어사대부에 명하길.

"과인이 하찮은 몸으로 군사를 일으켜 천하를 진압한 것은 모두 종묘 선대 열종들의 보우하심이 있었기 때문이다. 그리하여 6국의 왕들이 짐에게 굴복하니 천하가 안정되었다. 오늘날 명호를 바꾸지 않으면 후세에 이 위업을 전할 수가 없도다. 고로 경들은 제호를 논하도록 하라" 승상 왕관, 어사대부 풍겁, 정위 이사 등이 "과거 오제가 천 리 강역을 다스리니……"라고 아뢰자 왕은 "명호는 황제로 하라"고 했다.

秦併天下, 令丞相·御使曰:"……寡人以渺渺之身, 興兵誅暴亂, 賴宗廟之靈, 六王咸伏其辜, 天下大定. 今名號不更, 無以稱成功, 傳後世. 其議帝號." 丞相綰·御史大夫劫·廷尉斯等皆曰:"昔者五帝地方千里……"王曰:"……號曰皇帝. 他如議."

이 기록을 보면 진왕의 명령이 승상과 어사대부를 통해 전달되었음을 알 수 있습니다. 그렇다면 2인 승상 시스템으로 운영되던 당시 승상이던 외상隗狀과 왕관 둘 가운데 누구에게 이 명령이 전달되었는지가 문제인데요. 위 내용상 왕관이 그 명을 받들었음을 발견할 수 있네요. 그리고 어사, 즉 어사대부인 풍겁에게도 전달되었음을 알 수 있습니다. 이를 보면 왕의 조서는 승상, 어사대부 순으로 체계적인 전달이 이루어졌음을 알 수 있습니다.

이런 상명하달 시스템은 문헌 기록뿐 아니라 출토된 유물을 통해서도 확인할 수 있습니다. 예를 들어 《한서》와 장가산張家山 한간漢簡 2년 율령 가운데 '제조상국制詔相國(승상丞相), 어사御使(대부大夫)'라는 문구가 나옵니다. 이는 조서가 공표되는 과정에서 자주 등장하는 글귀입니다. 따라서 노애의 난을 진압하기 위해 영정이 3명의 대신에게 조서를 내렸을 때에도 이런 식으로 어사대부 창평군에게 조서가 전달됐을 것입니다.

이런 일련의 자료를 통해 창평군이 화양태후의 친척 신분으로 초나라계 외척세력의 핵심 실세였음을 알 수 있습니다. 그리고 진나라 군주였던 자이, 영정과 외가 친척이었기 때문에 그 위치가 더욱 공고했음을 짐작할 수도 있습니다. 창평군은 23세에 장양왕 등극과 동시에 정계에 진출했고 26세에 영정이 즉위하자 보정대신輔政大臣(어린 왕이 친정을 하기까지 국정을 대신 운영하는 조정 실권 대신)이 되었으며, 34세에는 어사대부로서 노애의 난을 진압하고 영정이 안정적으로 친정체제를 갖출 수 있도록 했습니다.

지금까지 창평군이 노애의 난을 진압하면서 진나라 최고의 실세가 되는 과정을 쭉 살펴보았습니다. 이 정보를 바탕으로 여불위가 파면된 이후 진나라 조정의 최고위직인 승상이 누구였는지 추적해 들어가도록 하겠습니다. 진왕정 10년 노애의 난 진압 후 장양왕과 초나라계 외척세력을 연합시키는 등 뛰어난 정치적 수완을 보였던 여불위가 파면되었습니다. 조정에 국무총리 격인 승상이 하루라도 없으면 안 되었기 때문에 서둘러 후임자를 물색해야 했습니다. 그렇다면 가장 유력한 후보자는 누구였을까요? 아마도 조정 서열 2위인 어사대부를 역임하고 있었으며 영정의 당숙이자 화양태후의 조카였던 인물, 노애의 난을 진압하는데 앞장서면서 일등공신이 된 인물, 창평군이 가장 유력하지 않을까요?

창평군이 차기 승상이었을 가능성은 《사기색은》에서 그 근거를 찾을 수 있습니다. 《사기색은》〈진시황본기〉의 '노애 토벌령' 조에 다음과 같은 내용이 나옵니다.

> 초나라 공자 창평군이 승상을 역임하다 훗날 영 지방으로 쫓겨났다.
> 昌平君, 楚之公子, 立以爲相, 後徙於郢.

위 기록 중에 '立以爲相'라고 하는 부분은 분명 창평군이 진나라 승상을 지냈다는 말입니다. 창평군이 언제 승상에 임명되었는지는 《사기색은》에는 아무런 설명이 없습니다만 지금까지 살펴본 내용을 바탕으로 추론을 해보면 여불위가 승상에서 파면된 진왕정 10년 창평군이 후임 승상으로 임명되었을 것입니다.

여섯 번째 추적

동과 속의 승상 '계'와 '상'은 누구인가?

의도하지 않은 증거

진초 양국과의 특별한 관계를 이용해 성장을 거듭한 창평군의 전반생은 앞서 어느 정도 살펴봤습니다. 진나라에서 볼모로 있다가 훗날 고열왕으로 등극한 초나라의 웅원이 부친이었으며 진소왕의 공주가 모친이었던 창평군. 그는 장양왕 영이의 사촌 동생이면서 진왕 영정의 당숙이었고 화양부인의 조카였습니다. 그는 이런 신분상의 장점을 십분 활용했습니다. 그래서 젊은 나이에 비교적 쉽게 진나라 조정 전면에 등장했죠. 그리고 진왕정 9년, 노애의 난이 일어났을 때는 직접 진압에 나서 일등공신이 되었을 뿐 아니라 그 이듬해에 여불위 뒤를 이어 승상이 되었습니다.

이토록 비중 있는 인물에 대한 실명을 전혀 파악할 수 없다는 점은 미스터리가 아닐 수 없습니다. 역사는 왜 그의 이름, 정체를 그토록 꼭꼭 감추어 둔 것일까요? 다행히 역사가 매몰차지는 않았습니다. 의도했든, 의도하지 않았든 전혀 생각지도 않게 단서가 등장하곤 하니까요.

1982년, 하북성 계현薊縣을 떠난 고철들이 천진의 용광로로 빨려 들어가기 직전이었습니다. 정말 다행히도 당시 그 자리에 있던 천진시 문물관리소의 한 직원이 이 고철 더미에서 파손된 동과銅戈를 발견했습니다. 그리고 그는 이 동과에서 세 줄, 총 17자로 된 아래 명문을 발견했습니다.

十七年, 丞相 , 狀
造, 邰陽
嘉, 丞兼, 庫□, 工邪

이 동과는 진나라의 무기라고 감정되었습니다. 이런 명문이 새겨진 동과는 중국 전역에서 발견할 수 있습니다. 전문가들이 이 명문의 내용에 많은 관심을 보이면서 본격적인 고증 작업이 진행되었습니다. 지금까지 밝혀진 내용을 바탕으로 함께 의미를 알아보겠습니다.

우선 '17년十七年'이라는 글자는 동과의 생산 연대를 나타내는 숫자입니다. 아시다시피 과거에는 국왕의 재위 연수를 통해 연도를 계산했습니다. 따라서 '17년'은 당연히 동과 제조 당시의 왕이 재위했던 연수가 17년이라는 말입니다. 그렇다면 이 동과가 제작될 당시 재위 연수가 17년이던 왕은 누구였을까요? 고증이 필요한 부분입니다. 역사학은 어떻게 보면 시간과의 싸움이라고 할 수 있습니다. 수수께끼처럼 등장한 시간을 단서로 당시 왕이 누구였는지 역추적해야 하듯 말입니다.

'승상丞相'은 두말할 것 없이 진나라 조정의 최고 대신이며 동과 제작을 감독한 최고책임자입니다. '계啓'와 '상狀'은 인명이며 재위 17년 동과를 제조할 당시 승상이 두 명이었음을 알려주고 있습니다. '조造'는 제작했음을 뜻합니다. 합양郃陽은 당시 지역명으로 동과가 제조된 현縣의 이름입니다. 합양은 그 당시 진나라 수도 내사內史 지역, 오늘날의 섬서성 한성현 남쪽 지역입니다. '가嘉'는 병기를 주조하는 대장장이의 이름입니다. '승겸丞兼'의 '승丞'은 부대장장을 가리키며 '겸兼'은 부대장장이의 이름을 말합니다. '고□庫□'는 무기 보관 창고이며, 글자를 정확히 파악할 수는 없지만 '□'은 창고 책임자의 이름일 것입니다. '공사工邪'의 '공工'은 이 동과를 제조한 대장장이를 가리키며 '사邪'는 대장장이의 이름입니다.

동과에 새겨진 명문을 보면 진나라의 무기 제조 시스템과 제도를 알 수 있습니다. 생산되는 주요 병기에는 공인, 창고보관 담당자, 제작 책임자에서 조정의 총감독자에 이르기까지 실명을 기록해야 했습니다. 이는 '늑명공관勒名工官'이라 불리는 생산품의 품질을 체계적으로 관리할 수 있는 제도였습니다. 생산과 유통을 처음부터 세밀하고 추적 관리, 감독할 수 있는 제도였기 때문에 단계별 책임 소재를 명확히 따질 수가 있었습니다.

여담이기는 하지만 21세기를 사는 저희도 옛 선조들의 이런 지혜를 잘 배워야 할 것 같습니다. 지금 봐도 이런 제품 관리 시스템은 상당히 꼼꼼하고 철저하기 때문에 충분히 활용할 수 있을 것 같습니다. 다시 동과로 돌아와 보죠. 동과에 적힌 당시의 승상인 '계'와 '상'이라는 인물은 누구였을까요?

동과 속의 단서

앞서 말씀드린 것처럼 역사학은 시간과의 싸움이 필요한 분야입니다. 당시에는 정말 별것 아닌 것 같았던 일이 지금 돌이켜 볼 때는 골치 아프고 성가신 문제가 되기도 합니다. 동과에 기록된 내용도 마찬가지죠. '17년'은 어느 왕 17년일까? 승상 '계'와 '상'은 누구일까? 동과 제조 당시, 명문을 새기던 당시에는 17년 하면 당연히 어느 왕 17년인지 누구나 다 알았을 것이고, 승상 '계'와 '상'이라고 하면 요즘 국무총리나 총리, 수상이 누구인지 다 알듯이 거의 모든 이들이 다 알았을 터인데, 이제는 시간의 터널 속에 묻힌 미스터리가 되었습니다. 이럴 때는 정말 타임머신이 있으면 얼마나 좋을까 하는 생각이 드네요.

하긴 타임머신이 있어도 문제입니다. 타임머신을 작동시키면 먼저 시간여행을 할 목적지 즉, 각 시대가 정차역처럼 계기판에 표시될 것입니다. 예를 들면, 민국 시기, 청나라, 명나라, 송나라, 한나라, 진나라, 주나라, 상나라 뭐 이런 식으로 말이죠. 지금 함께 추적하고 있는 동과에 대한 알아보려면 어느 정차역에 서야 할까요? 진나라 역에서 정차해야겠죠. 진나라 역에만 서면 될까요? 진나라 역사가 무려 600년에 이르고 군주가 36명에 달하는데 아무 데나 서면 아무것도 못 건질 수 있습니다. 따라서 진나라라는 큰 정차역 내에 있는 시기별, 군왕별 플랫폼에 정확히 맞춰서야 합니다. 그렇다면 어떻게 해야 할까요? 이에 대한 답안을 얻기 위해서는 연대학年代學(과거의 역사적 사실을 시간 순으로 재정리하는 학문. 시간의 학문이라고 함)이나 단대斷代(시간순 혹은 왕조 순으로 역사적 사실을 정리하는 작업) 작업을 해야 합니다.

그렇다면 현재 가지고 있는 이 동과로 어떻게 연대 추정을 해볼 수 있을까요? 전문가들은 새롭게 발견된 이 동과와 이미 고증이 완료된 다른 진나라 동과를 비교하여 그 형태나 재질, 문자 특성상 저희가 추적하는 동과가 틀림없이 진나라가 생산한 동과라는 사실은 밝혀냈습니다. 유형별 비교·추정을 통해 고증하는 이런 방식을 고고학에서는 유형학類型學이라고 합니다. 이미 고증이 끝나 그 제조연대를 명확히 알 수 있는 유물과 연대 파악을 할 수 없는 유물을 비교해 그 유사성을 통해 연도를 추정해 들어가는 방법 말입니다. 타임머신 계기판에서 진나라라는 목적지를 입력할 수 있었던 것도 그나마 이 방식을 동원한 덕분입니다.

목적지는 진나라라고 정했지만 앞서 말씀드린 대로 어느 플랫폼에 내려야 하는지는 모릅니다. 600년이라는 시간, 36명에 달하는 군주. 과연 어느 플랫폼에 서야 할까요?

핵심 단서는 바로 동과 명문에 새겨진 진나라의 국무총리, '승상'이라는 글자입니다. 관직 시스템은 왕조의 건국과 동시에 탄생하는 것입니다. 왕조별, 시대별로 바뀌죠. 따라서 관직의 역사를 연구하는 관제연구官制研究라는 역사학 분야도 있습니다. 승상은 진나라에서 처음 만들어진 관직으로 진무왕秦武王 2년에 처음 등장했습니다. 진무왕은 진나라 30대 왕으로 진무왕 2년이면 기원전 309년에 해당합니다. 그러니까 그보다 한 해 전인 기원전 310년만 해도 진나라에는 승상이라는 관직이 없었습니다. 그렇기에 앞서 새로 출토된 동과는 진무왕 2년 이후에 제작되었으며 '계'와 '상' 역시 이 시기 이후 인물이라는 점을 알 수 있습니다.

따라서 유물의 제조시간 상한선을 진무왕 2년(기원전 309년)으로 확정할 수 있습니다. 오른손이 있으면 왼손이 있듯 상한선을 정한 만큼 하한선도 정해야겠죠. 진나라의 마지막 왕인 영영이 백관을 이끌고 유방에게 항복한 기원전 206년에 진나라는 멸망했습니다. 그렇다면 동과의 제조시간 하한선은 기원전 206년 진나라 멸망의 순간이 됩니다.

자, 이렇게 제조연대의 상하한선을 정했으면 타임머신이 설 플랫폼을 더 정확히 입력할 수 있을 겁니다. 진나라 역 중에서도 진왕 영영에서 진무왕 2년 사이, 즉 기원전 309년에서 기원전 206년 사이의 플랫폼에 서도록 하면 되겠죠. 하지만 일이 꼬일 때는 하나를 해결하면 또 다른 문제가 꼬리를 물고 등장하는 법입니다. 기원전 309년에서 기원전 206년 사이의 103년이라는 시간 동안 진나라에 7명의 왕이 등장했습니다. 7명이면 플랫폼 일곱 군데를 다 돌아봐야 한다는 말인데요. 번거롭기 짝이 없습니다.

그래도 차분하게 따라오십시오. 일단 펜으로 빈 종이에다가

진왕 재위표			
세대	진왕	재위기간	재위연수
30대	진무왕	기원전 310년~기원전 307년	4년
31대	진소왕	기원전 306년~기원전 251년	56년
32대	효문왕	기원전 250년	1년
33대	장양왕	기원전 249년~기원전 247년	3년
34대	진시황	기원전 246년~기원전 221년	37년
35대	진2세	기원전 209년~기원전 207년	3년
36대	진왕 영영	기원전 206년	46일

일곱 군데 플랫폼을 쭉 써보십시오. 그러면 좀 더 판단하기 쉬워 질 수 있습니다. 한번 같이 볼까요?

표를 보면 동과가 어느 왕 17년에 제조되었으며, '계'와 '상'이 어느 시대에 승상을 역임했는지 알 수 있을 것입니다. 표에 등장한 각 왕의 '재위기간'에 주목해 주십시오. 4년, 56년, 1년, 3년, 37년, 3년, 46일……. 이 숫자들과 동과의 제조시기와는 어떤 상관관계가 있을까요?

동과에 새겨진 세 글자, '17년'을 다시 생각해 볼까요? 앞에서 17년이 왕의 재위 기간을 의미한다고 말씀드렸습니다. 그렇다면 재위기간이 17년 이상인 왕을 찾으면 되겠죠. 위 표에 나타난 왕들 가운데 재위기간이 17년 이상 되는 이는 몇 명인가요? 바로 진소왕과 진시황, 두 명입니다. 결국 동과는 진소왕 시기 아니면 진시황 시기에 제조된 것이며 '계'와 '상' 역시 진소왕 시기 아니면 진시황 때 승상을 지낸 인물이라는 결론이 나옵니다. 지금부터는 진소왕과 진시황 중에서 한 명만 골라내 보겠습니다.

먼저 진소왕은 진시황의 증조부입니다. 재위기간은 무려 56년에 달하고요. 그렇다면 동과가 진소왕 17년에 제조된 것이 아닐까요? '계'와 '상' 역시 진소왕의 신하이지 않을까요? 하지만 역사가 그렇게 쉽게 정답을 허락하지 않네요. 사서의 기록을 살펴보면 진소왕 17년 시기 승상을 맡고 있던 이는 양후 위염이라고 나오기 때문입니다. 위염은 혁혁한 명성을 자랑하던 인물이었습니다. 게다가 선태후의 배다른 아우였기 때문에 진나라 조정의 실세로 활약했습니다. 사마천은 《사기》에 따로 그의 전(傳)을 두고 그가 전국통일의 기반을 닦았다고 칭찬했습니다. 위염이 세운 공적이 군주를 능가할 정도였기 때문에 관련된 이야기도 상당히 많았습니다. 그가 진나라 역사에서 차지하는 비중이 크기 때문에 마지막 장에서 따로 좀더 이야기하도록 하겠습니다.

진나라 시기 유물 가운데 위염이 관리감독을 한 동과가 적지 않습니다. 예를 들어 '14년 상방염과 十四年相邦冉戈'라든가 중국역사박물관에 소장된 '21년 상방염과 二十一年相邦冉戈' 등이 그것이죠. 여기서 말하는 '14년', '21년'은 진소왕 14년과 21년을 가리키며, '상방(相邦)'은 상국, 승상을 가리키며 '염(冉)'은 당시 상국이던 위염의 이름입니다. 진나라 역사에서 상국은 한 명씩만 임명했던 데 반해 승상을 임명할 때는 한 명을 임명하기도 하고 두 명을 임명하기도 했습니다. 그래서 좌승상과 우승상으로 나누었죠. 대신 상국과 좌우 승상을 함께 두는 경우는 없었습니다. 상국을 임명하면 승상을 임명하지 않았고 승상을 두면 상국은 임명하지 않았습니다. 따라서 '계'와 '상' 이 두 인물은 위염이 상국으로 있을 당시에

천하 통일 *159*

승상직을 수행할 수 없었겠죠. 위 유물에 나온 것처럼, 진소왕 14년과 21년 사이는 위염이 승상, 즉 상국이었습니다. 따라서 17년에 승상 '계'와 '상'이 제조 책임자였다는 동과가 제조될 당시 왕은 진소왕이 아닙니다.

진소왕과 진시황 두 명의 왕 가운데 진소왕이 아니라면 이 동과는 진왕정 17년에 제조되었을 것이며 '계'와 '상' 역시 진왕 영정 시기의 승상이었을 것입니다.

여불위의 후임은 누구인가

그렇다면 다음 단계로 영정이 재위했을 당시 승상들에 대해 알아보도록 할까요?

진왕 영정의 즉위 이후 첫 번째 승상을 맡은 이는 여불위입니다. 그는 영정의 부친인 장양왕 시대부터 줄곧 승상직을 수행했고, 영정 즉위 이후에도 별 탈 없이 계속 승상직을 수행했습니다. 장양왕이 재위했던 3년, 영정이 즉위한 후인 진왕정 10년까지 계속 승상을 맡았던 것입니다. 무려 10년이 넘는 시간 동안 별 탈 없이 수행했던 승상직도 노애의 난이 발생하면서 끝났습니다. 이후 16년 동안 진나라 조정에서 승상, 상국을 맡았던 이가 누구였는지 그 이름은 전혀 기록에 남아 있지 않았습니다.

이 16년 동안 진나라는 6국을 차례로 병합하여 진시황 26년에는 중국 역사상 최초의 통일제국을 이룩했습니다. 그리고 진나라가 통일을 달성한 이 시점에 만들어진 유물 속에서 다시 진나라 승상의 이름이 등장합니다. 이 유물은 상해박물관에 보관되어 있는 '시황조동방승始皇詔銅方升'으로 여기에 기록된 명문은 다음과 같습니다.

廿六年, 皇帝盡倂天下, 諸侯黔首大安, 號爲皇帝. 乃詔丞相狀, 綰法度量則不壹, 嫌疑者皆明之.

차례로 그 내용을 보도록 할까요? '26년廿六年'은 진시황 26년(기원전 221년)으로 이해에 진나라는 천하를 통일했고 진왕 영정은 황제라 칭하기 시작했습니다. '제후諸侯'는 초, 제, 연, 한, 조, 위 등 전국시대 나머지 6개국을 가리키며, '검수黔首'는 백성들을 가리킵니다. '검黔'은 검은색을, '수首'는 머리를 뜻하는데요, 사람이 검은색 두건으로 머리를 묶는 것을 가리킵니다. 그리고 진나라는 전국을 통일한 해부터 백성들을 검수라고 지칭했습니다. 따라서 명문의 앞부분은 진왕 26년, 황제가 천하를 통일하니 각국 만민이 안녕을 찾고 진왕을 황제라 존칭하기 시작했다는 뜻입니다.

이제 후반부를 살펴볼까요? '조詔'는 조서를 내리다는 말입니다. '상狀, 관綰'은 조서를 받은 좌·우 승상의 이름입니다. '법도량法度量'은 도량형을 법제화한다는 말이며 '칙불일則不壹'은 불일치된 것을 통일시킨다는 뜻이죠. '혐의자개명지嫌疑者皆明之'는 의문스러운 점은 모두 분명하게 밝힌다는 뜻입니다. 즉 명문 후반부의 의미는 곧 황제가 승상 상과 관에게 조서를 내려 도량형을 통일하는 등 불명확한 부분을 제도화했다는 뜻입니다. 이 조서를 학계

천하 통일 / 161

에서는 '26년 도량형조二十六年度量衡詔'라고 부릅니다. 통일 후 사용된 승升, 권權, 량量 등과 같은 각종 도량형 도구에 새겨져 있어, 이는 진제국이 도량형을 통일시켜 제도화했다는 중요한 증거가 됩니다.

이 조서에 언급된 승상 상은 성이 외隗, 이름이 상狀이며 승상 관은 성이 왕王, 이름이 관綰인데요, 사서에도 이들의 이름이 등장합니다. 진시황 28년, 진시황이 두 번째로 천하를 순시할 때 낭야산琅琊山(오늘날 산둥성 쟈오난)에서 천하를 통일한 공적을 돌에 새겼습니다. 이때 진시황을 수행했던 신하들의 이름도 함께 새겼는데 외상과 왕관, 이 두 승상의 이름도 발견할 수 있습니다. 이 두 승상 가운데 외상의 이름이 왕관의 이름보다 먼저 기록되어 있기 때문에 우승상이었을 것이고, 왕관은 좌승상이었다고 추측할 수 있습니다. '시황조동방승始皇詔銅方升'에 새겨진 내용도 역시 마찬가지입니다.

그렇다면 처음 언급했던 동과, '십칠년승상계상과十七年丞相啓狀戈'에 새겨진 '승상 상丞相狀'은 누굴까요? 분명 진왕정 26년에 새겨진 '시황조동방승'의 승상 상과 같은 인물일 겁니다. 바로 외상이라는 것입니다. 외상은 진왕정 17년에 승상에 임명되었기 때문에 좌승상이었을 것입니다.

하지만 진시황 26년의 '시황조동방승'에는 그의 이름이 앞에 기록되어 있기 때문에 이 즈음해서 우승상이 된 것으로 보입니다. 이후 진시황 28년까지 외상은 계속 승상직을 수행했습니다. 진왕정 17년부터 28년까지 최소 12년 동안 장기 재임한 승상이었죠. 이러고 보니까 여불위 파면 이후부터 진시황이 천하를 통일하기까지 승상이 없다고 여겼던 16년 가운데 상당 부분 의문이 해결되었습니다.

그렇다면 지금까지 밝힌 바를 토대로 진시황 재위 기간 중 승상(상국 포함)에 재임했던 인물들을 순서대로 나열해 볼까요?

진시황 시기 승상표

시기	승상	자료출처
진왕정 원년	상국 여불위	《사기》〈진시황본기〉
진왕정 10년	승상 창평군	《사기색은》
진왕정 17년	우승상 계, 좌승상 외상	〈십칠년승상계상과〉
진왕정 26년	우승상 외상, 좌승상 왕관	〈이십육년시황조동빙승〉
진시황 28년	우승상 외상, 좌승상 왕관	〈이십팔년태산각석〉
진시황 34년	우승상 풍거질, 좌승상 이사	《사기》〈진시황본기〉
진시황 36년	우승상 풍거질, 좌승상 이사	《사기》〈진시황본기〉

시황제가 재위했던 37년 동안 승상직을 수행한 이는 각각 여불위, 창평군, □계, 외상, 왕관, 풍거질, 이사 등 최소 7명이며 그중 5명은 사서를 통해 이름을 밝혀낼 수 있었습니다.

두 번째 승상에 재임했던 창평군은 《사기색은》을 통해 그 정체를 밝혀냈습니다. 그의 이름 가운데 성은 초고열왕 웅원의 아들이니만큼 당연히 웅일 것입니다. 단지 이름은 아직 밝혀지지 않았습니다. 세 번째 승상이었던 계는 동과에 기록된 명문에서 그 존재를 확인했으나 성이 무엇인지는 밝혀낼 수 없었습니다. 여기서 한번 추측해 볼까요? 진왕정 10년에 승상을 맡았던 창평군과 진왕정 17년에 승상이었던 계가 동일 인물이라고 말입니다.

역사의 공백

앞서 이야기한 것처럼 역사학은 시간과 싸우는 학문입니다. 역사학에 등장하는 여러 가지 미스터리들은 거의 시간이 만들어낸 골칫거리들이죠. 앞서 살펴본 표를 다시 인용해 볼까요? 이 표에 진시황 시기에 재임했던 승상 5명의 봉직 기간을 채워 넣은 다음 다시 살펴보도록 하겠습니다. 여기서 각 인물의 승상 재위기간을 주목해 주십시오.

여불위가 진왕정 원년부터 10년까지 10년을, 외상이 진왕정 17년부터 28년까지 재임했다면 최소 11년, 만약 진왕정 33년까지 재임했다고 하면 그는 최대 16년 정도 승상직에 재임했습니다. 왕관의 경우 만약 진왕정 26년부터 진왕정 28년까지 재임했다고 하면 최소 2년, 진왕정 33년까지 재임했다고 하면 최대 7년 승상직을 수행한 것입니다. 풍거질과 이사는 진시황 때 최소 3년 승상에 재임했으며 진2세가 즉위한 이듬해 조고의 계략에 빠져 목숨을 잃었을 때까지 승상직을 수행했다고 하면 최소 5년 정도 재임했을 것입니다.

진시황 시기 승상 재임기간표			
순서	이름	임기	기간
1	여불위	진왕정 원년~10년	10년
2	창평군 웅□	진왕정 10년~?	?
3	□계	?~진왕정 17년(?)	?
4	외상	?~진왕정 17년~28년(?)~33년(?)	11년~16년
5	왕관	?~진왕정 26년~28년(?)~33년(?)	2년~7년
6	풍거질	?~진시황 34년~37년	3년 이상
7	이사	?~진시황 34년~37년	3년 이상

이렇게 놓고 보면 진시황 재위 시절에 존재했던 승상들의 재임 기간이 비교적 길다는 것을 알 수 있습니다. 그만큼 당시는 정치적으로 안정되었고 군신 간의 화합이 잘 이루어진 것입니다. 그리고 내각이 안정된 만큼 연속성 있는 정책 추진이 가능했을 것입니다. 그동안 형성된 진시황 및 통일 진제국에 대한 선입견만 생각하면 이런 부분은 소홀하기 십상입니다. 이런 선입견에 대한 부분은 지금 저희가 하는 이야기에서 다소 벗어난 주제이므로 다음에 기회가 있을 때 따로 다루기로 하겠습니다. 다시 본론으로 돌아와 창평군과 승상 계가 어떤 관계가 있는지 살펴보도록 하겠습니다.

사서에는 진왕정 10년부터 승상직을 수행한 창평군이 언제까지 재임했는지에 대한 기록이 전혀 없습니다. 다만 진시황 시대의 관료체제가 안정되었고 승상의 재임 기간이 비교적 길었다는 관례에 비춰봤을 때 그 역시 상당 기간 승상직을 수행했으리라고만 추측했습니다. 그러다가 《사기색은》에서 그가 언제까지 재임했는지에 대한 작은 실마리를 찾을 수 있었습니다.

《사기색은》을 보면 '창평군은 초나라 공자이며 승상에 임명되었다가 훗날 영 지역으로 쫓겨났다昌平君, 楚之公子, 立以爲相, 後徙於郢'라는 기록이 나옵니다. 이 기록에 등장하는 영은 영진郢陳이라고도 하는 지역으로 오늘날 하남성 회양시입니다. 창평군이 영진으로 쫓겨난 사실은 《사기》〈진시황본기〉 진왕정 21년 기록에서도 찾을 수 있는데요. 그렇다면 창평군이 함양에서 영진으로 좌천되기까지 계속 영정을 보좌하며 승상직을 수행했을 것이라고 짐작할 수 있습니다.

즉, 진왕정 10년 승상에 취임하여 진왕정 21년 승상에서 물러나 지방으로 좌천되기 전까지 약 11년 동안 승상에 재임했었다는 것입니다. 만약 이게 사실이라면 진왕정 17년은 창평군이 승상직을 수행하던 때로 저희가 첫 동과, 즉 '십칠년승상계상과'에서 발견한 승상 계는 창평군과 동일인물이라고 할 수 있습니다. 그렇다면 창평군의 이름은 웅계熊啓가 아닐까요?

저는 한때 역사는 이미 훌쩍 흘러가버린 과거이며 기나긴 시간의 흐름 속에서만 존재하는 것이라고만 생각했습니다. 오늘날을 살아가는 우리가 역사를 알려면 과거의 시간과 사건들이 기록된 유물이나 문헌을 통해야 합니다. 하지만 과거의 정보들, 특히 머나먼 고대의 기록, 유물은 수량이 너무 적고 내용도 뒤죽박죽입니다. 그 때문에 고대사 진상 파악은 어렵기 그지없는 작업이 되어 버렸습니다. 그나마 다행이라면 결정적 단서가 될 만한 유물들이 시공을 초월해 한 번씩 우리 앞에 그 모습을 드러낸다는 것입니다. 그 유물들 덕분에 그나마 신뢰성 있는 정보를 얻을 수 있습니다.

'십칠년승상계상과'가 등장해 준 덕분에 창평군이라는 미스터리한 인물에 대해 조금이나마 확실히 파악할 수 있었습니다. 지금까지 쉼 없이 추적한 결과를 바탕으로 그의 프로필을 다시 한 번 재구성해볼까요?

이 프로필에서 이제 창평군의 일생을 정리해 봤지만 아직 덜 밝혀진 부분이 있습니다.

창평군의 프로필		
연대	나이	사건
진소왕 36년	1세	함양에서 출생한 것으로 추정. 부친은 초나라 태자 웅원, 모친은 진소왕의 공주
진소왕 44년	17세	웅원, 초나라로 탈출. 웅계와 모친은 진나라에 남음
장양왕 원년	23세	진나라 정계에 데뷔
진왕정 원년	26세	진왕을 보좌하는 핵심 대신이 됨
진왕정 9년	34세	어사대부로 노애의 난 진압 때 상국 여불위, 창문군과 함께 왕명을 받들어 난 진압 성공
진왕정 10년	35세	여불위 파면 후 승상으로 임명
진왕정 17년	42세	'십칠년승상계상과' 제조 감독
진왕정 21년	46세	파면 후 영진으로 좌천

　진왕정 21년, 46세의 창평군은 노애의 난 진압의 공으로 11년 동안 승상을 맡아오고 있었습니다. 게다가 영정을 도와 한나라(진왕정 17년), 조나라(진왕정 19년), 연나라(진왕정 21년)을 차례로 멸망시켜 천하 통일의 과정에서 엄청난 공을 세워 그 위세가 하늘을 찌르고 있었습니다. 그랬던 그는 왜 갑자기 승상에서 파면되어 초나라의 옛 도읍지 영진으로 좌천된 것일까요? 그리고 영진으로 좌천된 이후 그의 행적은 어땠을까요?

일곱 번째 추적

전국시대는
어떻게 종결되었나?

🐾 역사를 파헤치다

진왕정 21년이 되었습니다. 진시황의 당숙으로 11년간 승상 자리에 있던, 막강한 위세를 떨치던 창평군 웅계가 돌연 진·초 변경 지역인 영진으로 좌천됩니다. 그와 영정 사이에 무슨 일이 있었기에 영진으로 좌천되었을까요? 역시나 사서에서는 그 해답을 찾을 수가 없습니다.

　이 사건에 대해 《사기》〈진시황본기〉는 달랑 6자만 언급하고 있습니다. '昌平君徙於郢.' 간략한 만큼 의미도 알기 쉽습니다. '사徙'는 '옮기다'라는 뜻이고 '영郢'은 '영진'이라는 지명을 가리킵니다. 이 말은 '진왕정 21년, 영진으로 옮겨 갔다'는 것입니다. 원래 진陳의 도읍이던 영진은 진나라가 초나라에 멸망된 이후 잠시 초나라의 도읍이었기 때문에 영진이라고 불렸습니다. 그러다가 진秦나라가 이 지역을 점령한 다음에는 진현陳縣이라 불렸습니다. 그렇다면 창평군은 왜 진나라와 초나라의 경계지역이던 이곳으로 왔을까요?

　진나라 승상이었던 창평군은 진나라의 도성 함양에서 변경지역인 영진으로 옮겨왔습니다. 도성에서 변방으로, 중앙정부에서 지방정부로 이동한 것은 거물급 대신으로서 단순한 인사이동이나 방문은 아닙니다. 영전榮轉은 더욱더 아닙니다. 한마디로 좌천이라고 할 수 있을 것입니다. 위에 언급했던 《사기》〈진시황본기〉 기록 중의 '사徙'라는 글자는 부정적인 의미로 사용되었습니다. 만약 사마천이 부정적인 의미가 아닌 일반적인 의미로 '부임하다' 정도로 쓰려고 했다면 '지之'를 사용했을 것입니다. '창평군이 영진 지역으로 부임했다昌平君之郢'처럼 말이죠. 따라서 위에서 언급한 《사기》〈진시황본기〉의 기록은 '창평군이 영진으로 좌천되었다'라고 봐야 합니다. 그렇다면 이는 단순한 사건이 아닙니다.

　창평군은 어떤 연유로 11년간 차지하고 있던 승상 자리에서 밀려나 지방인 영진으로 좌천되었던 것일까요? 영진으로 좌천되어 온 창평군은 이후 어떤 행보를 보였을까요? 이에 대한 해답을 기존 사서 등 문헌에서는 찾을 수가 없었습니다. 그러나 이천여 년이라는 세월의 터널을 뚫고 한 줄기 광명이 저희를 비추는 일이 발생했습니다.

　1975년 호북성 운몽현 수호지睡虎地에서 진나라 시대 무덤이 여러 기 발굴되었는데 그 가운데 11호기 무덤에서 진왕정 시기의 지방 관료의 고분이 발견된 것입니다. 이 고분에서 진나라 시기의 죽간이 다량 출토되었습니다. 그 죽간들 가운데 무덤 주인의 생전 약력이 기록된 죽간도 있었습니다. 이 죽간은 편년체編年體 형식으로 기록되어 있었기 때문에 《편년기編年記》라고 불립니다. 그런데 《편년기》에 창평군의 이름이 등장합니다. 이 《편년기》를 바탕으로 창평군이 왜 영진으로 좌천되었는지 추적해 보도록 하겠습니다. 《편년기》 가운데 창평군의 발령과 관계된 기록은 두 개 있습니다.

一. 廿年, 韓王居□山.
二. 廿一年, 韓王死. 昌平君居處其處, 有死□屬.

우선 첫 번째 기록을 해석해 보도록 할까요? '20년廿年'은 진왕 정 20년을 가리킵니다. 진왕정 20년은 기원전 227년입니다. □은 부식 등으로 판독할 수 없는 부분이고요. '□산□山'이 한 단어인데 아마 지명으로 한왕韓王이 머무른 곳을 의미합니다. 이제 전체적으로 의미를 해석해 보면 '진왕정 20년, 한왕이 □산에 머물렀다'가 됩니다. 그렇다면 여기서 말하는 한왕은 누구일까요?

《사기》에 따르면, 진왕정 17년 진나라 군대가 한나라의 도성인 신정新鄭을 함락한 후 한왕 안安을 생포하면서 한나라가 역사속으로 사라지게 됩니다. 죽간 상의 한왕은 바로 이 한안을 가리키는 것입니다. 진나라가 생포한 한왕 안을 어떻게 처리했는지, 한안의 이후 삶이 어땠는지는 역시 사서 속에는 아무런 기록이 남아 있지 않습니다. 따라서 기존 사서가 아닌 이 《편년기》라는 죽간에 따라 그 미스터리를 풀어야 합니다. 죽간의 기록에 따르면 진나라에서는 한안을 처형하기보다는 오히려 '□산'에 유배 보냈음을 알 수 있습니다. 다만 글자의 유실로 어느 산으로 유배되었는지는 알 수 없습니다. 일단 첫 번째 기록은 이 정도로 살펴보겠습니다.

그럼 두 번째 기록을 살펴보도록 할까요? '21년卄一年'은 진왕정 21년이죠. 서력으로 따져보면 기원전 226년이 되고요. '유사□속有死□屬'의 □ 역시 유실되어 판독이 불가능한 글자입니다. 대신 선진시대를 연구한 저명한 역사학자인 양관楊寬 선생은 이 글자를 '사士'라고 추정했습니다. 양관 선생의 고증대로 이 유실된 글자가 '사'라면 위 구문은 '유사사속有死士屬'이 됩니다. '사사死士'는 죽기를 두려워 않는 자, 즉 용사勇士를 가리키며 속屬은 '따르다'라는 의미로 해석됩니다. 따라서 두 번째 기록의 전체 의미는 '진왕정 21년, 한왕 안이 죽었다. 창평군이 한안이 죽은 곳으로 오니, 용사들이 그와 함께였다' 정도로 해석할 수 있습니다.

사서에서는 한안이 생포된 이후 어떻게 되었는지 전혀 기록이 없었지만 죽간 덕분에 최소한 언제 세상을 떠났는지는 알 수 있게 되었습니다. 그리고 한안 사후 창평군이 용사들과 함께 그 지역을 찾아왔다는 점도 알게 되었고요. 미스터리 투성이었는데 그래도 죽간을 통해 하나 둘 알게 되었습니다. 죽간 덕분에 전체적인 윤곽을 확인할 수 있어서 다행이지만 몇몇 글자가 유실되면서 오히려 새로운 궁금증, 수수께끼가 생겨나 버렸습니다. 생포된 한안이 유배된 □산은 어디인지, 그는 왜 죽었는지, 창평군은 왜 그가 죽은 뒤 용사들을 이끌고 이곳으로 왔으며 용사들은 어떤 이들인지 말입니다.

자, 이제 창평군의 미스터리를 더 명확히 밝혀내기 위해 죽간을 제대로 해석해 봐야겠습니다. 일단 □산은 어디일까요? 죽간 상의 □산이 한안이 유배되었던 지역이라는 부분에 대해서는 역사학자들 가운데 이견을 제기하는 이가 없습니다. 문제는 □산이 한나라 영내에 있었는지, 진나라 영내에 있었는지, 성읍에 인접해 있던 산이었는지 하는 것입니다. 왜냐하면 그래야 진나라가 포로로 잡은 한안을 어떻게 처분했는지 알 수 있기 때문입니다. 완전 격리였는지 아니면 성읍과 가까운 곳에 유배를 보내는 관대한 처분을 했는지도 알 수 있고, 창평군이 한안이 죽은 이 지역으로 좌천된 이유나 용사들이 그를 따라온 이유도 알 수 있습니다. 결국 □산이라는 지명의 해석 여부가 관건인 것입니다.

죽간만으로는 □산의 정확한 명칭, 위치를 알아낼 수 없기 때문에 다른 방법으로 접근해봐야 합니다. 다시 《편년기》의 두 기록을 볼까요. 이번에는 지리적인 면을 염두에 두도록 합시다.

진왕정 20년, 한왕이 □산에 거주했다.
卄年, 韓王居□山.

진왕정 21년, 한왕이 세상을 떴다. 창평군이 이곳으로 용사들과 함께 왔다.
卄一年, 韓王死. 昌平君居處其處, 有死(士)屬.

한안은 진왕정 17년 한나라의 수도 신정(오늘날 하남성 신정)에서 생포되었습니다. 위 기록에서 알 수 있듯 그는 그로부터 3년 후인 진왕정 20년 □산에 유배되어 그다음 해에 □산에서 사망했습니다. 같은 해 창평군이 수도 함양에서 한안이 죽은 지역으로 좌천되었습니다. 창평군 역시 □산으로 왔다는 말입니다. 여기서 우리는 한왕과 창평군, 이 두 사람의 이동 경로를 파악할 수 있습니다. 한안은 한나라의 도성 신정에서 □산으로 왔고 창평군은 진나라의 도성인 함양에서 □산까지 왔습니다. 결국 □산은 이 두 사람의 이동노선이 교차하는 지역인 셈입니다. 그 중 한 명은 이곳에서 유배생활을 하다가 세상을 떴고 다른 한 명은 좌천되었습니다. 과연 □산이 어디기에 망국 군주의 운명과 좌천된 진나라 최고 실력자를 받아들인 것일까요?

여기서 잠깐, 앞서 우리가 창평군 프로필에서 46세의 창평군이 함양에서 밀려나 초나라 옛 도성인 영진으로 좌천되었다고 했던 부분, 생각나십니까? 현재 우리의 궁금증을 해결하기 위해서는 이 부분을 되짚어 볼 필요가 있습니다. 《사기》〈진시황본기〉에는 창평군의 좌천에 대해 다음과 같이 기록되어 있었습니다.

진왕정 21년, ……, 창평군이 영으로 쫓겨났다.
二十一年, …… 昌平君徙於郢.

자, 이 기록과 진간秦簡(진나라 시기의 죽간)《편년기》 21년의 기록과 비교해 보시죠.《편년기》는 창평군이 진왕 21년, 한안이 사망한 지역으로 좌천됐다고 했습니다. 이제 뭔가 번쩍 스치고 지나가십니까? 《사기》와 《편년기》는 같은 시기, 같은 사건을 다른 시각에서 서술한 것입니다. 《사기》는 창평군 위주로, 《편년기》는 한안 위주로 말입니다. 그렇다면 한안이 사망한 □산과 창평군이 좌천된 영이 동일 지역이라는 것을 알 수 있습니다.

'창평군이 영으로 좌천되었다昌平君徙於郢'는 기록 속에 등장하는 영은 초나라 도읍 영진을 가리키며 당시 진나라 진현으로 현재 하남성 회양시입니다. 그렇다면 □산은 어디일까요? 당연히 영진 내의 어느 지역이겠죠. 이제 □산이 영진 내 어느 산이라는 점을 알았으니 앞선 《편년기》의 기록을 다음과 같이 수정해보도록 할까요?

진왕정 20년, 한왕이 영진의 □山에서 유배생활을 했다.
卄年, 韓王居(郢陳)□山
진왕정 21년, 한왕이 죽고 창평군이 그 지역(영진의 □산)으로 용사들과 함께 좌천되어 왔다.
卄一年, 韓王死. 昌平君居處其處(郢陳□山), 有死(士)屬.

그렇다면 한안이 신정에서 영진 □산까지 이동한 경로와 창평군이 함양에서 영진 □산까지 이동한 경로를 살펴봅시다. 영진은 오늘날 하남성 회양시이고 신정은 하남성 신정시입니다. 이 두 지역 간의 직선거리는 대략 100킬로미터 정도로 서로 인접한 지역입니다. 신정은 예서豫西 산간지역과 예동豫東 평야지역의 경계지점에 위치한 남북 교통의 요지였습니다. 영진은 사통팔달四通八達의 장점을 가진 교통의 요충지로 황하黃河와 회하淮河가 만나는 지역이고요. 전국시대에는 신정과 영진 간에 한나라와 초나라를 잇는 길이 있었는데, 진왕정 20년을 전후한 시기에는 진나라 영토였습니다.

한안이 이동한 '신정-영진' 루트는 한안의 입장에서는 한나라의 도성에서 초나라의 옛 도성이자 지금의 진나라 영토로 이동한 것입니다. 조국을 떠나 이국 땅으로 거주지가 변경된 것이기는 했지만 실질적 거리는 그리 멀지 않았습니다. 반면 창평군의 '함양-영진' 루트는 진나라 강역 내 이동이긴 했지만 현재 진나라 도성에서 자신의 모국인 초나라의 옛 도성으로 이동한 것입니다. 창평군 입장에서 자신의 고국으로 돌아간 것이죠. 하지만 이동거리가 상당했고 용사들도 함께 있었습니다. 가까우면서 먼 여정, 이국행이면서 모국의 옛 영토로 돌아가는 여정, 이 여정의 중심이 모두 영진이라면 그 속에는 분명 의미심장한 의미가 있을 것입니다. 과연 이 두 사람의 여정을 어떻게 해석하면 좋을까요?

진나라 포로이며 망국의 왕인 한안과 진나라의 승상이던 창평군. 이런 중요한 두 인물의 이동을 결정할 수 있는 유일한 인물. 그는 바로 당시 진나라 왕인 영정입니다. 그렇다면 영정은 왜 이런 결정을 내렸을까요? 왜 그 둘을 초나라의 옛 도성인 영진으로 불러 모았을까요? 역시나 기존 사료나 앞서 출토된 유물로는 해답을 얻을 수가 없습니다. 다시 새로운 해결방법을 모색해 보도록 하겠습니다.

🂡 카드 섞기

새로운 해결책을 찾기 이전에 여러분께 게임에 대해서 잠깐 언급할까 합니다. 갑자기 이런 이야기를 하는 이유는 고대사 연구를 하다 보면 과거의 미스터리를 해결하는 과정이 꼭 게임과 흡사하기 때문입니다. 포커 게임에 한번 비유해보겠습니다.

전 이 포커 게임 방식을 이용해 우리 앞에 놓인 미스터리를 해결하려고 합니다. 각 증거 사료를 한 장의 카드라고 하겠습니다. 포커도 카드를 잘 섞어야 게임이 재미가 있듯 저희도 각 증거 사료를 좀 섞어 보도록 하겠습니다. 그러면 여러 가지 조합이 나올 것입니다. 한정된 수량의 동일한 사료라도 이리저리 조합을 하다 보면 새로운 사실史實을 얻을 수 있을 것입니다.

저희는 앞서 《편년기》라는 새로운 사료의 출현 덕분에 한안에 대해 몰랐던 사실들을 유추해 낼 수 있었습니다. 그는 한나라의 왕이었고, 한나라 멸망 이후 적국인 진나라의 포로가 되어 영진으로 유배를 갔습니다. 이는 한나라 유민들을 자극했을 것입니다. 사료에 남아 있는 한안의 기록을 볼 때 진나라와 한나라의 역학관계를 고려해 봐야 하는 이유가 여기 있습니다. 창평군 역시 마찬가지입니다. 그는 진나라의 승상이라 진왕 영정과 무엇보다 밀접한 관계를 맺고 있었습니다. 그의 기록을 진나라 시각에서 바라봐야 하는 이유입니다. 반면 창평군이 초나라의 왕자 출신이기 때문에 진나라와 초나라의 역학관계 속에서도 살펴봐야 합니다. 그렇다면 《사기》〈진시황본기〉와 수호지에서 출토된 진간 《편년기》에서 진왕정 20년에서 21년 사이에 한안, 창평군과 관계된 기록을 찾아봅시다. 그리고 이를 바탕으로 5장의 카드를 만들어 섞은 후 몇 가지 조합을 만들도록 하겠습니다.

첫 번째 패

진왕정 20년, 한왕 안이 (영진의) □산으로 유배되었다.

二十年韓王安徙居(郢陳)□山. _진간《편년기》

두 번째 패

진왕정 21년, 신정에서 진나라에 대한 반란이 일어났다.

二十一年新鄭發生反秦叛亂. 《사기》〈진시황본기〉

세 번째 패

진왕정 21년, 한왕 안이 (영진의) □산에서 사망했다.

二十一年韓王安死(於郢陳□山). _진간《편년기》

네 번째 패

진왕정 21년, 창평군이 한왕 안이 죽은 곳(영진의 □산)으로 좌천되어 왔는데 용사들이 따랐다.

二十一年昌平君徙居韓王安死處(郢陳□山), 有敢死之士跟隨.
_진간《편년기》

다섯 번째 패

진왕정 21년, 창평군이 영진(□산)으로 좌천되었다.

二十一年昌平君被遷徙到郢陳(□山). 《사기》〈진시황본기〉

이렇게 사료를 서로 뒤섞어 재배열을 해보니 처음에는 별 상관이 없는 것 같던 사건들에서 연관성이 보이기 시작합니다. 이천 년가량 미스터리로 남아 있던 역사의 비밀을 알아낼 수 있을 것 같네요. 그럼 제가 지시하는 대로 패를 하나씩 내 보시죠.

먼저 첫 번째 패와 두 번째 패를 꺼내 보겠습니다. 진왕정 20년은 한안이 진나라의 포로가 되어 영진의 □산으로 유배된 지 3년이 되던 해입니다. 그리고 다음 해인 진왕정 21년에 신정에서 반란이 일어났습니다. 이는 한나라 유민들이 진나라에 대항해 일으킨 대규모 반란이었습니다. 그렇다면 첫 번째 패와 두 번째 패 사이에 아무런 연관이 없을까요? 좀더 자세히 살펴보겠습니다.

한나라는 전국시대 6국 가운데 진나라가 첫 번째로 멸망시킨 나라입니다. 사실 전국시대 당시 한나라는 약소국이었기 때문에 오래전부터 진나라의 속국이 되다시피 했습니다. 그러다가 진왕정 17년이 되어 진나라 대군의 공격을 받고 항복했습니다. 빨리 항복을 해서일까요? 진나라는 한왕과 기타 한나라 귀족들을 관대하게 처분합니다. 죽이거나 가산을 몰수하는 일이 없었죠. 장량 일가가 좋은 사례입니다. 장량의 집안은 다섯 왕을 섬겼고 승상도 상당기간 했었던 한나라 귀족 가문이었습니다. 한나라 멸망 이후에도 자신들의 옛 영지에서 노비를 300명이나 거느리며 살았습니다.

포로가 된 한안 역시 마찬가지였습니다. 처형되거나 유배되지 않고 신정 주변에서 계속 거주할 수 있었습니다. 이처럼 진나라가 관대하게 처분한 것은 한나라 유민들을 감싸 안음과 동시에 한나라 이외의 다른 5개국에도 분명한 메시지를 전하기 위함이었습니다. 순순히 항복하면 관대하게 처분해 주겠다는 것이지요. 이런 메시지는 각국의 전의를 약화시킬 수 있는 장점이 있었습니다.

그로부터 3년 후 진나라는 한안을 신정에서 영진의 □산으로 이송했습니다. 진나라가 왜 한안을 영진으로 이송했는지에 대해 사서에는 아무런 기록이 없습니다. 그렇다면 전후 사정을 바탕으로 추론해보겠습니다. 사서에 따르면 진왕정 17년 진나라는 한나라를 멸망시키고 이듬해 조나라 수도 한단을 함락했습니다. 이로써 진나라의 전국통일 작업이 가속화됩니다. 그런데 진왕정 20년에 중국 역사상 매우 유명한 사건이 발생합니다. 연나라 태자 희단이 자객 형가를 보내 진왕 영정을 암살하려 한 것입니다. 비록 형가의 암살시도는 미수로 끝나기는 했지만 영정은 심리적 타격을 입었습니다. 이 사건 이후 영정은 각 제후국에 대한 경계수위를 높였습니다. 특히 각 제후국의 왕족에 대해 가혹한 보복을 하기 시작합니다. 형가의 암살 미수 사건이 있던 그해 영정은 연나라에 보복 공격을 가했습니다. 이듬해 진나라는 연나라의 도성인 계성薊城(오늘날의 북경)을 함락한 후 연나라 귀족을 처참하게 도륙했습니다.

이후 진왕 영정은 한나라에 대한 포용정책도 전면 수정합니다. 그 첫 번째 조치가 바로 한안의 영진 유배였습니다. 망국의 왕인 한안을 한나라 영지에서 격리시켜 한나라 유민과의 접촉을 단절시킴으로써 재기의 꿈을 꾸지 못하도록 한 것입니다. 하지만 한나라가 연나라와는 달리 진나라에 극렬한 저항을 하지 않았다는 점을 고려해 원지 유배가 아닌 한나라 영토와는 비교적 인접한 영진으로 유배 보냈습니다.

하지만 이후 사태는 진왕 영정의 의도와는 전혀 달리 진행되었습니다. 멸망 이후에도 한나라 유민들의 저항의지나 조국 부흥의 열망은 조금도 꺾이지 않았습니다. 암암리에 진나라에 대한 저항 운동은 계속되었습니다. 한안의 유배는 겉으로 드러나지 않던 한나라 유민의 저항 운동을 가열시키는 도화선이 되었습니다. 그리고 한안이 유배된 이듬해 신정에서 대규모 저항 운동이 발생하게 됩니다.

이상이 첫 번째 패와 두 번째 패를 조합해 살펴본 새로운 사실들입니다. 첫 번째 패와 두 번째 패의 기록은 겉으로 보기에는 매우 평범한 내용이었지만 그 배후에는 매우 복잡한 이야기가 얽혀 있었습니다. 그럼 세 번째 패는 어떨까요? 첫 번째 패와 두 번째 패에 등장한 역사의 흐름에 기초해 세 번째 패를 살펴보도록 하겠습니다.

세 번째 패

진왕정 21년, 한왕 안이 (영진의) □산에서 사망했다.

二十一年韓王安死(於郢陳□山). _진간《편년기》

한나라 유민들은 한나라를 부흥시키기 위해 옛 도읍지인 신정에서 저항 운동을 계속했습니다. 하지만 부흥운동에는 구심점이 필요한 법입니다. 따라서 한나라를 부활시키려면 한왕을 옹립해야 했죠. 그럼 상상해 볼까요? 옹립하고자 하는 한안이 진나라 군대의 관할 속에 있긴 하지만 자신들과 멀지 않은 영진에 유배되어 있습니다. 신정에서 저항을 시작한 한나라 유민들은 한안의 재옹립을 위해 구출 계획을 짜서 시행에 옮겼을 것입니다. 물론 사료에 기록된 것이 아니라서 그 실제 시행 여부나 사태의 상세한 추이 상황은 알 수 없습니다. 다만 분명한 사실은 한나라 유민들의 부흥운동은 철저히 사전 진압당했으며 한안도 이후 죽었다는 것입니다.

그의 죽음에는 두 가지 가능성이 있습니다. 하나는 그가 반란에 가담하여 진나라에 저항하다 죽었을 가능성입니다. 다른 하나는 신정에서 발생한 대규모 반란 이후 한나라 유민들이 조국 부흥을 위해 그를 다시 왕으로 옹립하고자 했기 때문에 그 저항 의지를 사전에 꺾기 위해 영정이 처형했을 가능성입니다.

한안의 죽음과 신정의 난이 연관이 있다면 신정에서 발생한 한나라 유민의 저항운동은 인근 지역에 상당한 영향력을 미쳤을 것입니다. 그리고 이 시점에 창평군이 한안이 죽은 영진으로 좌천되었습니다. 그렇다면 창평군의 영진행과 신정의 난, 한안의 죽음이 서로 관련이 있다고 생각할 수 있지 않을까요? 네 번째 패와 다섯 번째 패를 통해 이 부분을 추적해보겠습니다.

네 번째 패
진왕정 21년, 창평군이 한왕 안이 죽은 곳(영진의 □산)으로 좌천되어 왔는데 용사들이 따랐다.

二十一年昌平君徙居韓王安死處(郢陳□山), 有敢死之士跟隨.

_진간《편년기》

다섯 번째 패

진왕정 21년, 창평군이 영진(□산)으로 좌천되었다.

二十一年昌平君被遷徙到郢陳(□山).《사기》〈진시황본기〉

    같은 듯하면서 다른 이 두 장의 패를 잘 조합해 보겠습니다. 당시 영진 지역은 초나라의 옛 도읍지였던 터라 진나라에 함락된 이후에도 진나라에 저항하는 초나라 유민들의 반란이 끊이지 않았습니다. 이곳은 전국 각지의 반진反秦 인사들의 아지트가 되었습니다. 앞서 잠시 언급했던 장량도 한나라가 멸망한 이후 이곳에서 진나라 저항활동을 했던 적이 있습니다. 진나라에 저항하면서 스스로 왕이라 칭한 장이張耳[17]와 그의 벗 진여陳餘[18]도 위가 멸망한 이후 이곳에 잠시 은거하며 활동했었습니다. 진나라 말기, 진승陳勝과 오광吳廣의 난 이후 그들은 진나라 말기 진승이 세운 왕조인 장초정권張楚政權의 수도를 이곳에 정하기도 했습니다.

    물론 다 한참 후의 일들이지만 이 사실만으로도 초나라 유민들이 거주하던 영진 지역에 반진 분위기가 팽배했었음을 알 수 있습니다. 따라서 신정에서 일어난 저항운동이 영진에까지 영향을 미치면서 진나라 조정으로서는 어떻게 이 지역에 거주하는 초나라 유민들을 안정시키느냐가 큰 과제였습니다.

    창평군은 진나라의 승상이었던 만큼 진나라에서 상당한 권세를 가지고 있었습니다. 그리고 왕실 혈통을 가진 초나라 왕자였기 때문에 초나라에도 어느 정도 영향력이 있었을 것입니다. 한안의 죽음과 영진 지역의 불안정이 겹친 시점에 영정이 굳이 창평군을 영진 지역으로 보낸 것은 바로 창평군이 가진 특성을 활용해 한안의 사후처리를 해서 영진지역을 안정시키는 한편, 신정 지역의 반군활동을 진압하기 위함이었습니다. 지역 민심 안정이 무엇보다 필요했던 시점이었죠.

이상의 내용은 진한시대의 권위자로 저명한 역사학자인 전여경田余慶 선생의 연구 결과를 바탕으로 추정한 내용입니다. 전여경 선생은 진왕 영정이 신정의 난과 영진 지역 초나라 유민 안정에 적극적으로 대응했다고 파악했습니다. 그는 일리 있는 분석을 상당히 많이 내놓았습니다. 하지만 전여경 선생도 창평군의 전반기 생애에 대한 감을 잡지 못한 상황에서 이런 분석들을 내놓았던 것입니다. 따라서 저희가 이미 밝힌 창평군의 전반기 생애의 윤곽을 바탕으로 좀더 심도 있게 접근해보겠습니다.

이미 언급했듯이 승상 창평군의 영진 부임은 좌천이나 다름없었습니다. 네 번째 패에서 그가 영진 □산으로 부임할 때 용사들이 따랐다고 했습니다. 여기 등장하는 용사들의 신분은 두 가지로 해석할 수 있습니다. 단순한 창평군의 수행 시종일 수가 있고, 다른 하나는 진왕의 명을 받고 창평군을 감시하기 위해 파견된 인물들일 수도 있습니다. 어찌 되었건 승상이었던 창평군이 도성인 함양을 떠나 영진으로 좌천된 데에는 초나라 유민 안정이라는 표면적 이유 외에 다른 이유가 있는 듯합니다. 그렇다면 그 다른 이유는 도대체 무엇일까요? 다시 추적해 볼까요?

이 이유를 알아내려면 새로운 패, 즉 여섯 번째 패를 사용해야 할 것 같습니다. 그 패는 《사기》〈진시황본기〉에 등장하는 아래 기록입니다.

여섯 번째 패
진왕정 21년, 왕전이 노쇠하고 신병을 이유로 귀향을 청하다.
二十一年王翦謝病老歸. 《사기》〈진시황본기〉

진왕정 21년, 신병을 이유로 사직한 뒤 고향으로 돌아간 진나라 대장군인 왕전. 이 여섯 번째 패를 어떻게 해석해야 할까요? 앞서 봤듯이 신정의 난과 한왕 안의 죽음, 창평군의 영진 좌천은 모두 진왕정 21년에 일어난 사건입니다. 그리고 위 여섯 번째 패의 기록처럼 왕전 장군 역시 이해에 병을 칭하고 고향으로 돌아갔습니다. 같은 해에 발생한 네 가지 주요 사건. 서로 연관이 있지 않을까요?

왕전의 사직에 대한 《사기》〈진시황본기〉의 기록이 너무 간략하므로 비교적 상세히 기록되어 있는 《사기》〈왕전열전 王翦列傳〉을 살펴보겠습니다. 자초지종은 이랬습니다. 왕전은 빈양 頻陽 사람으로 진나라 말기 백기와 어깨를 나란히 하는 진나라 최고의 명장이었습니다. 진왕 영정 재위 시절, 왕전은 대장군으로서 여러 차례 출정해 6국을 정벌한 혁혁한 전공을 세웠습니다. 왕전 일가는 3대가 진나라 장수로 활약했습니다. 아들 왕분 王賁, 손자 왕리 王離

역시 진나라 명장으로 천하에 명성을 떨쳤을 정도로 그는 진나라 군부에서 가장 명망이 높은 핵심인물이었습니다.

진왕정 20년, 연나라 태자 희단이 형가를 파견해 진왕을 모살하려 했던 사건이 발생하자 영정의 명을 받들어 연나라 군대를 공격해 대승을 거둔 장수도 바로 왕전이었습니다. 왕전의 지휘 하에 진행된 연나라 정벌전은 2년간 계속되었고, 결국 연나라 수도인 계성을 함락했습니다. 연나라 정벌전에서 왕전의 부하이자 소년장군이던 이신李信은 과감한 돌격과 뛰어난 전투능력으로 눈에 띄는 활약을 펼쳤습니다. 군대를 이끌고 적진 깊숙이 들어가 연나라 태자 희단의 수급을 진왕 영정에게 바친 것이죠. 희단은 형가 사건의 주모자이기 때문에 희단의 목을 벤 이신은 영정의 주목을 받게 됩니다.

연나라를 멸망시킨 진나라는 다음 목표에 대한 공략을 준비했습니다. 당시에 한나라는 이미 멸망했고 조나라는 수도 한단이 함락당한 뒤라서 금방이라도 멸망할 상태였기 때문에 진나라는 남방의 강국 초나라를 정벌하기로 했습니다. 문제는 초나라 공략을 둘러싸고 진나라 조정 내에 이견이 나오기 시작한 것입니다. 당시 초나라는 이미 쇠약할 대로 쇠약해진 상태였기 때문에 영정은 속전속결로 점령할 수 있다고 생각했습니다. 왕전이 이끄는 진나라 주력이 연나라를 공격하는 동안 왕전의 아들 왕분이 이끄는 별동대가 이미 초나라에 대한 탐색전에서 대승을 거두었기 때문에 큰 어려움이 없다고 판단한 것입니다.

영정의 이런 자신감은 초나라 정벌을 끝내고 천하 통일을 하기 위한 조정회의에서 그대로 반영되었습니다. 영정은 이신에게 "초나라를 공략하는데 군사가 어느 정도면 되겠는가?"라고 묻자 젊고 패기가 넘치는 이신은 "20만이면 족하옵니다"라고 대답했습니다. 왕전에게 "왕장군은 어떻게 보시오?"라고 묻자 왕전은 신중하게 생각하더니 "필히 60만은 되어야 하옵니다"라고 대답했습니다.

60만이라는 숫자는 진나라 입장에서 전병력을 총동원한 규모였습니다. 그만큼 왕전은 국가 총력전이 아니면 초나라를 멸망시키기 어렵다고 판단했습니다. 연이은 승리에 자신감이 넘치던 영정은 피식 웃으며 "왕장군이 연로하더니 담이 작아지셨소이다"라며 놀렸습니다. 그리고는 "이장군의 패기가 마음에 드오. 과인도 그리 생각하오"라며 이신을 지지했습니다. 친정을 행한 지 여러 해 지나 거칠 것이 없던 34세의 영정은 조정회의 전에 이미 초나라 공략 방안에 대해 충분히 구상을 끝내고 누굴 쓸지도 염두에 두었던 듯합니다. 그래서 이신을 대장으로 한 20만 초나라 정벌군이 출정하게 되었고, 파직된 왕전은 고향으로 돌아가 노년을 보내도록 했습니다.

여기서 잠깐 초나라 정벌을 둘러싼 진나라 조정 회의를 들여다봅시다. 이 회의는 사안이 사안이니만큼 진나라 조정의 모든 주요 대신과 군부의 장수들이 다 출석했을 것입니다. 당시 우승상으로 재직 중이던 창평군도 참석을 했을 테고요. 하지만 사서에는 조정 내 핵심인물이던 창평군이 초나라 정벌전과 관련된 어떤 입장을 취했는지 전혀 기록이 남아 있지 않습니다.

지금까지 나온 흐름대로라면 사서에 기록되지 않은 이 사건에도 분명 무슨 배후가 있을 것입니다. 사서에 기록되어 있지 않다고 사건 자체가 발생하지 않은 것은 아니까요. 그럼 어떤 입장을 취했을지 한번 생각해보겠습니다. 먼저 초나라가 그의 고국이라는 점, 초고열왕의 서자라는 점, 당시 재위 중인 초나라 왕 부추가 그의 이복형제라는 점 등을 고려해야 합니다. 혈연이라는 관점에서 보면 초나라 정벌은 자신의 조국을 멸망시키는 일이자 친가 일족이 멸문지화를 입는 일이었습니다. 하지만 그는 진나라 승상이었습니다. 진나라 조정 핵심이던 초나라 왕자 창평군. 그의 출세에 도움이 되었던 신분이 이제는 짐이 되어 버린 것입니다.

이런 미묘한 상황과 시기에 창평군이 왕전과 함께 함양에서 내쫓기듯 좌천되고 용사들이 그를 따랐습니다. 그리고 훗날 이야기지만 그가 진나라에 등을 돌린 후 항연項燕[19]에 의해 초왕으로 옹립된 사실 등을 고려하면 이런 추측을 할 수 있습니다. 창평군은 초나라 공략에 있어서 영정과 상반된 입장이었다고 말이죠. 오히려 신중한 준비를 강조한 왕전과 같은 입장이었을 것입니다. 심지어는 단순히 완곡하게 반대하는 정도가 아니라 영정의 의견에 강경하게 맞서다가 영진으로 좌천되었을 가능성도 있습니다.

영정의 입장에서 보면 창평군의 좌천은 그에게 일거양득의 성과를 가져다주었습니다. 우선 창평군을 보내 신정의 난과 한안의 죽음으로 발생한 영진 지역의 혼란을 잠재울 수 있었습니다. 그리고 이 기회를 빌어 노쇠한 왕전, 창평군을 권력의 핵심부에서 밀어내고 이신을 중심으로 한 신진 세력을 전면에 내세우는 물갈이를 할 수 있었습니다. 어쨌거나 이렇게 좌천된 창평군은 영진에서 어떤 행보를 보였을까요? 함께 살펴보도록 합시다.

숨겨진 진실

진왕정 22년 기록에는 창평군이 영진으로 좌천되었다고 했는데, 이듬해 기록에는 전혀 언급이 없습니다. 그러다가 진왕정 23년에 다시 《사기》〈진시황본기〉에 등장합니다.

> 형의 장수 항연이 창평군을 형왕으로 옹립하고 회남에서 진나라에 저항했다.
> 荊將項燕 昌平君爲荊王, 反秦於淮南.

원래는 초라고 해도 되는데 영정의 부친인 장양왕 자초의 이름에 같은 글자가 들어가기 때문에 이를 피하기 위해 초나라를 형이라고도 했습니다. 항연은 항우의 조부로 당시 초나라의 대장군이었죠. 회남은 회북과 회하 지역을 통틀어 가리켰습니다. 여기서 주목할 점은 창평군이 영진에 부임하고 회화 주변에서 초왕으로 옹립된 후 진나라에 반기를 들었다는 기록입니다. 그가 왜 반란을 일으켰으며 언제쯤 항연의 추대를 받았고 언제 영진을 떠나 회하 지역으로 갔을까요? 역시나 사서에 전혀 기록이 남아 있지 않기 때문에 더욱 궁금증을 불러일으킵니다.

같은 사서에서 같은 인물에 대한 의구심 가득한 기록이 연이어 나타나게 되면 의혹의 눈초리를 보내지 않을 수 없습니다. 사서에서 창평군에 대해 성실하고 세세하게 제대로 기록한 것인지, 아니면 뭔가 말 못할 고충이 있어 이런 의문투성이의 기록을 남긴 것인지, 그것도 아니면 고의로 누락하고 은폐한 것인지, 이런 의문점에 대한 해답을 찾아야 할 것 같습니다. 사서의 기록을 통해 이 해답을 찾을 수 있을까요?

네, 있습니다. 창평군이 영진으로 좌천된 해는 진왕정 21년, 항연이 그를 초왕으로 옹립한 해는 진왕정 23년입니다. 그 사이의 진왕정 22년은 공백으로 남아 있습니다. 진왕정 22년에 무슨 사건이 있었을까요? 바로 이신의 20만 대군이 초나라를 공격했으나 대패한 사건이 있었습니다. 이 패전과 관련한 사서의 기록이 뭔가 진상을 은폐하려는 모습을 보이는데요. 어떻게 은폐하려 했는지 파헤쳐 볼까요?

《사기》〈진시황본기〉의 진왕정 22년 기록은 딱 다음 한 줄 뿐입니다.

> 왕분이 위나라를 공격했다. 강을 끌어들여 대량성을 수몰시켜 함락했다. 이후 위나라 왕이 항복하고 모든 영토를 복속시켰다.
> 王賁攻魏, 引河灌大梁, 大梁城壞, 其王請降, 盡取其地.

같은 사건이 진나라 시대 죽간인 《편년기》에도 보입니다.

위나라 대량성을 공격했다.
攻魏梁

《사기》〈진시황본기〉는 사마천이 진나라 조정의 공식 사서인 《진기》를 기반으로 작성한 것이기 때문에 공식자료라고 할 수 있습니다. 그리고《편년기》의 기록도 진나라의 말단 관리가 진나라 중앙 정부의 문서를 베낀 것이기 때문에 역시 공식 기록입니다. 핵심은《사기》와《편년기》같은 공식 기록에는 이신이 초나라 공략에 실패한 내용이 전혀 나오지 않는다는 것입니다. 기록이 없다고 사마천을 탓할 수만은 없습니다. 왜냐하면 그 역시 진나라 조정의 사관이 기록한《진기》를 바탕으로《사기》를 기록했기 때문에 진나라 사관이 진상을 숨겨 기록하면 달리 방법이 없으니까요. 진나라 사관 역시 다른 왕조의 사관들과 마찬가지로 왕실의 명예를 욕되게 하지 않는 입장에서 당대 사건들을 평가하고 이해관계를 따져 기록했기 때문에 불리한 내용은 기록하지 않고 유리한 내용만 기록하기도 했습니다.

그런 관점에서 위의 기록을 보면 어느 정도 이해가 됩니다. 위나라를 공략해 멸망시킨 사건은 진나라의 승리로 끝났기 때문에 당연히 대서특필해 백성들에게 크게 알려야 했습니다. 하지만 진나라가 패한 내용은 철저히 비밀에 부쳐 사건을 애써 축소해야 했습니다. 아주 없던 일로는 못하고 최대한 가볍게 언급하는 선에 그친 것입니다. 진나라의 명예를 지키면서 사관의 임무를 완전히 저버리지 않는 선에서 타협한 것입니다. 이런 사서 기술 방식은 역대 왕조에서 채택하던 일반적 사서기술 방식이었습니다.

진나라 사관은 진왕정 22년 이신이 초나라를 공략했다가 대패를 한 사건을 《진기》에 명확히 기록하지 않았고, 진나라 조정 역시 비밀에 부쳤습니다. 하지만 진상을 완전히 감추지는 못했습니다. 《사기》〈왕전열전〉을 보면 왕전이 파면된 후 고향으로 돌아와 진왕이 이신을 대장, 몽무를 부장으로 20만 대군을 둘로 나눠 초나라를 공격했다고 말한 기록이 있습니다. 그러나 실상 몽무가 부장으로 초나라를 공략했다는 부분은 《사기》〈왕전열전〉에는 몽염으로 잘못 기록되어 있습니다. 《육국연표六國年表》와 《사기》〈몽염열전蒙恬列傳〉을 보면 초나라를 공략한 것은 몽무라고 나오는데, 당시 몽염은 아직 장수로 발탁되기 이전이었기 때문입니다.

어찌 되었건 이신의 부대는 영진 남쪽 지역인 평여현平輿縣(오늘날 하남성 평여 북쪽 지역)을 공략했고, 몽무의 부대는 영진의 동남부 지역인 침현寢縣(오늘날 안휘성 임천)을 공략했습니다. 강력한 진나라 대군의 공격 앞에 초나라는 대패했습니다. 하지만 이때 이해하기 어려운 일이 벌어집니다. 승기를 탄 이신의 군대가 동쪽으로 침투하여 계획대로 초나라 도읍인 수춘壽春(오늘날 안휘성 수현)을 공격하지 않고 서쪽으로 군사를 돌려 퇴각한 것입니다. 그러고는 진나라 영토 내의 영진을 공격했습니다. 이신의 부대뿐 아니라 몽무가 이끄는 진나라 군대 역시 회군하여 합세했습니다. 이들이 회군하여 영진을 공격하는 틈을 타 한 무리의 초나라 군대가 후방을 기습했는데 삼일 밤낮으로 공격을 퍼부었습니다. 결국 이신군은 장수 일곱 명을 잃고 군사를 크게 잃는 참패를 당했습니다.

천하 통일 *191*

이 패배는 진나라가 전국시대 동안 당해 본 적 없는 대패였습니다. 그랬기 때문일까요? 이 전쟁의 전개 상황에 대하여 《진기》에는 기록이 없습니다. 그럼 《사기》〈왕전열전〉에는 왜 등장할까요? 왕전이 다시 대장군으로 복귀하려는 이유를 설명하려고 했기 때문입니다. 역사적으로 복잡하게 얽힌 사건의 진상 속에는 숨겨진 이유가 있습니다. 지금까지 저희가 살펴본 내용도 그랬고, 이신의 대패에 대한 기록 누락도 마찬가지입니다. 사실 그의 패배를 숨기려고 했던 데에는 전에 없던 대패였기 때문이라는 이유 외에 더 큰 이유가 있었습니다. 과연 무엇일까요?

이신의 20만 대군이 초나라를 공격하던 당시로 돌아가 보겠습니다. 당시 초나라 정벌군은 영진을 전진기지로 해서 두 부대로 나눠 출동했습니다. 이신이 영진의 남부인 평여현을 공격하고 몽무가 영진의 동남부인 침현으로 진격했다고 했습니다. 기세가 등등했던 만큼 처음에는 승전보를 올렸습니다. 그 순간 이신이 군대를 돌려 자신들의 전진기지인 영진을 공격했습니다. 계속 초나라를 공격하지 않고 갑자기 군대를 돌려 자신들의 전진기지를 공격한 데에는 예상치 못 한 사건이 발생했기 때문입니다.

이 궁금증을 해결하기 전에 다음 질문에 먼저 답해보도록 하겠습니다. 이신이 초나라를 공격할 때 창평군이 어디 있었을까요? 이미 앞서 살펴봤습니다. 진왕정 21년 영진으로 좌천되어 온 창평군은 진왕정 23년에 회북으로 이동해 반란을 일으켰다고 말입니다. 따라서 진왕정 22년에 이신이 초나라를 정벌할 때는 분명 영진에 있었을 것입니다. 그렇다면 그때 창평군은 영진에서 무엇을 하고 있었을까요? 저는 그가 진나라에 반기를 들었다고 봅니다.

역사학자인 전여경 선생은 자신의 연구에서 이를 분석했습니다. 진왕정 22년 이신과 몽무가 이끄는 진나라 군대는 영진의 남부와 동남부 지역에서 초나라 군대를 쳐부순 승세를 타고, 초나라 도읍인 수춘으로 공격해 들어갈 준비를 하고 있었습니다. 초나라 함락을 눈앞에 둔 그 시점에 영진에 있던 창평군이 진나라에 반기를 들고 진군秦軍의 후방을 끊어버립니다. 그 때문에 초나라를 공격하던 이신의 부대는 초나라에 대한 공격을 멈추고 영진을 공격했습니다. 결국 앞뒤로 협공을 받은 이신의 진나라 부대는 대패했습니다.

이렇게 창평군이 영진에서 진나라에 반기를 들어 이신의 군대가 협공을 받아 무너졌다고 이야기를 재구성해 보니 의문이 어느 정도 풀립니다. 왜 이신과 몽무가 영진 부근에서 승기를 타서 초나라를 공격하지 못하고 회군해 영진을 공격했으며 참패를 당했는지 말입니다. 여기까지 살펴보면 진나라 사서 《진기》가 진왕정 22년에 발생한 사건들 가운데 최소한 두 가지 중요한 사건을 감추고 있음을 알 수 있습니다. 하나는 창평군이 영진에서 진나라에 반기를 든 사건, 다른 하나는 이신의 부대가 대패해 회군한 사건입니다. 진나라의 승상이었던 초나라의 왕자 창평군의 반란과 초나라를 멸망시키려던 이신이 이끄는 진나라 군대의 대패 때문에 명장 왕전은 복귀해야 했습니다.

왕전의 복귀

이신군의 대패 소식에 대로한 영정은 빈양으로 귀향해 은거하고 있던 왕전을 직접 찾아갑니다. 이에 대해《사기》〈왕전열전〉은 다음과 같이 상세하게 기록하고 있습니다.

왕전을 직접 찾아간 영정은 먼저 고개 숙여 미안함을 표시한 후 "과인이 그대의 충고를 받아들이지 않아 이런 참혹한 결과를 얻었구려. 이신이 당한 대패는 진나라의 수치외다. 지금 초나라가 승리한 기세를 타고 우리 진나라를 압박하고 있소. 사태가 급박하니 비록 몸이 여의치 않더라도 그대가 나서주셨으면 하오. 이대로 수수방관하며 과인이 홀로 적들을 상대하느라 고심하도록 두지 마시오"라며 왕전의 복귀를 요청했습니다. 하지만 왕전은 "노신, 병이 깊어 그 같은 중임을 맡을 수 없사오니 전하께서는 다른 뛰어난 장수를 물색하심이 좋을 듯하옵니다"라며 사양했습니다. 그러자 영정은 더 왕전의 의사는 들을 필요 없다는 듯이 "과인이 이미 이렇게까지 이야기를 했으니 더는 긴말 말고 따르시오"라며 명령했습니다.

왕전은 누구보다 영정을 잘 이해하고 있는 인물이었습니다. 영정은 일단 등용하기로 한 인재에게는 누구에게든 공손히 허리 숙이며 겸손한 어조로 자신을 보좌해 줄 것을 요청했습니다. 하지만 그 내면에는 군주인 자신의 호의를 무시해서는 안 된다는 의미를 내포하고 있었기 때문에 거절을 할 경우에는 가혹하게 처단했습니다. 왕전은 이점을 잘 알고 있었습니다.

영정의 입장에서 왕전의 의견을 무시하고 자기 고집대로 하다가 대패했고, 자신이 내친 창평군이 반기까지 들었기 때문에 자존심에 큰 상처를 입은 상태였습니다. 이점을 꿰뚫어 보고 있던 왕전은 영정의 이번 출사 요청이 실질적으로는 협박이나 다름없다는 점도 잘 알고 있었습니다. 군왕인 자신이 친히 요청했음에도 감히 신하된 자가 따르지 않느냐는 무언의 압박이었던 것입니다.

이 순간 왕전의 머릿속에서는 과거 대장군이었던 백기와 자신, 진소왕과 영정의 모습이 겹쳐졌을 것입니다. 진소왕 시대 혁혁한 전공을 세운 상승장군常勝將軍 백기는 조나라 공략을 둘러싸고 진소왕과 대립하다가 결국 파면되었습니다. 조나라에 대패한 연후에야 소왕은 자신의 실책을 깨닫고 다시 친히 백기를 찾아가 다시 대장군으로 돌아와 출정해 달라고 요청했습니다. 하지만 백기는 병을 이유로 거절했습니다. 분노한 소왕은 백기를 삭탈관직하고 사사賜死했습니다. 이런 전례가 떠오르자 왕전은 더 사양하지 않고 "전하께서 꼭 저를 기용하시겠다면 신이 이미 말씀드린 대로 군사 60만을 동원하도록 해 주시옵소서"라고 말했습니다. 왕전의 대답을 들은 영정은 그 자리에서 승낙했습니다. 이후 영정은 초나라를 함락하기 위해 왕전을 대장군으로 한 60만 대군 동원령을 내렸습니다.

대장군에 재임명된 왕전은 진나라에 총동원령을 내려 60만 군대를 징발하여 전선에 투입했습니다. 영정은 왕전이 함양에서 출정할 때 함양 서부 외곽 지역인 파상灞上까지 친히 배웅했습니다. 그만큼 왕전에게 거는 기대와 신뢰가 컸습니다. 그런데 출정을 하는 바로 그 순간 왕전은 영정에게 다소 엉뚱하다 할 수 있는 요

천하 통일 *195*

청을 했습니다.

자기 앞으로 전답田畓을 하사해 달라고 한 것입니다. 그러면서 미리 준비라도 한 것처럼 함양 일대의 어느 전답과 저택을 하사해달라고 지정했습니다. 영정은 지난 패배를 설욕하고 초나라를 멸망시켜 천하를 통일하기 위해 군주의 이름을 걸고 약속을 했습니다. "왕장군, 그런 재물 따위 신경 쓰지 마시오. 내 이번 전쟁이 끝나면 모두 그대에게 드리리다. 초나라 정벌에만 집중해 주시오." 한마디로 달라는 대로 줄 테니 신경 끄고 전쟁에서 승리만 하라는 것이었습니다.

하지만 우직하고 눈치 없던 왕전은 구구절절 사정을 이야기하며 다시 요청합니다. "신, 전하의 영을 받잡고 군사를 이끌고 출정해 여러 차례 공을 세웠사옵니다. 허나 여태껏 열후에 책봉받지도 못했습니다. 전하께서 저를 다시 중용하시는 지금에라도 후대를 위해 전답과 저택은 약속받고 싶사옵니다." 왕전의 끈질긴 요구에 영정은 크게 웃으면서 별수 없다는 듯이 약속했습니다.

영정의 윤허를 받고서야 왕전은 기쁜 마음에 출정했습니다. 하지만 함곡관函谷關에 도착한 왕전은 또다시 사자를 함양으로 파견해 영정에게 전답을 추가로 더 달라고 청했습니다. 이후 무려 5차례나 이런 요청을 계속했습니다. 왕전의 그런 모습에 측근 수하들도 난감해하며 "장군, 다소 지나치신 것이 아닌가 하옵니다"라며 만류했습니다. 그러자 왕전이 의미심장한 말을 했습니다. "자네들이 뭘 잘 모르는구먼. 내가 이리 요청하는 데는 다 이유가 있다네. 전하는 겉으로는 도량이 넓어 보이시나 실질적으로는 의심이 많으셔서 쉽게 누구를 믿는 분이 아니시네. 지금 진나라 모든 병력이 내 명령에 따르고 있는 마당에 만약 내가 전답과 저택이라도 요청하지 않는다면 전하는 분명 날 의심하실 것이야."

확실히 백전노장은 백전노장이었습니다. 왕전은 영정의 속마음을 완전히 꿰뚫어 보고 자신의 충성심을 확인시키려 일부러 그랬던 것입니다. 왕전의 이런 처세술은 시사하는 바가 큽니다. 즉 강력한 중앙집권체제가 운용되는 전제왕조에서는 반란의 가능성이 늘 있기 때문에 누구든지 군왕의 의심을 받을 수 있다는 것입니다. 이는 동서고금의 이치였습니다.

영정 역시 왕전을 의심하고 불안해할 수밖에 없었습니다. 군주 입장에서 자신이 한 번 내쳤던 인물을 다시 대장군으로 불러들여서 전군의 지휘권을 맡겼으니 어찌 불안하지 않을 수 있겠습니까? 역사상에 군대를 이끌고 출정한 장수가 창끝을 거꾸로 들이대 정권이 교체된 일이 비일비재하지 않습니까? 영정 입장에서는 왕전과 창평군을 파면시키고 20만 병력으로 초나라를 공격하는 전략을 고집하다가 참패까지 당한 상황이었습니다. 자신의 왕위는 물론이요 진나라 전체의 운명이 이번 출정에 달려 있었습니다. 왕전을 재등용한 그의 결정은 엄청난 도박이었습니다. 다행히 왕전의 충성심이 여전했던 터라 영정의 마음을 충분히 헤아려 그 의심을 풀어 주었습니다. 물론 그렇다 하더라도 영정의 불안이 완전히 해소되지는 않았습니다.

왕전의 60만 진나라 군대가 초나라를 어떻게 공격했으며 어디에 집결했는지, 가장 먼저 어디를 공격했고 어느 지역 군대와 교전을 했는지 사서에는 기록된 바가 없습니다. 다만 《사기》〈진시황본기〉에는 다음의 한 마디만 나옵니다. 왕전이 출정한 이후 '영진 남쪽의 평여까지 점령했다取陳以南至平輿'라고만 말이죠. '진陳'은 다 아시다시피 영진을 가리키고, '평여平輿'는 영진 남부의 평여현을 지칭합니다. 바로 한해 전에 이신이 이끄는 20만 진나라 군대가 초나라를 공격할 때도 영진에서 출정해 평여를 점령한 후 갑자기 회군했었습니다. 왕전 역시 이신과 같은 노선을 따라 초나라를 공격한 듯합니다. 즉 영진을 출발해 평여를 점령한 후 동쪽으로 진군해 초나라 도읍인 수춘으로 공격했던 것입니다.

하지만 한 가지 염두에 둘 사항이 있습니다. 이신의 패배 이유 말입니다. 이신은 영진에서 창평군이 반란을 일으켰기 때문에 패배했습니다. 이후 영진과 그 주변 지역은 초나라 세력권에 흡수되었고 초나라는 진나라 공격의 전초기지로 영진을 활용했습니다. 따라서 왕전의 60만 대군은 초나라 점령을 위해 반드시 영진을 탈환하고, 창평군의 반란군도 섬멸해야 했습니다. 하지만 아쉽게도 이즈음 진나라와 초나라 양측 군대의 동향은 물론이고 창평군과 왕전, 양측 장수가 맞붙은 기록이 없습니다. 왕전 군대와 창평군 군대는 무조건 충돌할 수밖에 없었음에도 사서에 전혀 기록이 없다는 사실은 좀 이상합니다.

감춰진 전쟁

사서에 기록되지 않은 역사, 이 유실된 역사를 다시 확인해보려면 그 증거가 우리 앞에 등장하기를 기다리는 수밖에 없습니다. 다행히 기다림이 헛되지 않았는지, 새로운 증거가 출토되어 우리 앞에 모습을 드러냈습니다. 바로 앞서 언급한 호북성 운몽현 수호지 유물입니다.

수호지에서 발굴된 여러 기의 묘지 가운데 4호기 진묘에서 진나라 병사가 쓴 편지 두 통이 나왔습니다. 이 두 통의 편지는 중국 역사에서 현존하는 가장 오래된 가신家信(집에서 온 편지, 혹은 집으로 보낸 편지)입니다. 이 두 통의 가신이 쓰인 시점이 절묘하게도 왕전이 출정한 진왕정 24년이었고 발신지도 진나라와 초나라가 교전한 영진 지역이었습니다. 예상치 못한 증거의 발굴로 왕전의 진나라군과 창평군의 초나라군의 대결을 좀더 상세히 알 수 있게 되었습니다. 자, 그럼 가신을 세세히 살펴보면서 추적해 들어가 보겠습니다.

수신인은 두 통 다 '중中'이라는 사람이며, 발신인은 각각 '흑부黑夫', '경驚'이라는 인물로 수신인과 발신인은 형제였습니다. 중이 맏형으로 모친과 모든 가족을 부양하고 있었고, 첫째 아우인 경은 딸이 있었죠. 막내 흑부는 아직 미혼이었습니다.

먼저 막내인 흑부가 쓴 편지부터 살펴보겠습니다. 흑부는 맏형 중과 모친의 안부를 물었습니다. 그는 편지에서 얼마 전 회양 전선에서 둘째 형 경을 만났다면서 자기들은 잘 지내니 걱정하지 말라고 했습니다. 그리고는 어머니께 면사絲布로 여름옷을 좀 만들어 돈과 함께 부쳐달라고 했습니다. 흑부는 좀 세심한 성격의 소유자였습니다. 면사가 비싸서 구하기 어려우면 용돈만 부쳐 달라며 자신이 현지에서 면사를 사서 직접 여름옷을 만들어 입겠다고 했습니다. 흑부의 편지에는 가족에 대한 사랑이 물씬 풍겼습니다. 편지 끝 부분에 고모, 누이, 이웃집 사람들에 대한 안부도 묻고 둘째 형 경의 형수와 조카들도 챙겼습니다.

둘째인 경은 형인 중과 어머니의 안부를 물으면서 자기와 흑부, 둘 다 무사히 잘 복무하고 있다면서 가족들을 안심시켰습니다. 그 역시 흑부처럼 용돈과 면사 좀 부쳐 달라고 했고요. 동생인 흑부보다는 좀 꼼꼼하고 급한 성격이었는지 돈은 5~600냥 정도 부쳐주고, 면사는 2장 5척 이상 보내달라고 했습니다. 그리고 돈과 면사를 당장 보내주었으면 좋겠다고 했습니다. 경은 아빠가 된지 얼마 되지 않았던 터라 어린 딸아이 걱정이 많았나 봅니다. 형인 중에게 특별히 딸아이 양육을 부탁했습니다. 게다가 효성이 지극했는지 부인에게 어머니 잘 모시라고 당부까지 했습니다. 그리고 형인 중에게 고향 주변이 혼란스러우니 절대로 나다니지 말라고 당부했습니다. 그는 '자신이 속한 부대가 이미 반성(反城)을 함락해 지금은 회양성 내에 주둔하고 있다'며 당시 전황도 전했습니다.

이런 내용 외에는 누락되고 빠진 글자들이 꽤 있고 인명이 너무 많이 나와서 완전히 해독하기가 어려웠습니다. 그래도 많은 전문가가 매달린 끝에 대략적인 가족사항이나 전체적인 내용은 파악할 수 있었습니다. 저는 이 두 통의 편지를 보면서 한 가지 궁금한 점이 생겼습니다. 이 묘지의 주인공인 맏형 중은 왜 자신의 묘지에 동생들의 편지를 묻었을까요?

예전부터 묘지 부장품은 죽은 사람들이 생전에 아끼던 물품들이 대부분이었습니다. 다음 생애에서도 그 물품과 떨어지고 싶지 않다는 뜻이 반영된 것입니다. 이는 동서고금 상관없이 왕후장상이든 일반 백성들이든 다 마찬가지였습니다. 역사학자들은 경과 흑부 모두 이 편지를 부치고 나서 얼마 지나지 않아 전사했을 것으로 추정하고 있습니다. 그렇다면 이 편지 자체가 유서가 되어 버렸겠죠.

만약 그렇다면 남아 있는 가족에게 이 편지들은 무엇보다 소중했을 것입니다. 특히 가족의 가장이던 맏형 중에게는 그 의미가 더 컸을 것입니다. 그랬기 때문에 이 편지 두 통을 소중히 보관하다가 자기가 임종을 맞을 때 부장품으로 넣어달라고 요청했겠죠. 사후에라도 삼 형제가 함께 하겠다는 의미에서 말입니다.

막내 흑부의 편지는 진왕정 24년 2월에, 둘째 경의 편지는 그보다 다소 늦은 3~4월에 쓰인 것으로 보입니다. 날씨가 조금씩 더워지니까 여름옷을 보내달라고 했던 것 같고요. 이 두 통의 편지는 모두 회양 전선에서 보낸 것입니다. 그 속에는 당시 백성들, 특히 군인 가정의 모습이 생생히 드러날 뿐 아니라 일반 병사의 각도에서 진나라의 통일 전쟁이 있는 그대로 묘사되어 있어 그 가치가 매우 높습니다. 덕분에 미스터리처럼 여겨졌던 진나라와 초나라 사이의 전쟁에 대한 좀더 상세하게 알게 되었습니다.

흑부의 편지에 이런 언급이 있습니다. '저 흑부가 속한 부대가 회양으로 진격해 반성을 공략한 지 오랜 시간이 지났습니다.^{黑夫等 直佐淮陽, 攻反城久}' 회양은 곧 영진으로 성채가 회하의 북쪽에 있었기 때문에 회양으로 불렸습니다. 이 편지로 알 수 있는 사실은 반란군이 영진(회양)을 점령했기 때문에 반성(反城)이라 불렸으며 흑부가 속한 진나라 부대가 영진 포위전을 오랜 기간 펼쳤지만 편지를 부칠 때인 진왕정 24년 2월까지 함락하지 못했다는 것입니다. 경의 편지에서 '반성을 점령했습니다'라고 언급한 점에 비춰보아 3~4월쯤에 점령한 것으로 보입니다.

흑부와 경이 참전한 영진 수복전에 대해서는 사서에 언급이 없습니다. 어쨌든 이 편지들 덕분에 중요한 전쟁에 대한 대략적인 모습을 파악할 수 있게 되었습니다. 궁금증 하나가 해결되니 또 다른 궁금증이 생깁니다. 누가 흑부와 경이 속한 진나라 군대를 지휘했을까요? 그리고 그 대항군인 영진의 반란군 지휘자는 누구였을까요?

앞서 살펴봤듯 진왕정 22년 창평군은 영진에서 진나라에 반기를 든 후 초나라를 공략하던 이신의 진나라 군대가 회군하자 기습 공격하여 대승을 거두었습니다. 이후 초나라는 영진을 전진 기지로 해서 진나라를 공격했고요. 자존심이 크게 상한 진왕 영정은 어쩔 수 없이 친히 빈양을 찾아 자신이 내쫓았던 노장 왕전을 복귀시키고 60만 대군으로 초나라를 공격하게 했습니다. 당시 영진 지역은 창평군을 중심으로 한 초나라 반군의 세력권에 속해 있었습니다. 왕전은 이신이 택한 노선과 유사한 경로로 진군하여 영진 남부를 거쳐 동쪽으로 우회해 초나라의 수도 수춘을 직접 공략했습니다. 영진 남부를 거쳐 가야 하는 왕전의 진나라군 입장에서 첫 번째 목표는 영진에서 활동 중인 창평군의 초나라 반군이었습니다.

반성 영진을 공격한 흑부와 경은 왕전 휘하의 병사들이었을 것이고 그에 대항하는 영진의 반군 수장은 당연히 창평군이었을 겁니다. 양측의 공방은 진왕정 24년 3~4월까지 치열하게 이어졌습니다. 그러다가 결국 왕전의 진나라 군대가 영진을 함락하게 됩니다. 이것이 영진을 둘러싸고 왕전의 진나라군과 창평군의 초나라 반군 사이에 벌어진 공방전의 대략적인 모습입니다.

편지에서 알 수 있듯 진나라가 6국을 멸망시키고 천하를 통일하는 작업은 결코 바람이 낙엽을 휩쓸고 지나가듯 쉽게 이루어지지 않았습니다. 오히려 격렬한 고통을 감내해야 하는 작업이었습니다. 특히 진나라 입장에서 초나라를 정벌하는 작업은 일진일퇴를 거듭하는, 진나라 정국과도 연계된 힘든 싸움이었습니다. 단순히 역사책에 서술된 몇 글자만 보고 이해할 수 있는 수준이 아니었던 것입니다.

두 통의 편지가 출토되면서 기본적인 영진 공방전에 관한 진상이 드러났습니다만, 또 다른 궁금증들이 생겼습니다. 힘든 공방전 끝에 진나라 군대가 영진을 함락했는데, 이후 수성하던 초나라 군대는 어떻게 되었는지, 영진 공략군의 수장인 왕전과 영진 방어군의 수장인 창평군은 이 전투 이후 어떻게 되었는지 하는 문제들이 남아 있습니다. 진왕 영정 입장에서는 왕전이나 창평군이나 한때 자신의 측근으로 있던 자들이었기에 불안감을 가질 수밖에 없던 존재들이었습니다. 영정은 그들을 어떻게 처리했을까요.

🦌 마지막 승부수

진왕정 23년 왕전은 60만 진나라 군대를 이끌고 출정했습니다. 그는 앞선 이신의 패전이 가져다준 교훈을 참조하여 신중하게 전쟁을 수행했습니다. 그리고 천천히 진공하면서 초나라에 빼앗긴 옛 땅들을 하나씩 수복했습니다. 우선 영진 수부 지역의 영천을 안정시킨 다음 일부 병력을 빼내 영진을 포위한 뒤 주력을 대해 영진 남부의 평여를 공략했습니다. 영진을 포위·공격하던 진나라 군대와 영진 수비군은 지루한 공방전을 이어갔습니다. 반면 평여로 진공한 진나라 주력은 초나라 군대를 대파하고 승세를 몰아 동쪽으로 계속 공격해 초나라 도성 수춘을 함락하고 초왕 부추를 사로잡았습니다.

이후 영진을 함락하자 진왕 영정은 친히 점령지로 행차했습니다. 《사기》〈진시황 본기〉는 이를 다음 여섯 자로 기록했습니다. '진왕, 영진으로 행차하다秦王游至郢陳.' 왜 영정이 영진에 행차했으며 무엇을 했는지, 그리고 이후 어떤 행보를 보였는지 전혀 설명이 없습니다. 근거가 없기 때문에 추측해 볼 수도 없습니다. 다만 함양에서 느긋하게 기다리지 못할 만큼 영진 전선의 전황과 병권을 장악하고 있는 왕전이 불안했고, 진나라를 배신하고 초나라로 돌아간 당숙 창평군이 괘씸해 직접 전장을 챙기고자 했다는 정도로만 예상해 볼 뿐입니다.

영진을 방어하던 창평군은 어떻게 되었을까요? 아마 왕전이 이끄는 진나라 주력군의 공격으로 수춘성이 함락 직전이라는 소식에 영진에서 군사를 빼내 수춘을 구원하려 후퇴한 듯합니다.

그러다 초왕 부초가 진나라에 생포되었다는 소식이 전해지자마자 초나라 대장군 항연에 의해 초나라 왕으로 옹립되었습니다. 《사기》〈진시황본기〉의 진왕정 23년 기록을 보시죠.

> 초나라 장수 항연이 창평군을 초나라 왕으로 옹립하여 회남에서 진나라에 대항했다.
> 荊將項燕, 昌平君爲楚王, 反秦於淮南.

창평군은 영진에서 철수한 이후 회하지역으로 후퇴한 듯합니다. 초나라는 이미 초왕 부추가 생포되어 구심점이 사라진 상태였습니다. 나라에 군주가 하루라도 없으면 안 되기에 항연은 재빠르게 창평군을 왕으로 옹립했습니다. 이후 창평군은 항연의 보좌 하에 초나라 군민을 이끌고 진나라에 대한 항쟁을 계속했습니다. 그러나 초나라의 마지막 왕으로 초나라의 명맥을 유지하던 그는 진왕정 24년 운명을 맞이했습니다.

《사기》〈진시황 본기〉 진왕정 24년 조에 다음과 같은 기록이 나옵니다.

> 왕전, 몽무가 초나라를 공격해 적을 대파하니 창평군은 전사하고 항연이 그 뒤를 이어 자살했다.
> 王翦, 蒙武攻荊, 破荊軍, 昌平君死, 項燕遂自殺.

항연이 자살한 회북의 계현은 훗날 진승, 오광의 대택향大澤鄉

(오늘날 안휘성 숙주시 남기현 소류촌) 봉기가 일어난 장소입니다. 왕전은 초나라 도성 수춘을 함락한 이후 북상했습니다. 초나라 웅계(창평군)와 항연은 회북으로 방어선을 물린 후 계현에서 결전을 벌이기로 했습니다. 하지만 초나라 군대는 전력의 열세를 극복하지 못하고 대패하게 됩니다. 그 결과 초왕 웅계는 전사하고 대장군 항연은 자결합니다. 이 전쟁의 결과 춘추전국의 남방 강국 초나라는 역사 속으로 사라지고 춘추전국시대가 종결되었습니다.

하지만 그로부터 14년 후인 진2세 7월(기원전 209년), 초나라 출신의 진승과 오광이 계현 대택향에서 중국 역사 최초의 농민봉기를 일으켜 진나라에 반기를 들면서 초나라가 부흥합니다. 그리고 그 뒤를 이어 멸망했던 6국이 하나씩 부흥의 기치를 올리며 포스트 전국시대가 열렸습니다. 여기서 흥미로운 점은 진승과 오광이 대택향 봉기를 하면서 전면에 내세운 인물이 바로 초나라 대장군인 항연과 진나라 공자인 부소였다는 것입니다. 진승과 오광은 항연과 부소가 아직 생존해 있다며 군심(群心)을 결집했습니다.

문제는 그들이 내세운 인물들이 정작 초나라 부흥 및 농민 반군의 정신적 영수로 적합하지 않다는 점입니다. 왜냐하면 부소는 진시황의 장자이자 진나라 황위의 합법적 계승자였으며 항우의 조부 항연은 진나라에 대항한 초나라의 귀족 장수 출신이었기 때문입니다. 이들 사이에 어떤 연관성이 있을까요? 진나라와 초나라 양국에서 활약한 창평군을 통해 단서 찾기를 시도해 보겠습니다. 초고열왕의 아들이자 초나라의 마지막 왕이었던 창평군. 그는 항연과 함께 계현에서 전사했습니다. 하지만 그는 진왕 영정의 외척 당숙으로 진나라 왕실과 관련 있었습니다. 외척인 만큼 진왕 영정의 장자인 부소와도 연관이 있을 수 있습니다. 그렇다면 이런 가정이 가능합니다. '창평군은 부소와 항연을 하나로 연결해주는 가교 역할을 하는 인물이지 않았을까? 부소와 창평군 사이에 모종의 관계가 있지 않았을까?' 하고 말이죠.

창평군에 대한 기본적인 궁금증이 거의 다 해결됐는데, 또 다른 궁금증이 생겼습니다. 이왕 이렇게 된 거 계속 추적해 보도록 하겠습니다.

제4장

제국의 몰락

전국시대를 통일한 영정은 자신의 호칭을 시황제라 칭했습니다.
그는 진제국을 만세까지 이어가기 위해 중앙집권체제를 확립하고,
강력한 부국강병책을 추진한 카리스마의 지도자였습니다.
그러나 그의 사후 진제국은 급격히 붕괴하고, 다시 천하는 혼란에 빠집니다.
그는 왜 후계자를 서둘러 정하지 않아 분열과 혼란을 초래했을까요?
또 강력한 정치세력인 외척세력은 이 문제와 아무 연관이 없는 걸까요?
제국의 몰락과 후계구도 사이에 감춰진 비밀을 밝혀 봅시다.

여덟 번째 추적

진시황후는 존재했나?

🐉 진시황후 미스터리

진시황의 일생은 의혹으로 가득합니다. 그 가운데 하나가 바로 황후가 누구였으며 후궁으로 어떤 인물이 있었는가 하는 것입니다. 중국 역대 왕조의 황제에 대한 기록에 후궁에 대한 기록, 특히 국모인 황후에 대한 기록은 꼭 전기를 남겨 후세에 전하게 되어 있었습니다. 문제는 중국 역사상 최초의 황제라는 진시황의 황후, 즉 시황후가 누구인지 사서에 아무런 기록이 없다는 것입니다. 지난 이천 년 동안 시황후의 정체는 미스터리로 남아 있었습니다.

　그뿐 아닙니다. 진시황의 황후, 즉 시황후에 대한 기록만 없다면 그 배후에 무슨 특별한 음모가 있을 것이라고 생각하겠지만

제국의 몰락　211

그녀뿐 아니라 진시황의 모든 후궁에 대해 아무런 기록이 남아 있지 않습니다. 상당히 의문스러운 상황이죠. 역사 탐정의 세계에 발을 들인 여러분은 이제 저와 함께 진시황의 황후를 밝혀 보겠습니다.

 2007년 3월 저는 진시황의 조모인 하태후의 능이 발굴되었다는 소식을 듣고 직접 서안으로 가서 살펴보았습니다. 저는 동쪽에 있는 진동릉으로 가서 진시황의 조부인 효문왕 안국군과 양조모 화양태후, 부친인 장양왕 자이와 모친인 제태후 조희의 능부터 봤습니다. 전국시대에는 음양의 이치를 따지는 음양오행에 근거해서 왕과 왕후를 합장했습니다. 물론 제도적인 이유도 있었지만 부부의 정을 봐서도 합장이 당연했습니다. 진시황의 친조모인 하태후와 고조모인 선태후의 능은 규모가 컸습니다. 하지만 정실正室이 아니라 측실側室이었기 때문에 합장이 아니라 따로 능이 마련되었습니다. 여하튼 왕과 왕후, 후궁은 전통과 예법에 따라 능에 안장되었습니다. 그런 면에 비춰 봤을 때 진시황의 능은 이런 예법과 어긋났습니다. 황후와 합장된 쌍봉雙峰이 아니라 진시황릉만 홀로 우뚝 솟은 단봉單峰이었으니까요. 진시황릉은 우리에게 이천 년 동안 계속 미스터리를 던지고 있었던 것입니다. 정말 시황후릉은 없는 것일까요? 있다면 어디에 있는 것일까요?

 이천 년 동안 이에 대해 많은 이들이 여러 가지 추측을 했습니다. 후궁이 너무 많다 보니 누굴 황후로 책봉해야 할지 몰라서 황후가 없었다는 의견도 있었습니다. 하지만 진시황은 선대 왕들이 정해 놓은 왕실 법도에 따라 후궁을 두었기 때문에 선대의 다른 왕들보다 더 많이 후궁을 두었다는 견해는 설득력이 떨어집니다. 더군다나 황후 책봉은 후계구도와 직결되는 문제였습니다.

일부에서는 진시황이 방사(方士)들을 신뢰해 장생불로(長生不老)를 과도하게 추구하는 바람에 황후 책봉 시기를 놓쳤다고도 했습니다. 하지만 사서를 살펴보면 진시황이 천하 통일 후 말년에 들어서야 장생불로를 추구했음을 알 수 있습니다. 진나라 왕실 법도상 왕후 책봉은 친정 후 얼마 뒤, 즉 20~23세 정도에 바로 진행했을 것입니다. 왕후 책봉을 통해 후계구도를 확립해야 왕위가 확실히 안정되기 때문입니다. 때문에 친정한 지 25년 이상이 지난 45세까지 황후를 책봉하지 않았다는 견해는 억측입니다. 게다가 왕실이든 조정 대신들이든 영정이 45세까지 왕후 없이 있도록 놔두지 않았을 것입니다.

이런 추측만 있던 것은 아닙니다. 일부에서는 진시황이 그의 모친인 제태후 조희 때문에 정신적 충격을 받아서 황후를 책봉하지 않았다고도 추측했습니다. 제태후가 면수 노애와 사통했고 그 사이에서 자식을 둘이나 낳은 사실 자체가 진시황의 정서에 상당한 영향을 미쳤다는 것입니다. 자신의 친모를 도성인 함양에서 내쫓을 만큼 증오했었고 그 미움이 여성에 대한 거부감을 낳았을 수 있다는 관점인데요. 물론 제태후 조희가 노애를 총애하여 사생아를 낳았으며 진시황이 제태후를 증오했던 점도 사실입니다. 하지만 조희와 노애를 중심으로 벌어진 사건 배후에는 초나라계 외척세력과 조나라계 외척세력의 권력싸움이 있었고 그 사이에 있던 영정은 왕위를 안정시키기 위해 정치적 수완을 발휘했을 뿐입니다. 그래서 제나라 출신 모초의 충고를 받아들여 제태후를 다시 함양으로 불러들이기도 했습니다.

더군다나 진나라 역사에서 태후가 정부를 두고 사생아를 낳은 사례는 비단 제태후 조희에만 해당하지 않았습니다. 이미 말씀드렸듯이 그의 고조모인 선태후는 북방의 의거왕과 사통해 사생아 둘을 낳았습니다. 선태후의 아들이자 진시황의 증조부인 진소왕 역시 이 사실을 알고 있었죠. 비록 화가 났지만 더 큰 이익을 위해 참았습니다. 그리고 훗날 선태후와 함께 의거왕을 죽이고 의거를 병합하여 진나라 서북 변경을 위협하던 근심을 해결했습니다. 진시황과 비슷한 상황이였던 진소왕은 이후 선태후의 주선으로 황후를 맞이했고 후궁도 넉넉히 두었으며 자녀도 많이 낳았습니다. 심리 장애라든지 하는 문제점을 전혀 발견할 수 없었죠. 태후의 사생활이 왕후 책봉에 영향을 미친 점을 전혀 발견할 수 없습니다. 따라서 제태후의 사생활에 충격을 받은 진시황이 왕후를 책봉하지 않았다는 설은 별로 설득력이 없습니다.

지금까지 위에 언급한 추측들은 말 그대로 추측이며 가정일 뿐입니다. 그럼 미스터리 해결을 위해서는 어떤 돌파구를 마련해야 하는 것일까요?

🦌 유일한 단서

미스터리를 풀려면 필요한 단서를 찾아야 합니다. 즉 필요한 사료를 찾느냐가 관건입니다. 저는 사서 속에 등장하는 진시황의 후궁과 관련된 모든 기록을 훑어보다가 아래와 같은 단서를 찾았습니다. 《사기》〈진시황본기〉 진시황 37년 조에 아래와 같은 내용이 있습니다.

> 9월. 시황제가 여산에 안장되었다. …… 진2세가 영을 내렸다. "선제의 후궁 가운데 자식이 없는 이들을 모두 순장시키도록 하라." 이렇게 순장되어 죽은 후궁이 숱하게 많았다.
> 九月, 葬始皇驪山. ……二世曰: "先帝後宮非有子者, 出焉不宜." 皆令從死, 死者甚衆.

이 사료는 상당히 많은 단서를 제공해 주고 있습니다. 따라서 좀더 세세히 살펴봐야 합니다. 진시황 37년은 기원전 210년입니다. 이해 7월에 진시황은 다섯 번째 천하 순행을 하던 중에 병에 걸렸습니다. 그리고 진시황의 어가가 사구궁沙丘宮 평대平臺에 도착했을 때 병이 악화되어 50세의 나이로 숨을 거두었습니다. 이후 '사구의 음모沙丘之謀'가 발생했음은 다 아실 겁니다. 사구의 음모를 계획한 주범은 진시황의 막내아들 호해의 스승이자 진시황의 어가 책임자인 중차부령中車府令 조고였습니다. 그는 호해를 꼬드기고 승상인 이사를 설득해서 진시황의 유조를 조작해 황장자皇長者 부소가 자살하게끔 한 후 호해를 옹립했습니다.

그 해 9월, 진2세 정권이 함양에서 성대한 장례식을 치르고 진시황을 여산에 안장했습니다. 이렇게 형성된 능이 오늘날의 진시황릉입니다. 진시황을 안장할 때 진2세는 위의 기록처럼 진시황의 후궁들을 처리했습니다. 그렇다면 이 사료가 말하려는 내용을 요약해 보겠습니다.

첫째, 진시황이 몇 명의 후궁을 두었는지 정확한 숫자를 파악할 수 없습니다. 하지만 진나라 황실에서는 후궁 숫자에 대해 엄격한 제한을 하고 있었기 때문에 진나라 제도를 그대로 계승한 한나라의 후궁 제도를 보고 대략적인 숫자를 추정할 수 있습니다. 일단 정부인 한 명을 두게 됩니다. 즉 황후가 한 명 있었다는 것입니다. 그리고 부인夫人이라 통칭되는 후궁을 여러 명 거느렸습니다. 이 부인들은 각각 미인美人, 양인良人, 팔자八子(예를 들어 시황제의 고조모인 선태후는 혜문왕의 측실이며 정식 칭호는 팔자였음), 칠자七子, 장사長使, 소사少使 등 여러 등급으로 나뉘었습니다. 이들은 그 직급에 따라 조정 관원들처럼 봉록을 받았습니다. 이런 사례에 비춰 봤을 때 제대로 된 첩지牒紙를 받은 후궁은 10여 명 정도 된다고 추정할 수 있습니다. 일각에서는 진시황의 후궁이 만 명 이상이었다고 하지만 모두 후세 사람들이 조작한 소문일 뿐입니다.

둘째, 후궁들을 자녀가 있는 사람, 자녀가 없는 사람, 두 부류로 나눴습니다.

셋째, 자녀가 없는 후궁들은 2세 황제의 명령에 따라 임동의 진시황릉에 순장했습니다.

넷째, 자녀가 있는 후궁들은 순장되지 않고 생명을 부지해 자신의 자녀와 함께 살 수 있었습니다.

《사기》〈진시황본기〉에서 찾아낸 이 기록은 진시황 후궁과 관련해 제가 찾아낸 거의 유일한 단서입니다. 자, 그럼 여러분께 다음과 같은 질문을 던져보겠습니다.

"지금 진시황의 황후가 어떤 인물이었는지 그 정체를 아십니까?" 분명 독자 여러분은 이렇게 이구동성으로 대답할 것입니다. "모릅니다." "왜 모를까요?"라는 제 질문에 여러분은 "사료에서 찾을 수 없으니까요"라고 답하실 겁니다. "그럼 어떻게 해야 할까요?"라고 제가 다시 질문을 드리면 여러분들은 분명 난감해하며 대답을 못하실 겁니다. 물론 이렇게 말씀하시는 독자분도 계실 겁니다. "방법 없죠, 뭐. 증거가 없는데 아무렇게나 추측할 수는 없잖아요."

네, 맞습니다. 역사학은 기본적인 공감대가 형성되어야 하는 학문입니다. 그리고 그 공감대는 증거에서 나옵니다. 역사적 사실에 기초한 증거를 제시할 수 있어야 역사학을 제대로 바라볼 수 있습니다. 역사학에 입문했으면 그 과정을 습득해야 나름대로 견해를 말할 수 있습니다. 그뿐 아니라 혼자서 여러 학문들을 융합할 수 있는 능력을 키워야 합니다.

지금 저희가 하고 있는 작업은 역사 미스터리 해결입니다. 추리 소설 속에 등장하는 저희가 잘 아는 주인공들, 셜록 홈스(아서 코난 도일의 추리소설 속 명탐정), 에르퀼 푸아로(애거서 크리스티의 추리소설 속 명탐정), 흑묘경장(중국 애니메이션 속 범죄 사건을 수사하는 고양이 경찰)은 확실한 증거를 제시해 미궁에 빠진 형사 사건들을 해결합니다. 저희가 비록 형사 사건이 아니라 역사 미스터리를 해결하는 역사 탐정이긴 하지만 그들이 사건을 해결할 때 쓰는 방식을 응용하면 도움이 되지 않을까요?

🦌 불행한 자녀들

형사나 탐정들이 범인을 추적하다 보면 가끔 어디로 도망갔는지 종적이 묘연해지는 상황을 맞기도 합니다. 이때 그들은 절대 포기하지 않습니다. 용의자 및 범인과 관련 있는 주변인을 탐문, 밀착 수사해서 범인에 대한 포위망을 좁혀나갑니다. 그러다 보면 어느 순간 밀착 수사하던 그 관계자 주변에 범인이 등장하는 경우가 많습니다. 이 정도까지 되면 범인 체포는 거의 성공한 것이나 다름없습니다. 이런 수사 방식을 주변인 탐문·밀착 수사라고 합니다. 저희도 주변인 탐문·밀착 수사를 해서 진시황의 황후를 둘러싼 미스터리를 해결해 보겠습니다.

앞서 《사기》〈진시황본기〉 진시황 37년 조에서 진시황 황후에 관한 단서를 살펴보았지만 여전히 미궁 속에서 헤매는 듯합니다. 이젠 황후와 후궁들과 관계가 있을 만한 사람들을 탐문·밀착 수사해보겠습니다. 우선 황후와 후궁들과 연관이 있을 만한 사람들이 누구일지 고민해 볼까요. 첫 번째는 무조건 진시황일 것입니다. 모두 그의 여자이니까요. 그리고 또 누가 있나요? 네, 그녀들의 자식입니다. 저희가 진시황에 관련된 자료에서는 황후나 후궁에 대해 전혀 밝혀낼 수 없었기 때문에 그 자녀들을 중심으로 추적해 보겠습니다.

진시황에게는 약 20여 명의 자녀가 있었는데 그 가운데서 이름이 후세에 전하는 이는 장자 부소, 막내 호해, 공자 장여將閭와 공자 고高가 있습니다. 아래에 현재 그 이름을 확인할 수 있는 진시황 자녀들의 명단을 보시겠습니다.

진시황 자녀들의 명단	
제1관계자	공자 장여 형제
제2관계자	공자 고
제3관계자	여러 공자, 공주
제4관계자	막내 호해
제5관계자	장자 부소

첫 번째 밀착 수사할 대상은 공자 장여 형제입니다. 그들의 모친은 누구일까요? 사서에는 공자 장여가 삼 형제였다고 나옵니다. 그들은 진2세 즉위 이후 제거 대상이 되었습니다. 앞서 언급했듯 진시황의 막내아들 진2세 호해는 원래 황위 계승의 자격이 없었습니다. 하지만 스승인 조고와 승상 이사의 도움을 받아 유조를 위조한 뒤 맏형인 부소를 모해하고 황위를 찬탈했습니다. 즉위 후 호해는 자신의 형제들이 황위를 위협할지 모른다는 생각에 불안했습니다. 이를 눈치챈 조고가 이복 황자와 공주를 제거하라고 부추기자 그 말을 따랐습니다. 자신의 황위에 대한 잠재적 위협을 제거하고자 한 것이죠.

공자 장여의 삼 형제는 '불신'이라는 죄명을 뒤집어쓰고 감금되었다가 처형되었습니다. '불신'이란 신하의 예를 저버렸다는 말입니다. 황제인 진2세에게 무엄한 언사를 내뱉고 모반을 획책했다는 죄명이었습니다. 요즘 말하는 정치공작이었죠.

신중하고 예의에 밝았던 공자 장여는 진2세 일당이 주장하는 죄명을 인정하지 않았습니다. 오히려 판결을 알리러 온 사신에게 "내 여태껏 조정의 예법을 어긴 적이 없고 기강을 무너뜨린 적도 없다. 폐하의 명령을 받들면서 단 한 번도 실언을 하거나 무례를 범한 적이 없거늘 어찌 신하의 예를 저버렸다 하신단 말인가? 진짜 죄명이 무엇인지 알고 죽고 싶다"며 당당하게 요구했습니다. 하지만 명을 전하는 사신이 뭘 알겠습니까? 사신은 장여에게 자신은 그저 명을 전하고 집행할 뿐이라며 장여에게 어서 어명을 받들라고 재촉했습니다. 이렇게 공자 장여 삼 형제는 스스로 목숨을 끊어 생애를 마감합니다.

안타깝게도 사서에 기록된 단편적인 내용만 가지고는 공자 장여 삼 형제의 모친에 대한 어떠한 단서도 찾을 수 없습니다. 다만 장여의 인품이나 예의 바른 성격, 신중하고 언행이 차분한 점으로 판단해 봤을 때 그의 모친 역시 매우 신중한 성격이며 자녀 교육에 엄격했던 여인이지 않았을까 추정해 볼 수 있습니다. 아마 장여가 세상을 뜰 당시에 이미 그의 모친은 이 세상 사람이 아니었을 가능성도 있습니다.

두 번째 밀착 수사 대상인 공자 고를 살펴볼까요?

진2세가 자신의 형제를 도륙하는 피의 숙청을 단행할 때 공자 고는 도망치려고 했었습니다. 하지만 자신이 도망치면 가족들이 대신 처벌받을 수 있다고 생각해 단념합니다. 자신이 순순히 어명을 받들어 자진할 테니 자신을 부친인 진시황과 함께 묻어달라고 진2세 호해에게 요청했습니다. 공자 고가 순순히 죽겠다고 하자 진2세는 매우 기뻐하며 10만 전錢을 들여 진시황릉 능원陵園에 공자 고를 합장할 능을 만들어 주었습니다. 공자 고가 스스로 자진했기 때문에 그의 가족들은 목숨을 부지할 수 있었습니다.

공자 고가 진2세에게 올렸다는 상소가 사서에 전하기에 잠시 살펴보도록 하겠습니다. "선제께서 살아생전 궁에 계실 때는 항상 맛있는 음식을 하사하셨고 외지로 순시를 나가실 때는 어가를 수행할 수 있도록 배려해 주셨습니다. 그래도 신, 선제께서 내리신 황실 창고의 의복이나 보마를 사양하고 받지 않았사옵니다. 이런 은혜를 베푸신 선제께서 승하하실 때 신이 응당 함께 떠났어야 했건만 자식된 자로 불효를 범했사옵니다. 이는 신하된 자로서도 불충이옵니다. 불효하고 불충한 신, 이제 스스로 여산 자락에 묻히길 청하옵니다. 폐하께서 은총을 내려 저를 가엽게 여기시어 이를 윤허해 주시기를 바라옵니다." 죽음을 코앞에 둔 황자의 비참한 애원이 귓가에 아른거리는 듯합니다.

어쨌든 이 자료에서도 공자 고의 모친에 대한 직접적인 단서는 찾을 수가 없었습니다. 그의 상소를 보면 공자 고는 부친인 진시황의 총애를 받았으며 충효심이 강한 인물임을 알 수 있습니다. 따라서 그의 모친도 대의를 중시하는 인물이지 않았을까요? 목숨을 부지할 기회가 있었음에도 불구하고 공자 고는 가족을 보호하기 위해 순장을 택했습니다. 이런 점을 보면 그는 사려 깊고 과단성 있는 인물이라고 생각합니다. 비록 그의 모친에 대한 종적은 찾을 수 없었지만 그가 스스로 자신의 목숨을 담보로 살리고자 했던 가족 가운데 그 모친이 있지 않았을까 추측해 볼 수는 있습니다.

이미 두 명의 관계자를 추적했습니다만, 그들의 모친에 대한 막연한 추측 외에는 어떤 신빙성 있는 정보를 얻지 못했습니다. 공자 장여 형제와 공자 고를 통해서 그들의 모친을 추적해 내는 것은 실패한 듯합니다. 사건은 있으나 증거가 될 만한 사료가 부족한 상황입니다. 문헌사료는 역사 미스터리를 해결하는 데 가장 중요한 정보이자 증거입니다. 하지만 너무 부족한 사료 때문에 더는 추적이 힘드네요. 그렇다면 이대로 포기해야만 하는 걸까요? 다행히 문헌 사료 이외에도 저희에겐 고고학 유물이라는 카드가 있습니다. 실제 사용되던 유물에서 발견되는 정보는 가장 직접적인 증거가 됩니다. 그렇다면 새로운 단서 확보를 위해 유물 추적을 해 볼까요.

1974년 병마용兵馬俑의 합장갱陪葬坑이 발견된 이후 시황제 능원에 대한 연구는 엄청난 진전을 보았습니다. 병마용을 둘러싸고 있던 진시황과 관련한 여러 미스터리의 단서를 찾을 수 있었습니다. 이 단서들은 문헌으로는 얻을 수 없는 귀중한 단서였죠. 시황제 능원에서 발견된 갑甲자 모양의 순장묘도 마찬가지였습니다. 매우 중요한 단서들이 많았습니다. 규모가 왕후의 능에 육박했고 진시황릉의 봉분과 가까웠기 때문에 학자들은 황실 종친이 묘주墓主일 확률이 높다고 추정했습니다. 일부 학자들은 직접 순장을 원했고 10만 전을 들여 공자의 예법에 따라 만들어진 능에 묻힌 공자 고가 묘주일 가능성이 있다고 주장하기도 했습니다.

진시황릉 봉토 동쪽에서 약 1리 정도 되는 지역에 상초촌上焦村이라 불리는 촌락이 있습니다. 이 촌락 밖 숲 속에서 발굴된 17기의 갑자형甲字形의 순장묘가 저희에게 새로운 단서를 제공해 주었습니다. 묘는 서쪽을 향하고 있으며 남북 종열로 진시황릉을 향해 펼쳐져 있습니다. 이 중 8기는 이미 발굴이 끝났습니다. 이 8

기의 묘실 내에서 고고학자들이 진나라 소부少府의 관리가 제작한 황실 부장품을 발견했습니다. 소부는 황실 수입을 전문적으로 관리하는 기구로 황실 내무부에 해당하는 기구였습니다. 소부가 제작한 물품은 황실 전용품이었습니다. 배장묘에서 황실 용품이 출토되었기 때문에 이 묘의 묘주와 황실이 어떤 식으로든 관계가 있다고 판단할 수 있습니다. 과연 무슨 관련이 있는 걸까요? 이를 밝혀내기 위해 발굴 보고서에 기록된 고분 8기의 상세 발굴 내용을 아래와 같이 정리해 봤습니다.

상초촌 순장묘 개황			
구분	묘주	추정 연령	상태
제7호묘	남성	30여 세	머리, 몸, 사지 분리
제10호묘	남성	30여 세	머리, 몸, 손, 다리뼈 분리, 곽실槨室의 두상頭廂에 위치
제11호묘	여성	30여 세	골격이 완전하고 바로 누운 자세, 위턱 뼈 및 아래턱뼈 좌우가 부정합
제12호묘	남성	30여 세	머리 부분 곽실 두상에 위치, 갈비뼈 및 기타 뼈 두상 내에 위치
제15호묘	남성	30여 세	머리·몸·사지 분리, 곽실 두상 덮개에 위치, 머리뼈가 곽실 외부에 아무렇게 배치, 머리의 우측 관자놀이 뼈에 동촉이 하나 박혀 있음
제16호묘	남성	30여 세	상반신 유골이 곽실 내에 있고 머리뼈는 곽실 두상 덮개에 위치, 다리뼈는 흙에 묻혀있음
제17호묘	여성	20여 세	머리·몸·다리 분리·왼쪽 다리와 정강이 뼈 분리, 엎드린 자세로 양 팔이 뻗어 있음
제18호묘	미상	미상	사람 뼈는 발견되지 않음

8기 묘 가운데서 7기에서 유골이 발견되었는데, 총 남자 다섯, 여자 둘이었습니다. 그 중 여섯 명의 유골은 사지 육신이 분리되는 참형을 받아 사지가 분리되어 죽었으며 다른 한 사람의 경우 유골은 잘 보존되어 있으나 턱뼈가 좌우 부정합입니다. 아마 목

을 매달아 죽은 것으로 판단됩니다. 이런 비정상적인 죽음을 당한 유골이 저희에게 던져주는 정보는 도대체 무엇일까요?

저명한 고고학자이자 병마용 연구의 권위자인 원중일袁仲一 선생은 이 8기 묘의 발굴자 가운데 한 명입니다. 원 선생은 17기의 묘를 살핀 끝에 진2세가 자신의 형제, 자매를 숙청한 역사적 사실과 이 묘지의 묘주들이 관련이 있다고 보고, 이 묘들이 진2세에게 제거된 황자나 공주의 분묘라고 추측했습니다.

사서에 따르면 진2세는 즉위 이후 조고에게 황자, 공주들에게 누명을 씌어 잡아 가두라고 명했습니다. 그런 다음 황자 12명은 시신을 내걸어 수모를 당하게 하는 육시戮尸를 가하고 공주 10명은 사지를 찢어 죽인 다음 그 가산을 몰수했습니다. 처참하게 죽은 그들의 상황과 8기 묘지에서 발굴된 유골들이 왠지 연관 있는 듯합니다. 사서에는 진2세가 여러 황자와 공주를 죽이라고 명령한 시기가 진2세 원년 봄이라고 나옵니다. 이때는 진력秦歷(진나라 책력)으로 1월에서 3월에 해당했기 때문에 매우 추웠습니다. 발굴 과정에서 당시 묘지 제작자들이 불을 땐 흔적이 여기저기 보이는 점에 비춰봤을 때 이 묘지의 주인공이 호해의 형제일 가능성이 더 커보입니다.

장자 부소는 위조된 유서를 받들어 상군上郡에서 자결했다고 사서에 전합니다. 위 표를 보면 제18호 묘에는 동검 한 자루만 보이고 유골이 보이지 않는다고 했습니다. 아마도 부소의 의복을 묻은 의관총衣冠冢일 것이라 생각됩니다. 문헌기록과 실제 유물이 서로 잘 맞아떨어지는 것이 신기합니다.

만약 지금까지 저희가 살펴본 바대로라면 이 묘지들은 진2세가 형제를 살육한 역사 참극의 실질적 증거라고 할 수 있습니다. 진2세가 그의 형제를 매우 참혹하고도 비정상적으로 죽인 후 한 명씩 개별 매장을 했던 것으로 볼 수 있습니다. 만약 이렇게 이들이 세상을 떠났다면 그들의 모친, 즉 진시황의 자녀를 가졌던 후궁들은 이미 세상을 떠났거나 아니면 여생을 비참하게 보냈을 것입니다. 이 묘지에서 더 확실한 증거는 찾을 수 없습니다. 세 번째 관계자들까지 추적한 결과 별 소득이 없습니다. 그럼 네 번째 관계자인 진시황의 막내아들 호해와 다섯 번째 관계자인 진시황의 장자, 부소를 살펴보도록 하겠습니다. 먼저 호해를 봅시다.

폐장입유

네 번째 관계자인 진2세 호해를 추적하기에 앞서 그의 프로필을 잠시 살펴보겠습니다.

그는 진왕정 18년(기원전 229년)에 영정의 막내로 태어났습니다. 호해는 진시황이 다섯 번째 천하 순행을 할 때 처음으로 사서에 등장했습니다. 당시 호해의 나이는 20세였습니다.

진2세 호해 프로필	
이름	호해
생년월일	진왕정 18년
부친	진시황 영정
모친	?
직업	황제
사망	진2세 3년

진시황은 즉위 이후 다섯 차례에 걸쳐 천하를 순시했습니다. 그 가운데 마지막인 다섯 번째 순행은 진시황 37년(기원전 210년) 10월 시작되어 같은 해 7월 병사하기까지 10개월간 계속되었습니다.[20] 진시황은 마지막 순행에서 앞으로 역사의 향방에 큰 영향을 미치게 될 결정을 했습니다. 바로 막내인 호해를 순행에 동행하도록 한 것입니다. 왜 이 결정이 이후 역사에 큰 영향을 미쳤을까요? 그것은 진제국의 차기 후계자를 확정하는 의미를 지니기 때문이었습니다. 사서에는 이 결정이 다음 몇 마디로 간단하게 기록되어 있습니다.

> 진왕정 37년 10월 계축일에 시황제가 순행 중이었다. 좌승상 이사가 수행하고 우승상인 풍거질이 함양성을 지켰다. 그리고 막내 호해가 부황의 수행을 청하니 이를 승낙했다.
> 三十七年十月癸丑, 始皇出游. 左丞相斯從, 右丞相去疾守. 少子胡亥愛慕請從, 上許之.

이 기록만 보면 호해를 동행하도록 한 결정이 후계자 결정과 무슨 연관성이 있는지 감을 잡을 수가 없습니다. 하지만 다음 설명을 듣고 나면 어떤 연관성이 있는지 이해가 가실 겁니다. 이 사이에 연관성이 있을 수밖에 없는 이유가 두 가지 있습니다.

첫 번째 이유는 진시황의 나이가 당시에 이미 50에 달한 고령이었다는 것입니다. 하루가 다르게 쇠약해지고 있던 그에게 후계자 결정은 한시도 미룰 수 없는 시급한 사안이었습니다. 두 번째 이유는 진시황 영정이 아직 부소와 호해 가운데 누굴 자신의 후계자로 할지 정하지 못한 상황에서 내린 결정이기 때문입니다. 다섯 번째 천하 순행을 떠나기 한 해 전쯤에 영정은 자신과 정치적 입장이 다른 장자 부소를 도성 함양에서 북방 변경인 상군으로 보내버렸습니다. 부소는 상군을 수비하고 있던 몽염 장군 휘하의 감군監軍(군대 감찰 업무를 맡은 임시 파견직)으로 있게 되었습니다. 황위 계승 1순위 후보인 그가 변방으로 떠나면서 차기 황위가 누구에게 갈지 미궁에 빠졌습니다.

  진시황 슬하 20여 명의 왕자들 모두 황위 계승의 가능성은 조금씩 다 가지고 있었을 것입니다. 시황제는 다섯 번째 천하 순행에 올랐을 때 장기간 지방에 머무르며 순행 어가나 행궁에서 제국의 주요 정무를 처리했습니다. 당연히 조정 백관들 가운데 많은 인물이 동행했습니다. 따라서 진시황의 천하 순행은 제국의 행정 중심이 함께 이동한 것과 다름없었습니다. 단순한 사적인 외유外遊가 아닌 정치적 의미가 내포된 중요한 행보라는 것입니다. 이런 중요한 정치행위에 호해를 동행했다는 것은 상당히 의미심장합니다.

  왜냐하면 부자의 정이라는 시각에서 봤을 때 진시황이 호해를 유달리 총애했음을 알 수 있고, 정치적 관점에서 호해를 차기 후계자로 염두에 두고 있다는 점을 대외에 공표한 것이기 때문입니다. 그동안 역사학자들 사이에서는 진시황이 호해를 태자로 삼으려고 했다는 관점 자체가 인정을 못 받았습니다. 그랬을 소지가 다분했고, 충분히 그랬을 수 있다는 개연성은 있지만 그래도 무시되었던 편입니다. 저는 이 문제에 대해 여러분과 함께 좀더 깊이 파헤쳐볼까 합니다.

　진시황이 호해를 태자로 생각했다는 단서는 사서 속에 등장합니다. 호해와 몽의 두 사람의 대화 기록에서 찾을 수 있습니다. 호해는 즉위 이후 조고와 이사의 종용에 따라 부소의 측근인 몽염과 그의 아우 몽의를 죽이기로 했습니다. 몽의는 오랫동안 진시황을 가까이서 오신 진시황 영정이 가장 신뢰하는 최측근 신하였습니다. 당연히 궁중 사정과 암투를 누구보다 잘 알고 있었을 것이고 진시황의 복심腹心 또한 훤하게 들여다보고 있었습니다. 그런 몽의를 죽이기에 앞서 호해는 사관 겸 사신의 임무를 띤 어사御使를 보내 질책했습니다. "선제께서 짐을 태자로 책봉하려고 할 때 그대가 중간에서 농간을 부렸으니 괘씸하구나. 승상(이사)이 그대의 불충함이 멸족의 죄에 해당한다 하나 짐이 그대를 불쌍히 여겨 그대 한 명만 처단하겠노라. 이를 황은이라 생각하고 자진하도록 하라."

　몽의는 억울함을 참지 못하고 강하게 주장합니다. "폐하께서 오늘 신이 선제의 뜻을 받들지 않았다고 질책하시오나 신은 어린 시절부터 선제를 모시며 숱한 황은을 입었기에 한 번도 불충한 생각을 한 적이 없사옵니다. 신이 어찌 감히 선제 폐하의 영을 어기겠사옵니까? 폐하께서는 신이 폐하의 태자 책봉을 반대했다고 하시나 그렇지 않사옵니다. 선제께서 순행을 하실 때 폐하가 직접 수행하지 않으셨사옵니까? 그 총애가 다른 공자들과 비교할 바가 아님을 신 역시 너무나 잘 알고 있었사옵니다. 그런데 신이 어찌 태자 책봉이라는 중대한 황실 문제에 끼어들겠사옵니까? 태자 책봉은 선제께서 고심에 고심을 거듭해 내리신 결정이옵니다. 제가 감언이설로 농간을 부릴 수가 없는 문제이옵니다. 신이 지금 이런 말씀을 드리는 것은 죽기가 두려워 감언이설로 억지를 부리는 것이 아니옵니다. 다만 억울한 누명을 쓰고 불명예스럽게 생을 마칠까 염려되어서이옵니다. 폐하, 신이 당당하게 생을 마칠 수 있도록 이 점만은 바로 잡아 주시옵소서."

진2세 호해의 질책과 몽의의 자기변호에서 알 수 있는 사실이 있습니다 바로 만년의 진시황 영정이 이미 호해를 태자로 책봉하려 했다는 점입니다. 이 부분은 두 사람 모두 대화에서 언급하고 있습니다. 몽의의 말 가운데 더 의미심장한 부분은 진시황이 장자 부소를 폐하고 막내 호해를 태자로 책봉하려던 생각이 성급하게 내린 결정이 아니라 수년간 고민하여 내린 결정이라는 점입니다. 진시황의 의중을 누구보다 잘 알던 몽의의 말이기에 이는 상당히 중요합니다.

사람의 본성은 참 변화무쌍해서 쉽게 단정하고 판단을 내릴 수 없습니다. 자고로 권력자들은 인정보다는 이성에 근거한 정치적 모략을 더 중시한다고 여겨지죠. 진시황 영정도 이런 인물이라고 생각되어 왔고요. 하지만 그도 칠정육욕七情六欲이 있는 사람입니다. 포장된 직위, 권력 등을 벗겨 내고 나면 벌거벗은 채 태어나 벌거벗은 채 땅에 묻히는 보통 인간일 뿐입니다. 그리고 그 역시 자식을 예뻐하는 부모일 뿐입니다. 진시황과 호해의 관계를 잘 살펴보면 부자지간의 정을 느낄 수 있습니다.

전제왕조에서는 황제의 가정사, 즉 황실 문제가 곧 천하 대사였습니다. 따라서 부자세습 제도 아래에서는 부자지간의 혈육의 정도 정치적 관점에서 해석되었습니다. 이런 관점에 기초해 시황제가 호해를 총애한 이유를 세 가지로 나눠서 생각해 보도록 하겠습니다.

첫째, 귀여운 막내아들이라 총애했을 수 있습니다.

호해는 시황제가 서른한 살 되던 해에 낳은 마지막 아들입니다. 학자들은 그 이후에 더 자식을 두지 못한 이유로 진시황의 생식능력에 문제가 생겼기 때문으로 추정하고 있습니다. 옛말에 '자식은 유아일 때, 그리고 막내가 가장 귀엽고 예쁘다幼兒幼子最可愛'라고 하지 않습니까? 어리고 천진난만한 아이를 싫어하는 사람은 거의 없습니다. 이는 백성이나 황제나 마찬가지입니다. 아니 황제가 오히려 더 그렇습니다. 황제는 항상 자신의 위치를 지키는 데 급급하기 마련입니다. 그런데 자신의 자리를 위협하는 가장 유력한 대상이 아들이고, 그중에서도 장자, 즉 맏아들이 최대 위협이었습니다. 맏아들이 능력이 뛰어나고 세력이 강할 경우 강력한 정적이 되는 경우가 많습니다.

반대로 막내는 부자세습제 아래에서 왕위 계승의 가능성이 가장 낮기 때문에 정적이 될 가능성이 거의 없었습니다. 따라서 그만큼 경계를 덜 해도 되니 당연히 부자간의 애정이 여과 없이 그대로 드러나게 되는 경우가 많았습니다. 그 애정이 백성이라면 떡 하나 더 주는 정도의 평범한 사랑으로 표현되지만 황실에서는 제위 계승이라는 정치적 대가로 표현되었습니다. 그래서인지 역사적으로 늙은 군왕이 장자를 폐하고 어린 아들을 태자로 책봉한 사례가 셀 수 없이 많습니다. 한고조 유방(장자 유영을 폐하고 어린 아들을 책봉하려다가 실패), 한무제 유철(장자 유거를 죽이고 어린 유불릉을 책봉), 조조(장자 조비를 폐하고 어린 조식을 책봉하려 하다가 단념), 원소(장자 원담을 폐하고 어린 원상 책봉), 유표(장자 유기가 아닌 어린 유종을 후계자로 책봉) 등등 그 사례는 따로 책을 펴내도 될 정도입니다.

둘째, 호해의 장난스럽고 솔직한 성격이 마음에 들어 총애했을 가능성이 있습니다.

호해는 애교가 많았기 때문에 부친의 총애를 받았습니다. 호해라는 인물 자체가 덤벙거리고 장난치는 걸 즐기는 성격이었고 정치적 포부나 야심이 없었습니다. 《신서》에 이런 그의 모습이 반영된 이야기가 있습니다. 호해가 황자로 있을 때입니다. 호해는 시황제 영정이 신하들을 위해 베푼 주연 자리에 여러 황자들과 함께 참석했습니다. 주연이 끝나고 황자들이 다들 자리를 뜰 때입니다. 당시 사람들은 주연 석상에 앉을 때 신발을 벗어 문밖에 놔둔 다음 자리에 올라와 앉아 음식을 먹고 나서 나갈 때 신발을 다시 신었습니다. 술에 얼큰하게 취해 기분이 좋아진 호해는 갑자기 장난이 치고 싶어졌습니다. 그래서 바닥에 널려 있던 각양각색의 신발을 마구 밟고 다녔고 이를 본 다른 황자들은 크게 탄식했습니다.

《신서》는 서한 말기의 학자 유향劉向이 편찬한 이야기책입니다. 여기에 실린 이야기들은 사료적 가치도 상당히 높습니다. 위에 언급한 호해의 이야기는 《사기》에는 등장하지 않습니다. 아마 옛 문헌 가운데 호해의 유년시절을 언급하고 있는 거의 유일한 기록일 것입니다. 진시황의 다른 아들들, 즉 호해의 형들인 부소, 공자 고, 공자 장여 형제 모두 출중한 인물이었습니다. 이는 영정 자신이 자녀에 엄격했던지 아니면 각 공자의 모친들이 자녀 교육에 철저했기 때문일 것입니다. 반면 호해는 악동이었습니다. 매번 문제를 일으키고 심한 장난을 치고 다녔죠. 이를 나쁘게 이야기하면 골칫덩어리 악동이라 할 수 있고 좋게 말하면 장난꾸러기라고 할 수 있을 것입니다. 그런데 이런 거침없는 장난꾸러기 기질이 천진난만하게 보여 시황제의 마음에 쏙 들었을 수 있습니다.

셋째, 호해는 정치적 야심이 없었기 때문에 진시황의 총애를 받았을 수 있습니다.

시황제가 순행 중 사구에서 병사했을 때 조고는 부소 대신 호해가 황제가 되도록 호해를 꼬드겨 유조를 조작했습니다. 하지만 처음에는 이런 조고의 계획에 호해는 거절의 뜻을 나타냈습니다. 그때 호해가 이렇게 말하죠. "부황께서 결정하신 일이오. 뛰어난 군주는 신하의 됨됨이를 잘 알고 훌륭한 부친은 자식의 됨됨이를 잘 아는 법이오. 부황께서 승하하시기 전에 각 황자들에게 별다른 당부를 하시지 않으시고 태자를 정하신 일인데 자식 된 자가 어찌 왈가왈부할 수 있다는 말이오." 이 말로 판단해 보면 호해는 정말 정치적인 야심이 없었던 인물이었습니다.

황제가 된 이후의 그에게서도 역시나 별다른 정치적 포부를 찾아볼 수가 없습니다. 그는 짧고 굴곡 있는 인생을 충분히 즐기면서 현재에 충실하겠다는 생각으로 살았습니다. 20세 때는 이미

"인생이 마치 여섯 마리 말이 끄는 마차처럼 순식간에 흘러가는구나"라며 한탄하기도 했으니까요. 젊은이가 인생의 황혼기에나 할 감정을 토로하다니요. 그 이유에 대해 제가 전작인 《부활의 역사 : 진제국의 붕괴》에서 언급한 적이 있습니다. 호해가 자신의 부친인 시황제 영정을 보며 그런 감정을 느꼈으리라고 말입니다. 진시황은 오랜 세월 천하 통일을 위해 동분서주했지만 정작 통일이라는 대업이 달성되자 병마에 시달렸습니다. 더구나 시황제는 좀더 오래 살기 위해 불로초를 백방으로 수소문하다가 결국 생을 마감하고 암흑뿐인 땅에 영원히 묻혔습니다. 이를 본 호해는 큰 충격을 받았던 것입니다. 인생이란 유한하고 고통스러운 것이라고 말입니다.

그 후 호해는 고민 없이 살면서 인생이 주는 즐거움을 최대한 누리겠다는 인생관을 가지게 됩니다. 즐겁고 고민 없는 인생은 정치권력이나 업적과는 전혀 무관하다는 생각을 했던 것입니다. 이런 인생관을 가진 이상 그가 부친인 시황제가 쌓은 화려하고 위대한 정치적 업적에 관심을 두었을 리 만무합니다. 오히려 생명, 건강 같은 것에 더욱 주목했습니다. 이런 호해의 모습은 시황제 생전에도 마찬가지였을 겁니다. 이는 정치적 이해관계에서 나오는 모습이 아니라 진실한 인간 본성에서 나타나는 모습입니다. 이런 호해의 모습은 정치적 격변 속에서 시달리던 시황제로서는 한 줄기 신선한 위로가 되고, 부자간 혈육의 정을 더욱 확실히 느끼게 해주지 않았을까요? 저는 그래서 진시황이 호해를 더 아꼈다고 봅니다.

지록위마

호해가 부친인 시황제 영정에게 보인 애정, 신뢰는 단순한 부자지간의 수준을 훨씬 넘어섰습니다. 거의 광신도적인 느낌이라고 해야 할까요. 이런 신뢰와 애정은 그의 생존과도 직결되는 문제였기 때문에 부친 사후에 그 대상이 필요했습니다. 그리고 그 대상으로 스승인 조고를 선택했습니다. 안타깝게도 그는 이 선택으로 패가망신하게 됩니다. 진나라는 멸망하고 자신은 목숨을 잃게 되었으니까요. 그 신뢰와 애정이 어떤 식으로 변질되었는지는 지록위마指鹿爲馬 이야기를 통해 알 수 있습니다.

지록위마는 《사기》〈진시황본기〉에 등장합니다. 대략적인 내용은 다음과 같습니다. 승상으로 있던 조고는 황위를 찬탈할 생각을 항상 하고 있었습니다. 다만 신하들의 반대에 부딪힐까 염려되어 조심했습니다. 그러다가 자신에 대한 대신들의 반응을 살펴봐야겠다는 생각을 하고 한 가지 시험을 해보기로 했습니다.

어느 날 조고가 황제인 호해에게 사슴 한 마리를 헌상하며 "폐하, 말이옵니다"라고 했습니다. 호해는 웃으며 "승상, 뭘 잘못 아신 것이 아니오? 사슴을 말이라니요? 하하하!" 그래도 조고가 다시 말이라고 하자 호해는 주위 대신들에게 물어봅니다. 주변 신하들은 말이라고 하는 자, 사슴이라고 하는 자, 아예 말을 하지 않는 자 등 가지각색이었습니다. 조고는 사슴이라고 바르게 말한 신하들을 잘 기억했다가 전부 죄를 뒤집어 씌어 제거했습니다. 이후 조정에서 조고를 두려워하지 않는 신하가 없었으며 모두 조고의 말을 따랐습니다.

이 지록위마라는 말은 흑백이 전도되고 시비가 뒤섞인 상황을 일컫는 성어로 쓰이고 있습니다. 일본어 가운데 '빠가야로(馬鹿)'이라는 욕이 있습니다. 바보라는 뜻이죠. 그런데 이 '빠가야로'의 어원이 지록위마입니다. 같은 말이지만 누구를 중심으로 이야기하느냐에 따라 다른 의미로 사용된 것입니다. 중국어에서 흑백이 전도되었다는 의미로 사용되는 지록위마는 조고와 조고의 행위에 초점이 맞춰져 있습니다. 반면 일본어에서 바보를 뜻하는 '빠가야로'는 진2세, 호해 및 호해의 행동을 이야기하는 것입니다. 어쨌든 지록위마에 등장하는 이야기를 보면 속이는 조고나 속는 호해의 손뼉이 너무 잘 맞습니다. 조고가 속이는 대로 호해는 속아주는 거죠. 사기꾼(지록위마)과 바보(빠가야로)가 보여주는 이 호흡, 정말 실재했던 걸까요? 정말 이 이야기는 신뢰할 만할까요?

그 해답을 찾기 전에 이 이야기 배후에 두 인물의 관계가 보통 관계가 아니라는 점을 아셔야 합니다. 과연 호해와 조고, 이 두 사람은 어떤 관계였을까요? 조고가 감히 황제인 호해 앞에서 어떻게 그렇게 대담하게 사실을 왜곡할 수 있었으며, 호해는 왜 조고 앞에서 그렇게 바보처럼 굴었을까요?

호해는 원래 언변이 부족하고 대인관계가 상당히 약한 인물이었습니다. 게다가 미리 생각하고 일 처리를 하는 것이 아니라 무모하고 경솔하게 덤벼드는 편이었습니다. 여러 단점 가운데 가장 큰 단점은 한번 신뢰하면 그 사람에게 과도하고 맹목적으로 의존한다는 것입니다. 진시황이 생존해 있을 때는 그 대상이 진시황이었음은 앞서 언급했습니다. 그만큼 믿고 따르니 진시황도 호해를 더 예뻐했던 것이고요. 시황제 사후에는 그 대상이 스승인 조고로 바뀌었습니다.

조고라는 인물은 시황제가 호해를 위해 특별히 선별해 뽑은 인물입니다. 시황제가 그를 호해의 스승으로 뽑은 이유는 두 가지가 있습니다. 하나는 그가 믿을 만한 인물이었고 다른 하나는 그가 나름 뛰어난 재주를 가지고 있었기 때문입니다. 그 재주 덕분에 조고는 진나라 궁정에서 상서졸사尙書卒史(문서 전달을 주로 하는 직책)가 되었습니다. 상서졸사는 진왕의 비서와 같은 직책이었습니다. 덕분에 오랫동안 영정 곁에서 기밀 업무를 담당할 수 있었습니다. 나중에 조고는 중차부령(궁중의 마차나 수레를 관리하는 직책) 겸 행새부령사行璽符令事(황제의 옥새를 맡아보는 관리)이 되어 영정의 어가를 책임지고 옥새까지 관리하는 등 절대적 신뢰를 받았습니다. 영정의 최측근 호위대장이던 몽의가 조고의 죄질이 나빠 관직을 삭탈하고 사형에 처해야 한다고 시황제에게 고하자 시황제가 직접 이를 무마시킬 정도였습니다.

조고는 호해의 스승이 된 후 그의 신뢰를 얻기 위해 많은 노력을 했습니다. 덕분에 시황제 사후 호해의 신뢰를 등에 업고 권력을 한 손에 넣을 수 있었습니다. 호해는 조고의 말이라면 죽는시늉까지 할 정도로 신뢰했습니다. 7가지 정도로 그 논거를 대어 볼까요?

첫 번째, 사구의 음모입니다. 호해는 조고의 꼬드김에 빠져 유조를 조작해 큰형인 부소의 자진을 명합니다.

두 번째, 형제 학살입니다. 호해가 즉위 후 인륜을 저버리고 감행했던 형제 제거 역시 조고의 머리에서 나온 것입니다.

세 번째, 몽의에 대한 불신임입니다. 호해는 즉위 이후 몽염의 아우인 몽의 장군을 중용하려 했으나 조고의 반대로 자신의 생각을 접습니다.

네 번째, 사치 향락에 빠집니다. 이 역시 조고의 꼬드김 때문이었습니다.

다섯 번째, 정무 소홀입니다. 호해는 조정 대신들을 직접 대면하지 않았습니다. 오히려 조고를 중간 연락책으로 두고 자신의 대리인인 조고를 통해 정무를 처리했습니다.

여섯 번째, 무조건적 조고 변호입니다. 조고의 정치 개입이 심해지자 이사와 노신(老臣)들이 조고의 파면을 주청한 적이 있었습니다. 그러자 호해는 무조건적으로 조고를 변호했습니다. "그대들이 조고가 권력을 독점하여 변란이 일어날 것이라고 하나 이 무슨 말도 안 되는 소리요! 조고가 궁에서 일한 지 얼마나 오래되었소? 그 시간 동안 남의 위기를 이용해 자신의 세를 불리거나 하지도 않았소. 그리고 항상 성실히 정무에 임했소이다. 얼마나 청렴하며 능숙한 일처리를 보였는데 의심을 하다니요? 그는 자신의 능력과 충성심만으로 저 자리에 올랐소이다. 그래서 신뢰하고 총애하는 것인데 왜 변란을 일으킬지도 모른다고 하는 것이오?"

이렇게 조고에 대한 무한한 신뢰를 대신들에게 보여준 호해는 오히려 이사 등에게 조고를 의심하지 말라고 부탁을 했습니다. "짐은 어린 나이에 부모를 여의고 믿을 만한 이가 거의 없소이다. 정무 처리도 미숙하잖소. 게다가 경(승상 이사)은 연로하시어 언제 짐의 곁을 떠날지 모르는데 조고라도 없으면 누굴 믿고 일을 맡긴단 말이오? 조고는 정직하고 이치에도 밝으며 충성심도 강하니 더는 의심하지 마시오." 그만큼 호해는 조고를 시황제 사후 자신이 믿을 만한 거의 유일한 인물로 여기고 있었습니다. 그래서 부친인 시황제에게 보였던 신뢰와 애정을 쏟아 부었던 것이죠.

이렇게 신뢰했던 조고가 계속 공격당하자 호해는 결단을 내립니다. 조고를 처단하고 민심 안정에 힘쓰라던 승상 이사를 비롯한 조정 대신의 명단을 조고에게 넘겨준 것이죠. 그리고는 조고더러 그 명단에 있는 대신들을 하옥한 다음 알아서 처리하라고 했습니다. 조고는 기대에 부응이라도 하듯이 각종 죄명을 씌워 처단했습니다. 심문 결과를 보고받은 호해는 기뻐하며 "그대가 짐의 곁에 있으니 천만다행이오. 까딱했으면 승상과 대신들에게 속을 뻔했소이다."

일곱 번째, 죽는 순간까지 보인 신뢰입니다. 진2세 통치 기간 중 진승·오광이 거병하면서 천하가 다시 혼란에 빠졌습니다. 항우는 거록 전투에서 진나라 주력을 전멸시켰고 유방은 관중 지역을 점령하면서 함양성을 압박했습니다. 조고는 진나라의 국운이 다했다고 생각하고 정변을 일으켰습니다. 아우인 낭중령郞中令(궁정 호위 대신) 조성趙成과 사위인 함양령咸陽令(도성인 함양성의 책임자) 염락閻樂에게 군대를 이끌고 망이궁을 공격한 후 호해의 자결을 명했습니다. 사서에 호해가 자진하기 전에 염락과 나눈 대화가 기록되어 있는데 여기서 호해와 조고가 어떤 관계였는지 확실히 파악할 수 있습니다.

호해가 "승상을 한번 볼 수 있겠는가?"라고 요청하자 염락은 "아니 되오"라며 거절했습니다. 호해가 다시 "일군(一郡)의 왕만 되어도 괜찮다. 그것도 안 되는가?"라고 자신을 살려줄 것을 청했으나 염락은 역시나 절대 안 된다며 거절했습니다. 호해가 "대부(大夫)가 되어 그의 밑에서 봉직하는 것도 안 되는가?"라고 묻자 역시 거절당했습니다. 그래도 호해는 일말의 희망을 품고 "황후와 함께 백성이 되어 목숨만 부지하는 것도 안 되는가?"라고 물었습니다. 염락은 더 듣고 싶지 않다는 듯 "난 승상의 명령을 받들어 천하의 공적(公敵)을 제거할 뿐이오. 무슨 말을 하든 응해줄 수 없소"라고 대답했습니다. 그리고는 부하들에게 명해 호해를 자결하도록 했습니다.

"죽기 전에 하는 말이 가장 진실한 말이다"라는 말이 있습니다. 앞서 살펴봤듯이 호해는 부친인 진시황의 죽음을 본 후 생명의 유한함에 대한 불안, 탄식을 늘 했습니다. 그만큼 정치적 공적이나 위상보다 인생을 즐기는 걸 중시했습니다. 그랬기에 죽음이 목전에 다가온 순간에도 목숨을 부지하고자 했던 것입니다. 그는 죽기 전에 가장 신뢰했던 조고를 단 한 번이라도 다시 보고 싶어 했습니다. 정변을 일으켜 자신을 죽음으로 몰아넣는 인물이었지만 전혀 원망하지 않고 그저 얼굴 한 번만 보고 싶어 할 만큼 신뢰하고 의지했던 겁니다.

역사학자인 저로서는 사서에서 이 내용을 볼 때마다 의구심이 들곤 했습니다. 호해와 조고는 공적으로는 군신관계이고 사제지간이었으며, 사적으로는 친구관계였으며 감정적으로는 부자지간과도 같았습니다. 그만큼 철석같이 믿던 사이였습니다. 하지만 그 믿음으로 호해는 정치적인 판단력뿐 아니라 상식적 수준의 분별력마저 상실한 채 주관을 상실한 바보가 되어 버렸습니다. 이런 배경을 잘 안다면 지록위마의 이야기를 더 잘 이해할 수 있을 것입니다. 그리고 시황제가 왜 호해를 총애했는지에 대한 단서도 찾을 수가 있죠.

물론 시황제가 호해를 총애한 이유가 꼭 자기를 무조건 믿고 따랐기 때문만은 아닙니다. 또 다른 이유가 더 있었는데 무엇일까요? 제가 살짝 힌트를 드릴까요? '아내가 예쁘면 처갓집 기둥에 절을 한다.'

호해와 그의 모친

자고로 시황제 영정처럼 절대 권력을 손에 쥔 자들이 어린 아들을 총애하는 중요한 이유가 있습니다. 바로 여러 처첩들 가운데 그 어린 아들의 모친이 젊고 아름다워서 늙은 권력자의 환심을 많이 사기 때문이죠. 동서고금을 통틀어 봐도 남자는 어린 여자를 좋아합니다. 그리고 그 여인이 낳은 어린 아들을 매우 총애하죠. 진시황도 마찬가지였을 것입니다. 하지만 사서에는 호해의 모친에 대한 어떠한 언급도 없습니다.

고대 중국, 특히 진한시대에는 정치 제도적으로 왕후나 황후의 정치 간섭이 최대한 억제되었습니다. 물론 남편인 왕이나 황제가 세상을 떠나고 아들이 그 자리를 이어받으면 태후의 자격으로 권세를 휘두르며 적극적으로 정치에 개입했던 경우도 있었습니다. 어린 아들이 즉위할 경우에는 그런 경향이 더욱 두드러졌습니다. 섭정하게 되는 태후가 국정 운영의 중심이 되면서 자연스럽게 외척세력이 하나의 거대한 정치 집단을 이루었습니다. 소위 말하는 모후간정母后幹政과 외척발호外戚跋扈가 그것입니다. 이 둘은 왕위세습 제도가 낳은 제도적 산물이었습니다.

진나라 역사도 마찬가지입니다. 이미 살펴본 것처럼 시황제의 고조모인 선태후, 양조모인 화양태후, 모후인 제태후 모두 한때나마 막강한 권세를 휘둘렀습니다. 진2세 호해의 모후도 마찬가지였을 것이라 추측할 수 있습니다. 호해가 즉위하기 전까지는 진시황의 위세 때문에 조용히 있었을 수 있지만 시황제 사후 즉위한 다음에는 조용히 있었을 리가 없습니다. 하지만 사서에는 그 어떠한 기록도 없습니다. 이상하지 않습니까?

저는 종종 이런 말을 하곤 합니다. 역사서에는 실제 사건의 만분의 일만 기록되어 있고 나머지 9999가지 사건은 공백처리가 되어 있다고 말입니다. 만약 정말 그렇다면 우리가 역사를 연구할 때는 최대한 합리적인 추론을 해서 이 엄청난 공백을 메워야 합니다. 논리적인 추론을 통해 그 공백들을 메워나갈 정확한 방향을 제시한 후 연구를 통해 증명해야 합니다. 호해의 모친에 대해서도 이런 식으로 접근해 보겠습니다.

앞서 말씀드린 대로 조고를 절대적으로 신뢰한 호해는 이사를 중심으로 한 대신들이 조고를 숙청해야 한다고 주청하자 더는 조고를 의심하지 말라고 당부했습니다. 《사기》〈이사열전李斯列傳〉

제국의 몰락 241

에는 그때 호해가 조고에 대해 보여준 군신지간을 넘어서는, 부자지간에 가까운 신뢰가 기록되어 있습니다. "짐이 어려서 부모를 여의었고 할 줄 아는 것이 아무것도 없으며 백성들을 다스리는 데도 서투르오. 게다가 승상께서는 이미 연로하여 언제 짐의 곁을 떠날지 모르는 마당인데 조고라도 없으면 누구를 믿고 일을 맡긴단 말이오?朕少失先人, 無所識知, 不習治民, 而君又老, 恐與天下絶矣. 朕非屬趙君, 當誰任哉?"

여기서 호해가 '어려서 부모를 여의었다少失先人'라고 한 말에 주목해야 합니다. 호해가 이 말을 한 이유는 아마 부친인 시황제가 이미 세상을 떠났기 때문일 것입니다. 하지만 그의 모친이 진시황보다 더 일찍 세상을 떠났을 가능성도 있습니다. 그렇지 않고 진시황 사후 그의 모친이 생존해 있었다면 분명 태후가 되어 외척세력이 정치 전면에 등장했을 테니까요. 그리고 앞서 호해가 이사 등에게 말한 것처럼 조고 이외에 의지할 데가 없을 만큼 고독을 느끼지도 않았을 겁니다. 따라서 시황제가 호해를 그토록 아낀 이유는 호해의 모친이자 자신이 총애하던 비妃가 일찍 세상을 떠났기 때문일 가능성이 큽니다. 자신의 못다 한 사랑을 그 자식인 호해에게 쏟아 부은 것이지요. 호해의 모친이 진시황보다 일찍 세상을 떠났기 때문에 호해 즉위 후 외척의 발호가 없었던 것이라 생각합니다.

사랑하는 비를 먼저 떠나보낸 시황제는 일부러 조고를 호해의 스승으로 임명했을 것입니다. 물론 조고의 능력도 시황제의 눈에 쏙 들었습니다. 조고는 일류 서예가이면서 법률 전문가였습니다.

게다가 무예에도 뛰어났으며 행정 처리 능력도 빼어났습니다. 또 한 가지 조고를 호해의 스승에 임명한 중요한 이유가 있었습니다. 조고가 조나라 사람이라는 점이었습니다.

지금도 중국은 사투리가 심하고 지역별 특징이 두드러지는 편이지만 전국시대에는 그 차이가 지금으로서는 상상할 수 없을 만큼 컸습니다. 그래서 다른 지역, 다른 나라 사람들과 언어적으로나, 문화적으로 상당한 이질감을 느껴야 했습니다. 그만큼 교류하기 어렵고 불편했습니다. 과거에 여불위도 제태후 조희에게 일부러 조나라 사람인 노애를 천거해 올리지 않았습니까? 진시황이 조나라 출신 조고를 호해의 스승으로 임명한 것도 조고가 어릴 때부터 조나라의 언어와 문화에 익숙했기 때문이 아닐까 합니다.

호해가 진왕정 18년에 태어났을 당시에 조모인 제태후 조희는 생존해 있었습니다(제태후는 진왕정 19년에 사망). 따라서 왕궁 내에 조나라 세력이 어느 정도 존재했을 것입니다. 때문에 호해는 조나라에 더욱 친숙함을 느꼈을 가능성이 크고요. 그런 왕궁에서 호해의 모친은 어땠을까요? 그녀는 조나라 출신이었을까요? 만약 그녀가 조나라 출신이 아니라면 호해가 조나라와 친숙하다는 설정 자체가 다소 억지스러울 수도 있습니다. 하지만 그녀의 출신이 조나라라면 조희, 호해, 조고 등 조나라와 관련된 요소들을 서로 연관 지을 수 있겠죠. 그러면 호해의 모친을 둘러싼 미스터리를 이해할 수 있습니다.

지금까지 추적하다 보니 진시황이 왜 호해를 총애했고, 후계자로 왜 그를 낙점했는지도 어느 정도 알 수 있었습니다. 물론 호해 모친의 정확한 정체에 대해서는 아직 밝혀내야 할 사항이 많습니다. 하지만 증거가 부족하기 때문에 좀더 연구해 봐야 합니다. 어쨌든 일찍 세상을 떠난 호해의 모친이 진시황의 황후였을 가능성은 거의 희박해 보입니다.

이제 마지막으로 진시황의 장자인 부소의 모친이 누구인지 살펴보도록 합시다.

아홉 번째 추적

진시황은 왜
태자를 책봉하지 않았나?

황장자 부소

진시황의 여러 아들 가운데 장자 부소는 능력이나 인망이 가장 뛰어났습니다. 그래서 진시황뿐 아니라 제국 내 모든 이가 인정했던 황위 계승 1순위 후보자였습니다. 하지만 진시황은 그를 정식 태자로 책봉하지 않았습니다. 그 때문에 막내아들 호해가 조고의 부추김을 받아 황위에 올랐고 만세萬世까지 존속시키려고 했던 진제국은 멸망의 길을 걷게 됩니다. 진시황이 왜 태자를 미리 책봉하지 않았는 지는 가장 해결하기 어려운 진시황 미스터리가 되었습니다.

　　진나라의 왕위 계승 제도는 오래전부터 확립되었습니다. 재위 중인 진왕이 정식 태자를 책봉하면 태자는 또 자신의 후계자를

제국의 몰락　245

미리 확정하는 식이었죠. 이 때문에 왕권은 장기적 안정을 보장할 수 있었습니다. 진시황의 증조부인 진소왕을 예로 들어보겠습니다. 앞서 여러 차례 살펴봤으니까 좀더 이해하기 편할 것입니다. 소왕은 즉위 후 안국군 영주를 태자로 책봉합니다. 그리고 안국군은 진시황의 부친인 영이를 태자 후계자로 확정했습니다.

진소왕이 세상을 떠나자 안국군 영주가 즉위했고, 영주가 세상을 떠나자 영이가 차례로 즉위했으며, 영이가 세상을 떠난 후에는 진시황 영정이 즉위했습니다. 효문왕(안국군 영주)이 즉위 3일 만에 세상을 떠나고 장양왕 영이 역시 재위 3년 만에 죽는 예측할 수 없는 돌발 상황이 발생했지만 후계자 분쟁은 없었습니다. 이런 전례에 비추어보았을 때 진시황이 태자를 미리 책봉하지 않은 점은 그 사실 자체만으로 엄청난 우환을 남긴 것이라 할 수 있습니다. 진나라의 제도와도 맞지 않고요.

왜 그랬는지 원인을 찾기 위해서는 당시 시대 상황과 인물들을 살펴봐야 합니다. 사실 진시황의 여러 아들 가운데 가장 태자 자리에 가까이 다가가 있던 이는 장자인 부소입니다. 그리고 진시황의 황후도 부소의 모친일 가능성이 가장 큽니다. 이번 추적으로 왜 태자를 미리 책봉하지 않았는지, 황후의 정체에 대한 의문이 모조리 해결되는 일거양득의 효과를 거둘 수도 있습니다. 그동안 해 온 것처럼 추적에 앞서 해당 용의자의 프로필부터 살펴보겠습니다. 다음은 부소의 프로필입니다.

부소는 진시황 35년(기원전 212년) 기록에 그 이름을 처음 내밀었습니다. 이해에 시황제는 48세였으며 부소는 아직 30세가 되기

부소 프로필	
이름	부소
부친	진시황
모친	?
신분	황장자
직업	상군 북부 군대 감군
사망	진시황 37년

전입니다. 부소가 등장한 이해에 매우 유명한 역사 사건이 발생했습니다. 그리고 부소의 등장은 이 역사 사건과 연관이 있습니다. 바로 '소위' 갱유坑儒라고 알려진 사건입니다. 여기서 제가 '소위'라는 말에 초점을 맞춘 것을 주목해 주십시오. 일반적으로 '소위'라는 말이 붙으면 실제 진상은 알려진 것과 다를 수 있다는 의미입니다. 제가 굳이 여기서 이 표현을 쓴 이유도 갱유라는 사건 자체가 역사적 사실과는 다르기 때문입니다. 무슨 말일까요?

갱유 사건의 진실

만년의 진시황은 무엇보다 죽음을 두려워했습니다. 그래서 장생불로에 과도하게 집착했죠. 고대 중국에서는 장생불로의 술법을 수련하고 선단仙丹이나 선약仙藥을 제련하는 이를 방사라고 불렀습니다. 요즘 흔히 볼 수 있는 기공사氣功師로 생각하시면 됩니다. 이는 도가道家와 깊은 연관이 있었습니다.

　　진시황 28년, 두 번째 천하 순행을 나선 진시황이 낭야대에 도착했을 때입니다. 생애 처음으로 푸른 바다를 접한 진시황 영정은 그 아름다운 자연경관에 흥분을 감추지 못했습니다. 오죽했으면 낭야대에서 3개월을 머물렀겠습니까? 게다가 낭야대에 자신의 공적을 기록한 석각을 세우고 별관別館(황제가 순행 길에 묵는 거처)을 지었으며 백성을 3만 호 이주시킨 다음 그들의 세금을 감면해 주었습니다. 낭야대를 자신의 휴양 도시로 변모시킨 것입니다.

진시황은 바로 이 낭야대에서 문제의 인물을 만납니다. 방사 서복徐福었습니다. 서복은 신산神山에서 신선이 먹는 선약을 먹으면 불사의 삶을 살 수 있고 질병도, 걱정도 없는 행복한 삶을 살 수 있다는 말을 했습니다. 여기서 말하는 신산이란 각각 봉래산蓬萊山, 방장산方丈山, 영주산瀛洲山을 가리킵니다. 서복의 이 말은 죽음을 두려워하던 진시황에게 눈이 번쩍 띄는 정보였습니다. 그래서 서복의 제안을 받아들인 후 동남동녀童男童女 수천 명을 파견하여 선약을 구해오도록 했습니다. 이 결정은 진나라 말기 방사들이 급속도로 불어나게 된 계기가 됐습니다.

이후 많은 수의 방사가 진시황의 기대에 부응하기 위해 함양으로 몰려들어 그 수가 무려 300명 이상이 되었습니다. 그 가운데 한나라 출신의 방사인 후생侯生과 연나라 출신의 방사인 노생盧生은 진시황에게 후한 대접을 받았습니다. 특히 노생은 '진나라는 호胡에 의해 멸망한다亡秦者胡也'라는 말을 퍼뜨려 만리장성을 쌓는 계기를 제공하기도 했습니다. 그들은 천하 각지를 돌아다니며 진시황을 위한 불로불사의 선약을 물색했습니다.

그러나 선약을 어디서 찾겠습니까? 선약을 찾지 못한 노생 등은 진시황에게 다소 황당한 이유까지 댔습니다. "신들이 폐하를 위해 영지靈芝, 선약, 신선을 찾아다녔습니다만 아직 전혀 찾지 못한 이유가 있사옵니다. 바로 악귀들이 중간에서 방해를 하고 있기 때문입니다. 악귀가 접근하지 못하도록 폐하께서는 순행하러 다니실 때 각별히 조심하셔야 하옵니다. 절대 폐하의 행선지나 이동 경로를 발설하지 마옵소서. 그리만 되면 악귀들이 사라져 신선을 쉽게 찾을 수 있을 것이옵니다. 신선들은 물속에서는 그 모습을 감추며 불구덩이에서도 전혀 고통을 느끼지 않고 구름 위에서 하늘과 땅만큼 영원한 삶을 유지하고 있습니다. 그들에게 선약을 요구하시려면 우선 신선들과 기氣를 교환해야 하옵니다. 하지만 폐하께서는 천하를 직접 통치하시느라 신선과 기를 교환할 여유를 갖지 못하고 계십니다. 폐하, 폐하께서 머무시는 궁전에 대해 누구도 모르게 하오시면 신선이 나타나 불사의 선약을 줄 것이옵니다."

문제는 이런 황당한 이유도 이미 선약에 정신을 빼앗긴 진시황에게는 너무나 당연하게 받아들여졌다는 사실입니다. 그는 신선을 만나고 싶어 황제가 자신을 칭할 때 사용하는 일인칭 용어인 '짐朕'을 사용하지 않고 '진인眞人(도교에서 수양하는 이를 가리키는 말)'이라 칭하겠다고 했습니다. '짐'은 황제 전용 칭호로 진시황이 천하를 통일한 이후 제정한 칭호였습니다. 반면 '진인'은 도가 방사들이 신선을 부르는 칭호였습니다. 말년의 진시황은 이미 황제라는 절대 권력자보다 불로불사의 신선이 되길 원했던 것입니다. 그래서 이후에는 매우 은밀하게 움직이며 자신의 행적을 발설하는 자는 바로 사형에 처했습니다.

사안이 사안인지라 진시황은 매우 진지했습니다. 그래서 노생에게도 "네 말대로 하면 신선이 나타나 선약을 준다고 하니 진인(진시황 본인)은 그대로 따라 할 뿐이다. 만약 네 말대로 되지 않을 경우에는 용서하지 않겠다"라고 분명히 다짐을 받았습니다. 진나라는 법가를 신봉하는 법치국가였습니다. 그만큼 실효성을 중시했고, 그래서 방사 등에 대해 '방술과 재주가 어중간하거나 효력이 없을 경우 관련자는 사형에 처한다不得兼方, 不驗, 輒死'라고 규정했습니다. 따라서 효력이 나타나지 않으면 노생 등 방사들은 죽은 목숨이었습니다.

방사들 입장에서는 이미 엎질러 놓은 물이라 더는 되돌릴 수 없는 상황이 되었습니다. 그래서 한꺼번에 도망가버렸습니다. 대로한 진시황은 이 사건을 감찰기구인 어사대에 넘겨 그 책임을 철저히 추궁하도록 했습니다. 결국 함양에 있던 방사나 문인文人, 잡기雜技에 능한 이들이 숱하게 잡혀 심문을 받았으며 그 중 460여 명이 유죄 처리되어 함양 동부 외곽지역에 생매장되었습니다.

이 사건이 바로 우리가 알고 있는 역사적 사건, '분서갱유' 가운데 '갱유'의 진상입니다.

《사기》〈진시황본기〉에 갱유가 처음 등장한 이후 이 사건은 지난 이천 년 동안 진시황의 악명을 확대, 재생산하는 중요한 근거로 사용됐습니다. 저는 진시황의 미스터리들을 조사하는 과정에서 진시황이 반유학反儒學 정서를 가지고 있었다는 그 어떤 증거도 찾지 못했습니다. 부소를 추적해 들어가다가 갱유 사건을 만난 저는 우리가 여태껏 알고 있던 갱유 사건의 진상에 대해 의문을 가지지 않을 수 없었습니다. 그러다 보니 《사기》〈진시황본기〉의 갱유 기록이 실제 있었던 역사가 아니라 후세 사람들이 조작한 역사가 아닐까 의심하게 되었습니다. 갱유 사건은 그 자체만으로도 진시황 개인의 일생뿐 아니라 이후 중국 역사 전체에 심대한 영향을 미쳤기 때문에 저는 부소를 추적하기에 앞서 먼저 이 사건의 진위를 밝혀보고 싶었습니다. 《사기》〈진시황본기〉에는 방사 후생과 노생이 도망간 이후 상황에 대해 다음과 같이 서술하고 있습니다.

> 시황제가 방사 노생, 후생이 도망간 소식을 듣고 "천하의 모든 서적을 몰수하여 내 앞에서 불필요한 것들은 모조리 없애버려라. 문학방술사文學方術士들이 자못 몰려들었을 때 천하가 태평하길 바라는 마음에 방사들에게 선약을 찾으라 명했다. 헌데 한중 등은 도망가고 서복도 엄청난 비용을 들였건만 약을 구하기는커녕 사사로운 이익을 챙겼다고 하는구나. 짐이 노생 등을 심히 후하게 대접했건만 감히 짐이 부덕하다고 비방을 한다 하니 그대로 놔둘 수가 없다. 함양에 남아 있는 자諸生들은 유언비어로 민심을 어지럽히고 있다고 한다"라며 대로했다. 그래서 어사에게 명해 상세한 죄상을 조사하라 하니 목숨을 부지하려고 서로 고발했다. 그렇게 잡힌 자들諸生이 460여 명에 달했다. 이들을 모두 함양에 생매장하여 후세 사람이 경각심을 갖도록 했다.
>
> 始皇聞亡, 乃大怒曰: "吾前收天下書不中用者盡去之. 悉召文學方術

제국의 몰락 251

士甚衆, 欲以興太平, 方士欲練以求奇藥. 今聞韓衆去不服, 徐市等費以巨萬計, 終不得藥, 徒奸利相告日聞. 盧生等吾尊賜之甚厚, 今乃誹謗我, 以重吾不德也. 諸生在咸陽者, 吾使人廉問, 或爲妖言以亂黔首." 於是使御史悉案問諸生, 諸生傳相告引, 乃自除. 犯禁者四百六十餘人, 皆坑之咸陽, 使天下知之, 以懲後.

사서에 기록된 위 내용을 자세히 살펴보시되 다음 세 가지 사실에 주의해 보시기 바랍니다.

첫째, 생매장되는 대상을 지칭하는 말이 변화했습니다. 갱유 사건 가운데 이름이 거론되는 자들은 전부 방사입니다. 후생과 한중은 한나라 출신 방사이고 서시는 서복을 가리키는데 그는 제나라 출신 방사입니다. 그리고 노생은 연나라 출신 방사죠. 직접 이름이 언급된 이들은 수년간 진시황 주변에서 그를 기만했고 결국 진시황을 분노하게 했습니다. 따라서 갱유 사건의 실질적 주모자입니다. 하지만 진시황이 크게 분노해 갱유를 명할 때는 단순한 방사라 하지 않고 '문학방술사'라고 했습니다. 방술사는 방사를 가리키지만 문학은 글을 하는 선비, 즉 유학 등 학문을 공부하는 이들을 가리킵니다. 제가 지적하고 싶은 부분은 진시황이 문학방술사라고 언급한 후 문학에 관련해 직접 이름을 언급한 인물이 없다는 점입니다.

위 기록에서 중간 부분, 더 나아가 이 자료의 하반부에 이르면 문학방술사는 아예 '~한 자들諸生'이라는 말로 바뀝니다. '제諸'는 많다는 의미이고, '생生'은 학자를 가리키니까 이 말은 학자, 유학자들을 가리키고 있습니다. 문학 방술사를 '~한 자들'이라는 말로 대체한 이유는 방사라는 의미를 약화시키고 유생이라는 의미를 좀더 강화하기 위함입니다. 누군가 몰래 이런 조작을 한 듯합니다. 이 기록에 이어 공자 부소가 진시황에게 간언하는 장면을 볼까요?

> 시황제의 장자, 부소가 간언했다. "폐하, 천하가 이제 막 안정되었사옵니다. 그래서 아직 함양에서 멀리 떨어진 지역의 백성들은 완전히 복속되지 못했사옵고, 많은 이들諸生이 공자의 학문을 배우고 따르고 있사옵니다. 그런데 그들을 엄히 다스리시오면 천하가 불안해질까 소자 두렵사옵니다. 부황께서 굽어살펴주시옵소서."
> 始皇長子扶蘇諫曰: "天下初定, 遠方黔首未集, 諸生皆誦法孔子, 今上皆重法繩之, 臣恐天下不安, 唯上察之."

갱유 사건의 원인 제공자는 방사들입니다. 따라서 부소가 진시황에게 이에 대해 언급을 한다면 응당 방사들이 선약을 구하겠다고 한 부분부터 말해야 함에도 전혀 언급이 없습니다. 오히려 '많은 이諸生'를 걸고 넘어지고 있죠. 더구나 이제는 아예 많은 이를 공자를 배우고 그 가르침을 따르는 유생으로 확실히 한정 짓고 있습니다. 그렇다면 이는 뭘 의미하겠습니까? 부소의 발언이라고 하는 이 기록은 분명 의도적으로 편집된 기록일 가능성이 큽니다. 제 눈에는 부소가 했다는 이 말은 진시황을 만류하기 위한 간언이 아니라 '많은 이'가 유생들을 가리킨다는 점을 강조하기 위한 발언으로 보입니다.

여러분들이 이해하기 쉽게 갱유사건의 직접 당사자가 어떻게 변했는지 다시 한번 정리해 보겠습니다. 처음에는 방사, 다음에는 문학방술사, 그 다음에는 '~한 자들'을 뜻하는 제생, 마지막으로 '공자를 배우고 가르치는' 모든 유생으로 바뀌었습니다. 이렇게 정리를 하다 보니 역사학자인 저는 직업병이 발동하더군요. 뭔가 의심스러운 내막이 실제 역사의 진실을 바꿨다는 직감 말입니다.

둘째, 처벌을 받는 부분도 이상하기 짝이 없습니다. 앞서 진시황이 분노해 갱유를 명했다고 한 기록에서는 진시황이 문학방술사를 어사에게 넘겨 처벌하도록 했다고 했습니다. 여기서 말하는 어사는 감찰 책임을 가진 어사를 말하거나 어사대부의 약칭일 수도 있습니다. 어사대부는 부승상으로 사법처리도 주요 직무 중 하나였으니까요.

진나라 제도에 따르면 어사들이 정말 문학방술사들을 처벌했다면 분명 엄격한 법률에 따라 심판하고 형을 정했을 것입니다. 위의 기록들에는 그들이 모두 생매장되었다고만 나옵니다. 하지만 현재까지 알려진 진한시대 법률에 따르면, 특히 최근 출토된 다량의 법률 문서를 보면 생매장으로 사형시키는 경우는 없었습니다.

당시에는 생매장으로 사람의 목숨을 빼앗는 것 자체가 악행으로 취급되었습니다. 예외적으로 살인이 무한정 허용되는 전장에서만 등장합니다. 그러나 전쟁 중에 생매장을 해도 세인의 지탄을 받았습니다. 가장 유명한 경우가 바로 진나라 장군 백기가 장평대전에서 승리한 다음 포로 40만을 생매장한 것이 있고, 또 다른 예로 진나라 말기 항우가 진나라 포로 20만을 생매장한 것이 있습니다. 그만큼 처형의 수단으로 생매장을 택했다는 기록은 당시 법률로 봤을 때 뭔가 앞뒤가 맞지 않습니다. 조작한 냄새가 너무 많이 납니다.

셋째, 정작 처벌은 했지만 피라미만 잡고 주모자는 전부 놓쳤습니다. 방사 한중과 노생은 사법망을 피해 도망가 행적이 묘연해집니다. 서복은 한중, 노생과 함께 진시황이 직접 언급한, 가장 죄질이 나쁜 자였습니다. 하지만 서복은 갱유 사건의 영향을 전혀 받지 않고 낭야에서 산해진미를 먹으면서 진시황을 위한 선약을 찾는답시고 천하를 계속 주유하고 다녔습니다.

《사기》〈진시황본기〉에 따르면 갱유 사건 다음 해, 즉 진시황 37년에 다섯 번째 순행에 올랐습니다. 낭야에서 서복을 만난 진시황은 서복을 엄하게 다스리기는커녕 또 그에게 속아 선약을 찾으라고 풀어줍니다. 오히려 선약과 신선을 찾는데 방해가 된다고 서복이 말한 여러 가지 장애요소를 직접 제거하는 선처까지 베풀었습니다. 따라서 지금까지 알고 있던 갱유 사건에서 생매장된 이들은 이름도 모르는 하찮은 자들이었고 정작 핵심 우두머리 네 명은 도망가거나 무사히 생을 보냈습니다. 이런 말도 안 되는 결과를 접하고 나니 진시황이 정말 갱유 했을까 하는 의구심까지 듭니다.

갱유 사건이 처음 언급된 사료는 《사기》입니다. 《사기》 이전의 문헌에서 갱유가 언급된 적이 없었습니다. 한나라 초 정치가인 가의의 《신서》, 한문제에게 진나라의 실패를 언급하며 치국 방안을 조언했던 가산賈山이 쓴 《지언至言》 모두 진시황과 진나라의 실패 원인에 대해 집중적으로 언급한 기록입니다. 그런데 진시황의 여러 가지 실정들 가운데 분서는 언급했지만 갱유에 대해서는 일언 반구도 거론하지 않았습니다. 이는 진시황이 갱유를 하지 않았다는 방증이 되지 않을까요?

저는 이 갱유 사건 자체가 한나라 시대 방사와 유생들이 조직적으로 조작했다고 생각합니다. 왜냐하면 한나라 개국 초기, 방사와 유생들이 정치 무대 전면에 등장하면서 자신들을 진나라 폭정의 희생양이라고 설정해 동정심을 유발하는 등 정치적 이득을 챙길 수 있었기 때문입니다. 여하튼 갱유를 둘러싼 여러 정보 가운데 신뢰성 있는 내용은 바로 부소가 부황인 진시황에게 너무 과도하게 방사들을 신뢰하고 불로장생을 추구한다면서 반대의 의견을 표시했다는 내용입니다. 그는 진시황이 성급하게 처벌을 명한 데 대해 직접 나서 만류하기도 했습니다. 제 추측이지만 당시의 진시황은 이미 방사들이 진상한 여러 가지 이상한 선약들을 복용하고 방술을 수련하고 있었을 것입니다. 그래서인지 실제로 느닷없이 분노하는 일이 잦았고 그날도 예외 없이 크게 분노하며 부소를 즉시 함양에서 내쫓아 몽염 장군이 통솔하는 상군의 북부 방어 군영에 감군으로 보내 버립니다.

이는 시황제가 부소에게 옐로카드를 꺼내든 것이었습니다. 부소를 함양에서 축출한 것 자체는 징벌이자 경고였습니다. 그나마 옐로카드로 끝나서 다행이었습니다. 만약 레드카드를 꺼냈다면 단순히 함양에서 쫓겨나는 정도에서 끝나는 게 아니라 태자 후보군에서 완전히 제외되었을 수도 있으니까요. 어쨌든 부소를 상군으로 보냄으로써 시황제는 아직 태자를 결정하지 못했음을 표시했습니다. 그뿐 아니라 이는 앞으로 부소를 계속 주목해서 지켜보겠다는 제스처이기도 했습니다. 두 가지 정도로 그 이유를 설명하겠습니다.

첫째, 상군 지역이 가지는 지정학적 중요성 때문입니다. 상군은 섬서성 북부 지역으로 오늘날의 연안延安, 유림 이북 지역입니다. 도성 함양의 총책임자인 내사內史(도성 총책임자)의 통솔 지역과 인접해 있는 진나라 북부 수비대 사령부가 있는 지역이었습니다. 진나라 북부 수비대는 몽염 장군의 30만 정예부대로 구성되어 있었습니다. 상군의 북부 수비대는 몽염의 통솔하에 흉노를 격퇴하여 하투河套[21] 지역을 점령한 후 장성을 쌓아 진나라 북부 지역에 견고한 방어선을 구축했습니다.

북부 수비대의 사령부가 있는 상군은 함양 북부 지역 방어의 요충지였기 때문에 도성 외곽 방어의 기능을 수행했습니다. 오늘날 수도방위사령부와 비슷하다고 보면 됩니다. 북부군 사령관 몽염은 내사를 겸임하며 도성 및 북부 지역의 군정 대권을 완전히 장악하고 있었기 때문에 진나라 조정 내에서는 핵심인물이었습니다. 그렇다면 시황제가 굳이 부소를 몽염의 휘하에 들어가게 한 것은 또 다른 의미에서는 그만큼 부소를 인정했기 때문이라고 할 수도 있지 않을까요? 그랬기 때문에 진나라 최강 정예부대의 감군으로 보내지 않았겠느냐는 것입니다.

둘째, 부소가 상군에 도착한 이후 보인 출중한 능력 때문입니다. 부소는 함께 어울리는 이들에게 쉽게 신뢰감을 심어주었습니다. 그래서 감군이라는 감찰직에 있었지만 몽염과 서로 의기투합해 북부 수비대를 잘 꾸려나갔습니다. 제가 앞서 몽염의 아우 몽의는 시황제의 총애를 받은 측근 호위대장이라고 했습니다. 그는 시황제의 곁에서 여러 해 요직을 지냈는데요. 아마 낭중령으로 궁정 내위대신內衛大臣을 지냈을 것이라 추측합니다.

여기서 한번 정리해볼까요. 황장자 부소는 사람들로부터 인정을 한몸에 받고 있는 황위 계승 후보이고, 몽염은 제국 북부 수비대의 총사령관 겸 도성지역 군정대신이었으며, 몽의는 황궁 내 핵심 인물로 시황제의 최측근 시종대신侍從大臣이었습니다. 도성 밖에는 부소와 몽염이, 도성 안에서는 몽의가 서로 내외 호응하며 진나라 조정 내 최대 정치세력이었을 것입니다.

저는 이 시기 역사를 정리하면서 진시황이 만년에 비록 몇 가지 실책을 범했고 다소 급한 성미를 억제하지 못하는 모습을 보이기는 했지만 그렇게 우둔하지는 않았음을 발견했습니다. 그는 매우 과단성 있고 목표지향적인 국정 운영 능력을 갖춘 카리스마형 지도자였습니다. 그만큼 분명하고 확실한 성격이었기 때문에 자기 분을 이기지 못하고 화를 내는 경우가 잦았습니다. 하지만 일단 자신의 잘못을 깨달으면 재빨리 고치는 장점도 가지고 있었습니다. 즉 우유부단하거나 미적거리는 모습은 절대 보이지 않았습니다. 그런 진시황이 후계자 문제에 있어서만큼은 평소와는 달리 우유부단한 모습을 자주 보였습니다. 과감하게 결정하지 못했던 것입니다. 부소를 내치기는 했지만 좀더 고려해 보겠다는 의미에서 경고성 축출만 한 것이 대표적입니다.

 그는 확실히 결정하지 않고 오히려 도성에서 그리 멀지 않은 상군으로 보내 부소에게 제국의 가장 중요한 지역의 군권을 맡김과 동시에 함양 안팎을 총괄하고 있는 몽염 세력과 연계할 수 있도록 했습니다. 이는 부소에게 황위를 물려줄 수도 있다는 의미였습니다. 그만큼 부소와 호해 사이에서 무척 갈등했습니다. 우리가 앞서 언급한 것처럼 만년의 시황제는 막내인 호해를 태자로 책립하려 할 만큼 편애했습니다. 장자 부소와 막내 호해 사이에서 이러지도 저러지도 못하고 갈팡질팡하던 시황제 영정. 과연 그는 자신의 마지막 결정을 어떻게 내렸을까요?

유조 조작

진시황 37년, 진시황이 다섯 번째 천하 순행을 나섰습니다. 그리고 순행에 호해를 동행했습니다. 이는 조정 백관들과 천하에 자신의 후계자는 호해라는 사실을 알리기 위해 일부러 동행한 것입니다. 시황제의 이번 순행에 호해를 동행한 것은 이런 표면적 의도 외에 숨겨진 의도도 있었습니다. 그 숨겨진 의도는 뭘까요? 시황제의 다섯 번째 천하 순행은 시황제 37년 10월에 시작되어 장장 10개월 동안 지속되었습니다. 이 10개월 동안 진나라의 조정 대신들은 두 파로 나뉘었습니다. 바로 우승상 풍거질을 주축으로 한 함양 잔류파와 좌승상 이사를 중심으로 한 진시황 수행파였습니다.

진시황 수행파는 순행에서 조정의 여러 정무를 의논, 처리했습니다. 이동 중인 행궁에서 정무를 처리해야 하는 순행에 진시황은 호해를 동행했습니다. 이는 무엇을 의미할까요? 바로 호해의 정무 처리 능력을 직접 평가하겠다는 것입니다. 한 마디로 밀착 면접, 압박 면접이었습니다. 시황제는 10개월 밀착 면접을 한 후 그의 생애 마지막 결정을 내렸습니다. 그 결과 호해는 태자로 불합격 판정을 받았습니다. 진시황이 붕어崩御하는 순간 남긴 유조遺詔에 그 내용이 그대로 나옵니다. 유조를 한번 살펴볼까요.

진시황 37년 7월, 천하를 순시 중이던 시황제는 지부芝罘(오늘날 산동성 연태)에서 서복을 놓아준 후 함양으로 돌아가는 길에 올랐습니다. 어가가 평원진平原津(오늘날 산동성 평원)에 도착했을 때 시황제가 갑자기 병에 걸렸습니다. 점복가를 불러 점괘를 쳐보니 북쪽 산 귀신이 농간을 부려 생긴 병이라고 했습니다. 시황제는 얼른 심복인 몽의에게 대현代縣(오늘날 하북성 울현) 일대로 가 자신을 대신해 명산의 신선에게 제를 올리라고 명합니다. 신선들의 힘을 빌려 병을 물리치려 한 것입니다.

어가가 황하를 지나 사구의 평대에 도착했을 때 시황제의 병세가 급속히 악화되면서 부득이 어가를 멈춰야 했습니다. 불길한 예감이 든 시황제는 재빨리 후사를 결정하는 유조를 내렸습니다.

이것이 역사적으로 유명한 진시황의 유조입니다. 이것은 진위를 둘러싸고 논란이 그치지 않는 역사 속 미스터리입니다. 《사기》 〈진시황본기〉에 기록된 진시황의 유조를 보겠습니다.

> 평원진에 이르러 병에 걸린 시황제가 죽음을 거론하는 것을 싫어하니 모든 신하들이 감히 죽음과 관련된 이야기를 입에 올리지 못했다. 시황제는 병이 더욱 깊어진 후 공자 부소에게 "함양에 돌아와 상을 치르고 장례를 행하라"고 조서를 내렸다.
> 至平原津而病. 始皇惡言死, 群臣莫敢言死事. 上病益甚, 乃爲璽書賜公子扶蘇曰: "與喪會咸陽而葬."

기록에 남아 있는 유조와 관련된 내용은 이게 전부입니다. 중국 최초의 통일 제국을 세운 황제의 유조라고 하기에는, 그리고 자신의 후사를 결정하는 중대한 문제를 언급한 유조라고 하기에는 너무 간단했습니다. 유조를 내렸다고 간주되는 단서는 '공자 부소에게 조서를 내렸다賜公子扶蘇璽書'는 일곱 자가 전부로 조서의 내용은 '함양으로 돌아와 상을 치르고 장례를 행하라與喪會咸陽而葬.'입니다. 이 내용을 보면 우리는 시황제가 생전에 죽음에 관한 말을 하는 것을 매우 꺼렸으며 아무도 그 앞에서 죽음에 관한 언급을 하지 않았다는 점만 알 수 있습니다. 줄곧 불사의 꿈을 꾸며 끊임없이 사신死神과 싸움을 벌인 시황제는 자신의 사후 제국에 관한 일에 대해 어떠한 언급도 하지 않았습니다. 그러다가 죽음의 문턱에서 사신에게 패배를 인정하고 자신도 죽는다는 사실

제국의 몰락 261

을 받아들였습니다. 불로불사의 미망迷妄에서 벗어난 진시황은 즉시 후사를 결정했습니다. 그리고 부소에게 상군에서 함양으로 돌아와 장례와 관련된 모든 절차를 주재하라고 조서를 내렸습니다.

저희는 이 점을 알아야 합니다. 시황제가 구두로 유조를 내릴 때 그 곁을 수행하던 이가 다름 아닌 호해였음을 말이죠. 호해는 황자들 가운데 유일하게 시황제의 임종 순간을 지켜봤습니다. 호해는 10개월 전 순행에 함께 오를 때만 해도 후계자로 삼으려 했던 황자였습니다. 하지만 정작 마지막 순간에는 곁에 있는 호해가 아닌 멀리 상군에 있는 부소에게 후일을 당부했습니다. 굳이 옆에 있는 호해를 배제하고 멀리 있는 부소에게 후사를 당부하는 이 상황. 어떻게 받아들여야 할까요? 10개월 동안의 밀착 면접 끝에 호해가 후계자로서는 자격 미달이라고 보고 부소를 후계자로 정하겠다는 의도가 아니었겠습니까? 호해에게 갔던 마음이 다시 부소에게 돌아간 것이었습니다.

물론 황자들 중에서는 호해만이 시황제 곁을 지키고 있었지만 눈을 감는 그 순간에는 호해 외에 두 명의 조정 핵심 인물이 더 있었습니다. 바로 승상 이사와 조고였습니다. 호해야 원래 정치적 재능이나 야심이 없던 인물이기 때문에 별다른 반발 없이 부친의 결정을 받아들였습니다. 하지만 그의 스승 조고는 달랐습니다. 당시 조고의 관직은 중차부령 겸 행새부령사였습니다. 즉 시황제의 유조를 기록한 다음 황제의 옥새를 찍어 밀봉한 다음 각 지역으로 보내는 것이 그의 임무였죠. 그런 그가 유조를 즉시 공표하지 않고 오히려 유조를 위조한 다음 원본을 없애자고 호해와 승상 이사를 꼬드겼습니다. 유조도 장자 부소에게 자결을 명하고 막내 호해를 후계자로 내세운다는 내용으로 조작하자고 했습니다. 이 사건을 역사학계에서는 '사구의 음모'라고 합니다.

이 사구의 음모에서 가장 중요한 핵심은 바로 유조입니다. '시황제가 임종 전에 정말 유조를 내렸는지, 유조에는 도대체 무슨 내용이 들어 있었는지, 유조가 정말 조고에 의해 바꿔치기를 당했는지' 하는 문제들을 분명히 알아봐야 합니다.

진시황 유조와 관련해 지난 이천여 년 동안 논란이 끊이지 않았습니다. 숱한 의혹이 제기되었고요. 물론 중국 역사에서 시황제의 유조뿐 아니라 황제의 유조가 논란의 중심이 된 건 비일비재했습니다. 왜 그럴까요? 유조가 황제가 운명하면서 남기는 마지막 말이기 때문입니다. '죽은 자는 말이 없다'고 하지 않습니까? 나중에 사실 여부를 증명할 길이 없기 때문에 차기 권력을 잡으려는 이들은 유조 조작의 유혹을 받았습니다. 황제가 눈을 감는 그 순간 곁을 지키는 이들이 대부분 조정 대신이나 황위 계승 후보인 황자들인데 그들은 자신의 이해관계에 따라 유조를 입맛대로 조작하고 싶어 했던 것입니다. 이들이 유조를 처리한 방법은 세 가지 정도로 요약할 수 있습니다.

첫째, 애초에 유조가 없는 경우입니다. 그럼에도 불구하고 갑자기 유조가 세상에 등장하기도 합니다. 이런 경우는 황제가 붕어하는 순간을 지킨 이들이 자신들에게 유리하도록 유조를 조작한 것입니다. 명나라 시대에 발생한 유조 관련 사건들은 다 이런 경우입니다. 둘째, 유조가 있으며 그 내용이 임종을 지켰던 이들의 이익과 부합하는 경우입니다. 이럴 경우 유조는 그대로 공표된 후 시행됩니다. 한무제가 죽기 전에 어린 아들을 당부했던 곽광 등이 이 부류에 속합니다. 세 번째는 유조가 있긴 하나 그 내용이 임종을 지켰던 이들의 이익에 반하는 경우입니다. 이럴 경우 유조는 조작되고 원본은 은폐되죠. 그렇다면 시황제의 유조는 어떤 경우일까요?

정황상 진시황의 유조는 세 번째 상황에 해당합니다. 《사기》에 언급된 내용을 바탕으로 추론해 보면 유조가 조작되어 공표된 듯합니다. 죽음을 앞둔 시황제가 남긴 말은 후사를 장자인 부소에게 부탁한다는 것입니다. 다른 당부들도 있었겠지만 '함양으로 돌아와 상을 치르고 장례를 거행하라與喪會咸陽而葬'라는 말만 남았습니다. '여與'는 참여한다는 뜻이고 '상喪'과 '장葬'은 장례를 거행한다는 뜻입니다. 그리고 '회會'는 만난다는 의미이고요. 장자인 부소가 장례에 참석한다는 말은 장례식을 주관한다는 것입니다. 장례를 주관하려면 진시황이 죽은 거록군의 사구에서 함양까지 운구해야 했습니다. 하지만 장자인 부소가 상군에 있어 직접 운구는 못하기 때문에 대신 함양에서 장례라도 주관하라는 말이었습니다.

《사기》에 남아 있는 이 상징적 내용은 도대체 누가 남긴 걸까요? 현재로서는 알아낼 방법이 없습니다. 하지만 간접적인 증거는 찾아낼 수가 있습니다. 왜냐하면 《사기》〈이사열전〉에 부소가 이 유조에 대해 언급한 내용이 있기 때문입니다. 유조가 가진 정치적 의미를 조고는 알고 있었습니다. 조고는 시황제의 유조를 즉시 공표하지 않고 우선 호해를 찾아갔습니다. 그리고는 이렇게 말하죠. "폐하께서 붕어하셨습니다. 다른 황자나 왕들에게 따로 유조는 내리시지 않으셨으나 장자이신 부소 황자께만 조서를 내리셨습니다. 만약 부소 황자께서 장례에 참석하시면 황위에 오르시게 될 것이니 공자께서는 영지도 못 받고 밀려나실 겁니다.上崩, 無詔封王諸子而獨賜長子書. 長子至, 卽立爲皇帝, 而子無尺寸之地"

조고가 말한 "장자이신 부소 황자께만 조서를 내리셨습니다賜長子書"의 조서는 진시황이 임종 전에 남긴 실제 유조이자 조고가 불살라 버린 원본 유조를 가리킬 것입니다. 이미 불살라지고 없기 때문에 그 내용이 무엇인지는 알 수 없지만 아마도 부소에게 황위를 넘긴다는 이야기였을 것입니다.

유조를 둘러싸고 발생한 사건들의 특징은 다음과 같이 요약할 수 있습니다. '살아 있는 사람이 자신의 목적을 달성하기 위해 죽은 사람이 남긴 유조를 이용한다.' 죽은 사람이 남긴 말이 자신의 목적에 부합하면 그대로 공포해 실행하고 만약 자신의 이익과 배치되면 조작했습니다.

역사 속에서 발생한 숱한 유조 관련 사건들은 진상 파악이 힘듭니다. 왜냐하면 당시 살아 있던 이해당사자가 자신의 이익에 맞게 유조를 조작한 다음 발표해버렸기 때문입니다. 따라서 이 문제의 진위를 밝히려고 힘을 쏟아봐야 별 소용이 없습니다. 조작된 유조에는 당시 살아 있던 자들의 이익이 반영되었던 만큼 이후의 역사는 그들의 입맛에 맞게 조작된 유조에 의해 움직였습니다. 따라서 원본 유조보다 조작된 유조가 역사학적으로는 더 중요할 수 있다는 생각에 동의할 수 있을 것입니다. 저희가 살펴보고 있는 진나라 말기 진시황의 유조도 마찬가지입니다. 이후 역사는 진시황이 실제로 남긴 유조대로 움직인 게 아니라 조작된 유조대로 움직이지 않았습니까? 장자 부소는 자살하고 막내 호해가 황위에 즉위하는 식으로 말이죠. 그리고 그 결과 진나라가 멸망하기까지 했습니다.

그렇다면 조고 등은 어떻게 유조를 위조했을까요? 그리고 부소는 왜 그 위조된 유조 때문에 자살했을까요? 진나라 말기 역사의 미스터리 중 하나인 '진시황 유조 조작 사건'을 좀 더 살펴보겠습니다.

《사기》〈이사열전〉에 따르면 호해, 조고, 이사 등은 호해가 황위를 계승한다는 유조를 승상 이사가 직접 받들었다고 조작하기로 서로 합의했습니다. 그러면서 부소에게 보내는 조서도 위조했습니다. 어떻게 위조했는지 살펴보겠습니다. 위조한 조서의 내용은 부소 세력을 일거에 숙청하는 것이었습니다. '짐이 천하를 순시하며 명산의 신령들에게 장수를 기원했느니라. 부소와 장군 몽염은 수십만 장병을 이끌고 변경에 10여 년이 넘도록 주둔하면서 아직 어떠한 공로도 없으니 이 어찌 손실이라 하지 않겠는가. 게다가 부소는 공로도 없는 상태에서 오히려 짐의 의견에 반대만 했고 태자에 책봉되지 못했다고 짐을 원망했다. 자식된 자로서 불효했으니 부소는 검으로 자결하도록 하라. 장군 몽염은 외지에서 부소를 보필해 올바른 길로 인도하지 못했으니 역시 불충의 죄가 크다. 역시 자진을 명하니 그대의 후임으로 부장 왕리

(진나라 명장 왕전의 손자)를 명하노라."

　　이 서신은 봉니封泥[22]를 사용해 봉합한 다음 황제의 옥새를 찍어 상군으로 발송했습니다. 사실 당시 급박했던 상황을 비춰봤을 때 이사, 조고 등은 상당한 위험을 감수하고 조서를 위조하여 상군으로 발송했다고 보시면 됩니다. 조고 측은 두 가지 위험을 안고 있었습니다. 첫 번째는 부소와 호해, 양측 간의 전력차이가 너무나도 컸습니다. 부소와 몽염은 상군에서 30만 정예부대를 이끌고 도성 함양의 북부지역을 방어하고 있었습니다. 그들이 만약 조서의 진위에 의혹을 품고 따르지 않으면 호해 측에서는 무력으로 부소 측을 제압할 수 없었습니다. 두 번째는 시간이 부소의 편이었습니다. 만약 부소와 몽염이 조서의 진위를 의심하고 정식으로 확인 작업을 요청할 경우 호해 측에서는 진시황의 죽음을 계속 숨길 수가 없게 됩니다.

　　여기서 제가 언급하고 싶은 인물이 있습니다. 몽염의 아우인 몽의입니다. 이미 말씀드린 대로 몽의는 진시황의 최측근 내위대신입니다. 몽의에 대한 사서 기록은 다음과 같습니다. '진시황의 최측근이었던 몽의는 그 벼슬이 상경(재상에 해당함)에 이르렀다. 출궁 시에는 어가에 동승했고 내전에서는 어전에서 호위했다秦始皇親近蒙毅, 位至上卿, 出則參乘, 入則御前.' 즉, 진시황의 곁을 떠나지 않은 심복이었다는 소리입니다. 다섯 번의 천하 순행 동안 몽의는 줄곧 진시황 곁을 떠나지 않았습니다. 하지만 앞서 이미 언급한 것처럼 진시황이 평원진에서 병에 걸렸을 때 잠시 그 곁을 떠났습니다. 점괘에 진시황이 악귀 때문에 아픈 것이라고 나왔기 때문이었죠. 그래서 몽의는 산신령에게 진시황의 완쾌를 기원하기 위해 대현 일대로 갔습니다. 호해 측에게 있어 이는 다시 없을 좋은 기회였습니다.

기도를 위해 자리를 비운 몽의는 임무가 끝나면 다시 돌아와 진시황에게 보고해야 했습니다. 거리상 사구에서 대군까지는 가까운 편이지만 사구에서 상군까지는 멀었습니다. 만약 상군에 있는 부소와 몽염이 조서에 의혹을 품고 시황제의 조서를 직접 필체 대조를 하겠다고 나선다면 분명 중간에 사신들이 왔다 갔다 하면서 시간이 끌릴 겁니다. 그렇게 되면 그 사이에 몽의가 자신의 임무를 마치고 돌아오게 됩니다. 시황제의 최측근인 몽의가 돌아오게 되면 더는 시황제의 붕어 사실을 숨길 수 없게 될 것은 뻔했습니다. 결국 부소 측이 시간을 하루 정도만 더 끌어도 조서가 위조되었다는 사실은 폭로될 수밖에 없었습니다.

그렇다면 조서를 받아든 부소와 몽염은 어떻게 했을까요? 그리고 몽의는 제때 도성으로 돌아왔을까요? 조고 일당은 어떻게 시황제가 세상을 떠났다는 소식을 계속 비밀에 부칠 수 있었을까요?

이해할 수 없는 자살

시황제가 돌연사할 때 현장에는 호해, 이사, 조고 외에 시중을 들던 환관들밖에 없었습니다. 호해, 조고, 이사는 부소에게 위조된 조서를 발송한 다음 무엇보다 시황제 붕어 소식에 대한 보안 유지에 신경 썼습니다. 그래서 시황제의 시신을 통풍이 잘되는 온량거輼輬車(초상 때 시체를 장지로 운반하는 제구. 상여라고도 함)에 실은 다음 시황제의 측근 시종만 몰도록 했습니다. 그러고는 시황제가 식사하는 시간에 맞춰 어선御膳(임금에게 올리는 음식)을 올리고 신하들이 보고할 것이 있으면 평소대로 보고하도록 했습니다. 음식 섭취 및 정무 처리는 수레에 숨어 있던 환관이 비밀리에 대행하도록 하여 마치 시황제가 살아 있는 것처럼 보이게 했던 것입니다.

시황제가 세상을 뜰 때는 여름이었습니다. 날씨가 무더웠기 때문에 시체가 부패해서 악취가 많이 날 수밖에 없었습니다. 따라서 호해 측에서는 한시라도 빨리 시황제의 시신을 사구에서 서쪽인 도성 함양으로 운반해 안장해야 했습니다. 그래야 황위 찬탈이라는 목표를 달성하기 쉬우니까요. 하지만 그들은 의외의 결정을 했습니다. 시황제가 북부 변경지역을 순시하려고 한다면서 오히려 방향을 부소가 있던 상군지역으로 틀었습니다.

시황제가 눈을 감은 사구는 진나라 거록군 남부 지역으로 오늘날의 하북성 광종현입니다. 호해 측이 이동한 경로를 보면 사구에서 출발해 동북 지역으로 방향을 틀어 항산군恒山郡(오늘날 하북성 석가장 일대)에 진입한 다음 정형관井陘關을 거쳐 태원군太原郡(오늘날 산서성 태원 서남부 일대)으로 가서 다시 북상했습니다. 그리고 안문군雁門郡(오늘날 산서성 대동 서남부 일대)을 거쳐 운중군雲中郡(오늘날 내몽고 후허호트 서남부 일대)로 진입하여 구원군九原郡(내몽고 포두 일대) 서쪽으로 갔습니다.

호해 측은 무더운 한여름에 시황제의 시체를 싣고 천 리 길을 돌아 함양으로 가려 한 것입니다. 당연히 시체가 더욱 부패하면서 악취가 진동했음은 말할 필요도 없습니다. 시체 냄새를 없애기 위해 그들은 온량거에 소금에 절인 마른 생선을 무려 백 근 넘게 실었습니다. 생선 비린내로 시체에서 나는 악취를 제거한 것입니다. 아들로써 부친의 죽음을 감추고 서둘러 장례를 지내지 않은 불효, 자신들의 목적 달성 전에 진상이 들킬 위험을 무릅쓰고 호해 측이 이런 행보를 보인 이유가 무엇일까요?

부소 · 몽염의 30만 북부 수비대가 방어하던 지역은 운중 · 안문 동쪽에서 요동에 이르는 지역이었습니다. 사령부는 상군에 있었습니다. 호해 측에서 이 상군에 있던 부소에게 위조된 조서를 발송한 것입니다. 호해 측에서는 시황제의 순시행렬을 상군 쪽으로 이동시켜 부소와 몽염의 과실을 문책하려 한다고 꾸몄습니다. 그래야 부소 측에서 조서가 위조되었을 수 있다고 의심을 하지 않으니까요. 상군으로 위조된 조서를 보낸 조고와 이사도 자신들이 목숨을 건 위험한 도박을 하고 있음을 깨달았습니다. 그래서 상군의 부소 측 반응이 확인되기 전까지 함양으로 돌아가지 못하고 온 신경을 상군에 집중했습니다.

부소 측에서는 조서를 받아든 다음 뭔가 이상하다고 생각했습니다. 가장 먼저 의혹을 제기한 이는 몽염이었습니다. 호해 측 사신이 상군에 도착해 시황제의 조서를 낭독하자 부소는 예를 갖춰 들었습니다. 사신의 낭독이 끝나자 부소는 그 자리에서 비통한 눈물을 흘리더니 막사 안으로 들어가 자결하려고 했습니다. 이때 몽염이 얼른 부소를 저지하면서 "폐하께서는 지금 순행 중이십니다. 신에게 30만 대군을 맡기시어 북방 변경을 방어토록 하시고 대공자님을 감군으로 임명하시어 상군으로 보내셨습니다. 태자를 아직 책봉하시지 않은 시점에 이는 무엇을 의미하겠사옵니까? 천하의 안위와 훗일의 안정을 생각하신다는 것이옵니다. 그러셨던 폐하께서 갑자기 공자님과 신의 자결을 재촉하는 조서를 가져왔사옵니다. 뭔가 이상하옵니다. 신 감히 공자께 청을 드리옵니다. 조서를 좀 자세히 살펴보시옵소서. 확실한 연유를 파악한 다음에 황명을 받드셔도 늦지 않다 사료되옵니다"라고 했습니다.

시황제의 두터운 신임을 받으며 대군을 이끌고 북쪽 변경을 방어하던 몽염이었습니다. 그만큼 막강한 군사력을 손에 쥐고 있던 몽염이 조서 자체의 진위에 의혹을 제기했습니다. 과거 위나라 공자인 신릉군이 왕명을 사칭해 호부를 훔치고 대장 진비(晉鄙)를 죽인 후 탈취한 군사권으로 조나라를 구원했던 것처럼[23] 부소에게 전달된 이 조서도 그런 식으로 조작된 것이 아닐까 의심한 것입니다. 고령의 시황제가 순시 중 병에 걸리자 갑자기 사신을 보내 부소와 몽염더러 목숨을 끊고 병권을 내놓으라는 조서를 내렸다는 점이 몽염 입장에서는 실로 의심스러웠던 거죠. 몽염은 냉정하고 정확하게 판단했지만 부소는 그렇지 않았습니다. 중요한 바로 그 순간 부소는 아주 의외의 결정을 내렸습니다. 몽염의 말을 전혀 듣지 않은 사람처럼 "부황께서 죽으라고 하시는데 어찌 황명을 받들지 않을 수 있으리父而賜子死, 尚安復請"라는 말을 남기면서 자결해 버렸습니다.

성공과 실패가 찰나의 순간에 결정되듯 순간의 잘못된 결정은 커다란 후회를 불러옵니다. 국정을 운영하는 권력자가 하는 순간의 선택 역시 종종 역사의 향방을 결정짓곤 합니다. 부소의 자살도 이후 역사의 흐름에 큰 영향을 미쳤습니다. 만약 부소가 자살하지 않고 조서를 잘 살펴보았거나 시간을 끌었더라면 진나라의 운명은 물론 그 이후의 역사도 크게 바뀌었을 것입니다.

부소가 내린 결정은 정말 이해하기 어렵습니다. 사실 정치인들은 위기에 직면해 부소처럼 그런 황당한 결정을 내리지는 않으니까요. 후세 사람들은 그가 몽염의 권고를 받아들이지 않고 자결을 한 것을 두고 '효성이 지극해서이다'라든가 '용기가 없고 나약해서이다'라는 등 온갖 이유를 갖다 붙였습니다. 저는 그가 강직하고 책임감이 강한 성격이라 그랬다고 생각합니다. 올곧고 융통성 없는 성격 탓에 정치적으로도 아웃복서처럼 치고 빠지기를 잘 못했던 게 아닐까 라고 말이죠. 하지만 당시 상황을 좀더 깊이 연구하다 보니 단순히 성격 탓이 아닌 더 중요한 이유가 있다는 것을 알게 되었습니다. 부소가 자진한 1년 뒤 그 이유가 드러납니다.

🐫 부소의 부활

부소가 죽은 지 1년이 채 되지 않아 진승·오광이 대택향에서 봉기를 일으키면서 천하는 다시 혼란에 빠졌습니다. 그리고 3년도 지나지 않아 진나라는 멸망했습니다. 진승과 오광이 반란을 일으키면서 전면에 내세운 인물이 부소라는 점은 매우 의미심장합니다.

진승·오광의 난은 진제국의 붕괴를 가져온 대사건일 뿐 아니라 중국 역사상 최초의 대규모 민중봉기입니다. 진승·오광은 봉기하면서 앞으로 많은 사람의 입에 오르내릴 매우 유명한 말을 했습니다. "왕후장상의 씨가 따로 있다더냐 王侯將相寧有種乎"라고 말이죠. 이 말은 중국 역사학자들에게 상고시대부터 이어져오던 귀족사회가 평민사회로 대체되었음을 나타내는 상징으로 인식되고 있습니다. 그리고 진나라 말기 일어난 민중 봉기를 계급투쟁의 관점에서 볼 수 있는 유력한 증거가 되었습니다.

하지만 역사학자들이 의도적이었든 의도적이지 않았든 그동안 간과했던 사실이 있습니다. 바로 진승과 오광이 난을 일으키면서 전면에 등장시킨 인물이 가만히 생각해 보면 전혀 의외의 인물들이라는 것입니다. '공자 부소와 항연을 거짓으로 내세웠다 詐稱公子扶蘇, 項燕'는 기록처럼 진승과 오광은 자신들이 부소와 항연의 지휘 하에 움직이고 있다는 거짓 소문을 퍼뜨렸습니다.

《사기》〈진섭세가 陳涉世家〉에 따르면 대택향에서 봉기가 일어났을 때 진섭(진승)이 병졸들에게 다음과 같이 말했습니다.

> 진승이 "우리가 죽지 않으면 다행이지만 목숨을 잃더라도 이름을 남길 것이다. 왕후장상의 씨가 따로 있다더냐!"라고 하자 따르던 무리들이 모두 "그렇습니다"라고 했다. 공자 부소와 항연을 거짓으로 내세우니 사람들이 모두 따르고자 했다.
>
> "且壯士不死卽已, 死卽大名耳, 王侯將相寧有種乎!" 徒屬皆曰:"敬受

제국의 몰락　273

命." 乃詐稱公子扶蘇, 項燕, 從民欲也.

여기서 주목할 점은 '왕후장상에 씨가 따로 있다더냐!'는 말 외에도 '공자 부소와 항연을 사칭'하여 무리를 선동했다는 것입니다. 부소는 진시황의 장자로 황위 계승 1순위 후보였으나 음모에 빠진 후 자살을 선택했습니다. 항연은 앞서 살펴보았듯 진시황 23년, 진나라가 60만 대군을 파병해 초나라를 공격했을 때 초나라 부대를 이끌고 싸운 인물입니다. 그는 진나라 군대와 죽기 살기로 싸우다 패배하여 자결했습니다. 뒤이어 초나라도 멸망했고요. 진승·오광의 난은 초나라 지역에서 초나라 유민이 일으킨 민중 반란이었습니다. 그런 그들의 구호에 진나라의 황자인 부소와 초나라의 대장군 항연의 이름이 등장하다니 이상하지 않습니까? 제가 이상하다고 여기는 데는 두 가지 이유가 있습니다.

먼저 부소 및 항연의 출신성분이 진승·오광이 봉기에서 내건 기치와 맞지 않았습니다. 부소와 항연은 당시 진·초 양국의 최고 귀족이었습니다. 하지만 진승과 오광은 봉기하면서 평민 위주의 농민 혁명이라는 점을 강조했습니다. 그랬기에 '왕후장상에 씨가 따로 있다더냐!'고 했던 것이고요. 구호는 농민 혁명임을 강조하면서 세를 끌어모을 때는 부소나 항연을 내세운 점은 다소 앞뒤가 안 맞습니다. 잠시 후에 이 문제를 좀더 살펴보도록 하겠습니다.

또한 진승·오광이 난을 일으킨 목적과 맞지 않았습니다. 그들은 진나라를 멸망시키고 초나라를 부흥시키기 위해 난을 일으켰습니다. 그나마 항연은 진나라에 대항했던 초나라의 대장군이었고 대택향에 위치한 계현에서 패배한 후 자결했기 때문에 충분히 전면에 내세울 수 있는 인물입니다. 하지만 부소는 다릅니다. 그는 진시황의 장자이며 진나라 황위 계승 1순위이던 인물이었습니다. 정상적이라면 진나라에 반기를 든 반란군이 그의 이름을 항연과 함께 내걸 수가 없습니다. 부소는 진나라 사람, 항연은 초나라 사람입니다. 진나라 멸망과 초나라 부흥을 내건 진승과 오광이 부소를 앞장세웠다는 점은 쉽게 이해되지 않을 수밖에 없습니다.

　제가 전작인 《부활의 역사 : 진제국의 붕괴》에서 이렇게 언급한 적이 있습니다. '모든 거사에는 명분이 있다'고 말이죠. 거사를 일으킬 때에는 반드시 대의명분이 있어야 한다는 말입니다. 진승이 비록 하층 빈민 출신이지만 봉기를 계획하는 단계에서 내건 대의명분을 보면 정치 감각이 상당히 뛰어났던 것 같습니다. 당시 정세에 꽤 밝은 모습을 보여주거든요.

　시황제는 무력으로 천하를 통일한 이후 무단정치를 실시했습니다. 그래서 백성들이 많이 시달렸습니다. 백성들은 차기 황제로 온건파인 부소가 즉위하길 바랐습니다. 그래야 폭정이 멈출 테니까요. 하지만 부소가 뜬금없이 자결하고 막내인 호해가 즉위하는 누구도 생각지 못한 결과가 나오면서 폭정은 더욱 심해졌습니다. 인자를 내세워 폭정에 항거하는 것이 당시 민심이었습니다. 그런 만큼 봉기하면서 부소를 내세운 것은 폭정에 대한 반기이지 진나라에 대한 반기가 아니었습니다. 진승과 오광이 부소라는 인물을 내세움으로써 백성들도 결집할 수 있었고 진압군인 진나라 군대도 동요시킬 수 있었습니다.

굳이 이렇게 억지스러운 해석을 하긴 했지만 뭔가 석연찮은 부분이 있는 건 사실입니다. 반란군은 왜 전혀 상반된 인물 둘을 전면에 내세웠을까요? 두 사람 사이에 뭔가 연결 고리가 있는 건 아닐까요?

외국의 역사학자들 가운데도 이 문제에 주목한 이들이 있었습니다. 전 얼마 전 일본의 저명한 역사학자인 후지타 가쓰히사藤田勝久 선생이 쓴《항우와 유방의 시대 : 진한제국흥망사》(고단샤, 2006년 9월)를 읽었었습니다. 후지타 선생 역시 이 문제에 주목했습니다. 그는 자신의 저서에서 진승·오광의 난에 대해 언급하면서 부소와 항연이 봉기군의 구호에 등장한 사실에 의문을 품고 그 이유를 다음과 같이 추측했습니다. 그는 부소가 항연과 함께 등장한 이유를 부소의 모계 혈통에서 찾았습니다. 즉 부소의 모친이 초나라 왕녀 출신이기 때문에 부소와 초나라가 혈연적 관계가 있고 그래서 봉기의 전면에 등장했다는 것입니다. 그런 부소가 호해의 손에 억울하게 죽자 초나라 사람들이 부소를 동정했고 초나라 부흥의 반란군이 그런 민심을 읽고는 부소를 내세웠다는 설명이었습니다.

그리고 부소와 항연이 함께 등장하게 된 배후 인물이 있다고 했습니다. 그 배후 인물은 다름 아닌 창평군이었습니다. 후지타 선생은 창평군이 나서서 부소와 항연을 묶어주었다고 추측했습니다. 후지타 선생은 창평군이 부소의 모친인 초나라 공주가 진왕 영정(영정이 황후를 맞는 대혼을 치른 시기는 전국통일 이전이자 영정이 황제가 되기 전이므로 진왕이라고 표기)의 왕후가 되기 위해 진나라로 올 때 그녀를 호송한 사신이었으며 호송이 끝난 후에 진나라에 남아 있다가 영정의 측근 대신이 되었다고 추측했습니다. 그 이후의 창평군에 대해서는 이미 앞서 다 언급했습니다. 영정의 대군이 초나라를 공격했을 때 창평군은 진나라에 반기를 들었고 항연의 추대를 받아 초나라의 마지막 왕이 되었습니다. 결국 대택향 계현에서 왕전이 이끄는 진나라군과 벌인 결전에서 대패하여 창평군은 전사하고 항연은 자결했습니다.

후지타 선생이 한 추측은 진나라와 초나라 간의 긴밀한 우호 관계를 바탕으로 하고 있기 때문에 상당히 설득력이 있습니다. 특히 후지타 선생은 창평군과 부소, 그리고 항연의 배후에 부소의 모친이 있었기 때문에 진승과 오광이 부소와 항연을 초나라 유민들의 정신적 지도자로 내세웠다고 추정했습니다. 이뿐 아니라 후지타 선생은 부소가 자살한 이유와 진시황의 황후가 누구인지에 대한 단서도 제공했습니다.

부소의 모친이 초나라 왕실 출신의 여인일 것이라는 후지타 가쓰히사 선생의 추측에 대해 저 역시 동의합니다. 그리고 부소의 모친, 부소 그리고 항연을 잇는 인물이 창평군일 것이라는 추측도 매우 신선하다고 생각합니다. 이 외에도 후지타 선생은 영정이 노애의 난이 일어나기 전에 부소의 모친을 왕후로 맞아들였는데 그때 부소 모친의 호송 대신으로 온 창평군이 훗날 진나라에서 인정받아 노애의 난을 진압했다고 했습니다. 하지만 이 부분은 저희가 앞서 살펴본 내용들과 맞지 않습니다. 저희는 창평군이 진나라에서 태어나 이미 오랫동안 진나라에서 정치 활동을 했었다고 추적했습니다. 아마 이 부분은 후지타 선생도 생각지 못했을 것입니다. 그러니까 사신의 자격으로 진나라에 온 창평군이 갑자기 반란 진압군 사령관이 되는 약간은 황당한 상황이 연출되었던 거죠.

후지타 선생의 추측대로라면 진나라의 대신이나 장수들은 다 어디 가고 초나라에서 왕녀 호송을 왔던 수행 대신이 내부 반란을 진압했을까요? 따라서 조금 다른 시각에서 이 문제에 접근해 볼 필요가 있습니다.

우선, 진왕 영정이 언제 왕후와 혼인을 했을지 추측해 보도록 합시다. 사서에는 해당 기록이 전혀 없지만 진나라 왕들의 대혼大婚(왕후를 맞이하는 혼례) 시기를 놓고 추론해 볼 수 있습니다. 영정의 고조부인 진혜왕은 19세에 즉위해 22세에 관례를 올린 후에 친정을 시작했으며 23세에 위부인을 왕후로 맞아들였습니다. 그가 관례를 올리고 대혼을 올리는 이 모든 절차는 진나라 왕실 법도에 따른 것입니다. 진시황 영정 역시 22세 되던 진왕정 9년에 관례를 올렸습니다. 진혜왕의 경우에 비춰봤을 때 영정 역시 재위 10년째인 23세 때 대혼을 했을 가능성이 큽니다. 그리고 노애의 난이 발생한 진왕정 9년에 창평군은 진나라에 있었기 때문에 초나라 왕녀를 진나라로 호송할 수가 없었습니다.

진나라에서는 국왕의 대혼은 보통 태후가 주관했습니다. 그런 만큼 왕후를 자기 친정 집안에서 찾는 경우가 많았습니다. 진무왕의 태후인 혜문후가 위나라 여인이었기 때문에 무왕의 왕후로 위부인을 골랐고, 진소왕의 모친인 선태후가 초나라 사람이었기 때문에 소왕의 왕후로 초나라 여인을 골랐죠. 효문왕(안국군)의 경우는 모친인 당팔자의 출신이 분명하지 않지만 안국군의 태자 등극 자체가 조모인 선태후의 초나라계 외척세력의 이해관계에 부합했기 때문에 선태후가 초나라 출신의 화양태후를 배필로 맞아줍니다.

영정이 즉위할 즈음 태후는 모두 세 명이었습니다. 양조모인 화양태후, 친조모인 하태후, 그리고 생모인 제태후가 있었죠. 따라서 왕후도 태후들의 이해관계에 따라 결정됐을 것입니다. 그런데 진왕정 7년, 즉 영정이 20세 되던 해 하태후가 세상을 떠났고, 진왕정 9년, 즉 영정이 22세 되던 해에 제태후가 노애와의 부적절한 관계로 옹성에 연금되면서 영정에 대한 영향력을 상실했습니다. 그리고 찾아온 진왕정 10년, 즉, 23세의 영정이 왕후를 맞아야 하는 해가 되었을 때 남아 있던 태후는 바로 화양태후였습니다. 초나라 출신이던 화양태후는 당연히 초나라 출신의 여성을 영정의 왕후로 골랐을 것입니다. 그렇다면 사서에는 빠져 있는 내용을 다음과 같이 작성할 수 있을 것입니다. '진왕정 10년, 초부인을 왕후로 맞아들이다秦王政十年, 迎楚夫人.'

초부인이 정확히 누구인가 하는 문제는 사료가 너무 부족해 초나라 왕족 출신의 여인이라는 정도에서 마치도록 하겠습니다. 다만 그 초부인은 화양태후가 고른 손자며느리이며 창평군과도 밀접한 관련이 있었을 것입니다.

위에서 한 추측이 바르면 진시황의 황후는 초나라 여인이었고 부소도 초나라 혈통이 섞여 있었을 것입니다. 따라서 초나라계 외척세력과 밀접한 관계를 맺고 있었을 가능성이 큽니다. 초나라 혈통이라는 점은 창평군, 부소, 항연이 서로 하나가 되는 중요한 연결 고리였습니다. 그렇다면 진승과 오광이 봉기를 일으켰을 때 거짓으로라도 부소와 항연을 내세운 이유도 짐작할 수 있습니다.

창평군은 롤러코스터 정치 인생을 겪다가 진나라에 반기를 든 후 초나라를 위해 목숨을 바치는 비장한 삶을 살았습니다. 창평군의 반란을 계기로 진나라 내에서는 초나라계 외척세력에 대한 대대적인 숙청 작업이 있었을 것입니다. 그렇다면 진시황이 왜 부소를 서둘러 태자에 책봉하지 않았고 부소는 왜 자살을 선택할 수밖에 없었는지 설명이 됩니다. 물론 정확한 이유는 계속 추적해 봐야 하기 때문에 다음에 다시 논의하도록 하겠습니다.

제5장

사라진 역사

《사기》는 중국 역사상 가장 위대한 사서이지만
사마천은 진시황의 출생과 진나라 조정에 대해
이해할 수 없는 기록을 남겼습니다.
서로 앞뒤가 안 맞거나 아예 기록을 하지 않은 부분도 있었습니다.
이전의 어떤 영웅도 이뤄내지 못한 위대한 업적을 남겼지만,
폭군의 오명을 쓴 진시황에 대한 평가는 어떻게 왜곡되어 온 것일까요?
과연《사기》는 이 의혹에서 자유로울 수 있을까요?

열 번째 추적

사마천은 왜 의혹을 만들어냈나?

새로운 용의자

그동안 진시황 일생을 둘러싼 미스터리를 쭉 살펴보았습니다. 부족한 사료 속에서도 나름 충분히 의미 있는 작업을 했다고 생각합니다만 조금만 더 추적해서 확실히 마무리했으면 합니다. 독자 여러분 입장에서는 이 정도 추적했으면 다 된 거 아니냐고 하실지 모르겠습니다. 하지만 역사학자인 저로서는 지금 그만 두면 뭔가 서둘러 종결짓는 듯한 느낌이 들 것 같습니다. 아무래도 좀 더 추적을 해서 제가 가진 몇 가지 궁금증을 해결해야 할 것 같습니다.

진시황을 둘러싼 미스터리에 대한 추적이 끝났음에도 제가 굳이 더 해보겠다고 하는 이유는 단 하나입니다. 바로 이 모든 미스터리의 근원, 《사기》에 대한 의문 때문입니다. 《사기》에 한 사건이 서로 다른 관점에서 기록되었기 때문이라든가, 실수로 기록이 누락되었기 때문이라는 이유를 댈 수 있습니다. 이유가 어떠하든 그 잘못은 모두 사마천이 저질렀다는 건 변함없습니다.

《사기》 역시 역사서이기 때문에 착오가 있을 수 있습니다. 이는 이해할 수 있는 부분입니다. 하지만 《사기》에 계속 착오가 나타난다면 이상하지 않겠습니까? 결국 《사기》의 신뢰성을 의심할 수밖에 없습니다. 《사기》의 저자 사마천은 원고료 한 푼 못 받았지만 저작권만큼은 그의 소유입니다. 따라서 《사기》로 인해 일어난 의혹에서 사마천이 완전히 자유로울 수는 없습니다. 오히려 이런 의혹이 있을 수 있습니다. 바로 "사마천이 일부러 이런 미스터리들을 만들어낸 것은 아닐까?" 하는 의혹 말입니다. 여러분과 함께 《사기》를 둘러싼 의혹을 함께 시공을 추적하도록 하겠습니다.

진시황의 친부가 누구인지 밝힌 미스터리를 생각해 봅시다. 여불위, 조희, 자이가 지금 살아 있다면 아마 저희에게 감사할 것입니다. 끈질기게 추적해 누명 아닌 누명을 벗겨 주었으니까요. 그들은 사마천을 역사의 법정에 증인으로 세워 왜 자신들에게 누명을 씌웠는지 따지고 싶을 것입니다.

역사 속 미스터리에 대해 역사 법정은 공정하게 판결할 것입니다. 역사 법정 입장에서는 여불위, 조희, 자이가 자신들이 누명을 쓴 이유를 조사해달라고 요구하는 것이 정당하다고 판단했습니다. 이 문제를 분명하게 밝혀내지 못하면 이들의 명예가 완전히 회복될 수 없다고 판단한 거죠. 다행히 누명을 씌운 유력한 용의자는 쉽게 찾을 수 있습니다. 이 용의자에게서 제대로 된 답변만 들을 수 있다면 누명도 벗고 명예도 찾을 수 있을 것입니다. 그럼 그 용의자, 사마천을 불러 증인석에 세우도록 하겠습니다.

저는 역사 법정에서 증인 사마천에게 질문할 기회를 얻었습니다. 제가 가장 먼저 묻고 싶은 질문은 《사기》는 왜 그 많은 의혹을 만들어냈느냐는 것입니다. 만약 이런 의혹을 사마천 자신이 일부러 조작하고 고의로 은폐한 것이라면 모든 책임은 당연히 사마천이 져야 할 것입니다. 하지만 만약 사마천 자신도 진위가 파악되지 않은 들리던 소문을 그냥 자신의 책에 인용한 것이라면 역사를 고의로 조작하고, 은폐하려 했다는 조작·은폐죄는 성립하지 않겠지만 루머 유포 및 직무유기의 책임은 면할 수 없게 될 것입니다. 그리고 어디서 그런 루머를 들었는지, 왜 자신의 저서에 기록했는지도 증언해야 합니다. 그는 어떤 사료에서 어떤 방식으로 자료들을 선별해 낸 걸까요?

그냥 넘어갔다면 할 수 없지만 일단 조사를 하기로 한 이상 깜짝 놀랄 결과가 나올 거라 생각합니다. 여불위와 관련자의 누명을 벗겨주는 문제는 좀 번거로운 과정을 거쳐야 합니다. 아무리 간단해 보이는 미스터리도 추적하다 보면 상당히 복잡하게 얽혀 있기 때문입니다. 이는 그간 시간이 흐르면서 역사적 사실들이 변형되고 누적된 결과입니다. 사마천과 관련된 이번 안건을 조사하기 위해서는 《사기》가 어떻게 편찬되었으며 어떻게 전승 되어 왔는지 알아야 합니다. 편찬되는 과정에서, 전승되는 과정에서 변형되는 경우가 많기 때문입니다.

역사 편찬과 전승 과정에서 생기는 변형은 포토샵으로 작업한 사진과 같아서 일단 작업 전 원본으로 되돌려봐야 어떤 작업들이 이루어졌는지 그 과정을 추적할 수 있습니다. 이를 통해 역사의 오차도 알아낼 수 있습니다. 그 수정된 오차를 바로 잡아가다 보면 진실에 가까운 역사를 복원할 수 있고, 사마천의 책임 정도도 알 수 있을 것입니다.

🦌 제3의 역사

중화인민공화국의 초대 주석인 모택동은 당시 정치·경제 이데올로기에 따라 세상을 제1세계·제2세계·제3세계 등 셋으로 나눴습니다. 제1세계는 미국과 소련이라는 당시 양대 초강대국이었고, 제2세계는 유럽과 일본 등 선진국들이었으며 제3세계는 중국을 비롯한 아시아, 아프리카, 라틴 아메리카 등의 개발도상국이었습니다. 한편, 걸출한 철학자인 칼 포퍼Karl Popper는 철학적 관점에서 우주를 물질세계·정신세계·지식세계 셋으로 구분했습니다.

역사학자들도 모택동이나 칼 포퍼가 세상을 셋으로 나눴듯 역사를 셋으로 구분 지었습니다. 하지만 이번에 진시황 관련 미스터리를 추적하던 과정에서 저는 역사학의 세계가 셋이 아닌 '3+N'으로 구분될 수 있다는 점을 깨달았습니다. '3+N'의 '3'은 역사학의 기본 영역입니다. 제가 임의로 각각 제1역사, 제2역사,

제3역사라고 이름 붙이겠습니다. N'은 앞의 3가지 영역 외에 추가로 확장되는 영역입니다. 제4역사, 제5역사 등으로 구분되겠지요.

역사학의 제1세계, 즉 제1역사는 이미 지나간 과거 역사 가운데 실제로 발생한 사건들을 가리킵니다. 저희가 함께 추적, 조사한 미스터리 중에서 살펴볼까요. 이천 년 전 관중 지역에 여불위, 자이, 조희, 영정, 화양태후, 창평군, 모초 등의 인물들이 서로 합종연횡合從連橫하면서 자신들의 이익을 위해 움직였습니다. 이것이 제1역사입니다. 제1역사는 지나간 역사, 지나간 시간이기 때문에 이미 과거 속으로 사라져 다시 우리 앞에 나타날 수 없습니다.

하지만 이 제1역사와 관련된 정보는 구술전승, 문자전승 및 유물전승의 형식으로 우리와 함께 하고 있습니다. 이런 것들을 사료라고 부르는데요. 과거의 역사가 반영된 이런 사료를 우리는 제2역사라고 합니다. 역시 저희가 살펴본 내용 중에서 여불위와 화양태후, 장양왕 자이와 제태후 조희, 진시황 영정은 그들의 능이 아직 존재하기 때문에 제를 올릴 수도 있고 발굴도 할 수 있습니다. 그리고 당시 상황과 관련된 문자기록들, 예를 들면 진나라 시대 죽간 등을 통해 당시 그들의 모습, 상황을 연구하고 해석할 수 있습니다. 역사를 파악할 수 있는 가장 신뢰할 만한 자료입니다. 이런 능, 죽간 등이 제2역사가 됩니다.

그리고 제2역사를 바탕으로 편찬된 역사 저술서들이 제3역사가 됩니다. 《사기》 같은 저서가 제3역사입니다. 사마천은 역사학의 제3세계, 제3역사 속 인물입니다. 《사기》는 전설상의 상고시대부터 사마천이 생존했던 한무제 시기까지 기록된 통사通史입니다. 사마천은 자신이 출생하기 이전에 존재했던 역사를 직접 체험할 수 없었습니다. 다만 그 당시까지 전승 되어온 사료들을 자신의 사관에 따라 요약, 재배치했을 뿐입니다. 《사기》는 1차 사료가 아니라 그런 1차 사료에 근거해 편찬된 역사저술서이기 때문에 《사기》를 읽을 때도 분석이나 비판의 시각을 유지해야 합니다.

역사학도 이렇게 세 가지 세계, 즉 세 가지 역사 관점이 자리잡히면서 체계가 세워졌습니다. 만약 누군가 《사기》를 읽고 그 《사기》에 근거해 책을 쓴다고 해봅시다. 예를 들어 그 책 이름을 《사기의 인물과 이야기史記的人物和故事》라고 해볼까요? 이 책은 역사학의 세 가지 기본 세계에서 확장된 'N'의 세계에 속하는 제4역사가 됩니다. 만약 이 책을 또다시 재창작해 TV 사극을 제작한다고 해 볼까요? 그러면 이 사극은 제5역사가 됩니다. 이렇게 '3+N'이 확장되어 나가는 것입니다.

따라서 제가 항상 강조하는 역사의 진상, 역사의 진실은 바로 제1역사를 가리킵니다. '1'에서 'N'으로 확장되어 갈수록 점점 실제 역사와의 간극이 커집니다. 제2역사인 사료가 그나마 역사 진상에 가장 가까우며, 제3역사로 가면 변형이 생깁니다. 그리고 'N'으로 가면 신뢰도가 큰 폭으로 떨어지게 됩니다. 그렇지만 'N'으로 갈수록 역사와 관련된 사극 등이 늘어나기 때문에 대중에게 친밀감은 커집니다.

이렇게 역사학의 세계를 '3+N'으로 구분 지으면 어떻게 역사를 바라보고 분석해야 하는지도 어느 정도 파악이 됩니다. 역사의 진실과 허구 등을 적당히 구분해 낼 수 있는 기준이 생기게 되는 것이지요. 그렇다면 이 기준을 저희가 현재 살펴보고 있는 진시황 미스터리, 그리고 《사기》에 적용해보고 사마천이 어떤 식으로 자신의 저서를 편찬했는지 추적하는 데 적용하기로 하겠습니다. 그러면 《사기》 내에 왜 서로 모순되는 내용이 기록되어 있는지 알아낼 수 있을 것입니다.

사마천은 《사기》〈진시황본기〉를 편찬할 때 진나라 사서, 그중에서도 진나라 왕실 사관이 기록한 《진기秦記》를 가장 많이 참조했습니다. 《진기》가 진나라 왕실의 공식 사서였기 때문에 가장 신뢰할 수 있었던 것입니다. 이뿐 아니라 진나라 왕실에서 기록한 진나라 군주들의 계보도 일부 참고했습니다. 이 계보 역시 해당 연대가 기록되어 있었기 때문에 신뢰성이 매우 높은 자료였습니다. 사마천은 전국시대부터 구전으로 전해오던 이야기들을 보충자료로 《사기》에 인용했습니다. 덕분에 《사기》〈진시황본기〉가 더욱 생동감 있고 흥미진진할 수 있었습니다.

반면 《사기》〈여불위열전〉을 편찬할 때는 전국시대부터 구전되어오던 이야기들을 주로 참고했습니다. 그리고 《전국책戰國策》[24], 《국어國語》[25], 《전국종횡가서戰國縱橫家書》[26] 등 서적에서 내용을 보충했습니다. 사실 구전으로 전승되는 이야기들이 대부분 굉장히 생동감 있고 흥미진진합니다. 하지만 윤색되고 과장된 면이 많은 것도 사실입니다. 사료로서의 신뢰도는 상당히 떨어지죠. 그리고 구전 이야기가 사료로서 가지는 치명적인 약점이 하나 더 있습니다. 바로 정확한 시간이 명시되지 않아 여기저기서 인용하기가 쉽다는 점입니다. 원래는 A라는 시대의 사건이나 인물의 행적인데 구전되면서 B나 C 시대 혹은 인물의 이야기로 둔갑한다는 것입니다. 따라서 이런 점에서 보면 《사기》〈진시황본기〉에 비해 《사기》〈여불위열전〉의 신뢰도가 많이 떨어질 수밖에 없습니다.

여불위가 임신한 조희를 자이의 부인으로 들이는 이야기는 《사기》〈여불위열전〉에만 등장합니다. 그 이전의 어떠한 문헌이나 사서에서는 볼 수 없던 내용입니다. 하지만 이 이야기의 출처를 추적하는 과정에서 역사학자들은 상당히 흥미로운 사실을 발견하게 됩니다. 이 이야기와 유사한 내용을 가진 장면이 《사기》의 다른 열전에 등장하기 때문입니다.

바로 여불위만큼 막강한 권세를 가졌던 초나라의 춘신군 이야기에서 발견할 수 있었습니다. 《사기》〈춘신군열전〉에도 춘신군이 임신한 여성을 초고열왕의 부인으로 들이는 이야기가 나옵니다. 여불위 버전보다 오히려 더 자세하고 짜임새 있는 걸로 봐서는 오리지널 버전이 아닌가 하는 생각이 들 정도입니다. 제대로 비교하기 위해 지금부터 춘신군 버전의 이야기를 소개하도록 하겠습니다.

초나라의 고열왕이 오랫동안 아들을 낳지 못하자 영윤[27]이던 춘신군의 걱정도 덩달아 커졌습니다. 그래서 각지에서 아들을 낳을 만한 여인들을 찾아 고열왕의 성은을 입도록 했습니다. 그럼에도 고열왕은 아들을 갖지 못했습니다. 그러던 와중에 춘신군은 한 여인을 만나게 됩니다. 당시 초나라에 가무가 뛰어난 조나라 여인이 있었는데, 이 여인은 이원이라고 불리는 조나라 출신 청년의 여동생이었습니다. 여기서 일단 이 여인이 조나라 출신이고 가무에 뛰어난 재주를 가지고 있었다는 점을 기억해주십시오. 이 여인의 오라비인 이원이라는 자는 권모술수에 능했던 듯 재색이 뛰어난 누이를 이용해 출세를 노렸습니다. 이원은 우선 춘신군 저택에 사인舍人(귀족들의 문객)으로 들어가 춘신군의 눈에 띌 기회를 물색했습니다.

어느 날 이원은 고향에 다녀온다며 춘신군의 허락을 받아 나갔다가 일부러 예정했던 날짜보다 늦게 돌아왔습니다. 당연히 춘신군은 이원에게 왜 늦게 왔느냐며 물어봤겠죠. 그러자 이원은 "제왕齊王이 제 누이를 부인으로 맞겠다며 사신을 보냈는데 그 사신과 주연을 갖다 이렇게 늦었사옵니다"라고 대답했습니다. 이원의 대답에 춘신군은 갑자기 귀가 쫑긋했습니다. 그래서 "자네 이미 누이를 보내기로 했는가? 혹시 예물까지 받았던가?"라고 서둘러 물었습니다. 이원은 침착하게 "아직 결정을 못하여 예물을 받지 않았습니다"라고 했습니다. 춘신군은 내심 쾌재를 부르며 "그럼 내가 그대의 누이를 한번 만나 봐도 되겠는가?"라며 물었습니다. 이미 춘신군의 반응을 예상했던 이원은 바로 "알겠사옵니다"라며 승낙했습니다.

이후 이야기는 여러분께서 어느 정도 예상하시는 대로 진행되었습니다. 고열왕에게 바치기 전에 이원의 누이를 만난 춘신군은 오히려 그녀의 미모에 마음을 빼앗기게 됩니다. 그걸 눈치챈 이원은 누이를 춘신군의 짝으로 들입니다. 얼마 뒤 누이는 춘신군의 아이를 배게 되고요. 누이가 춘신군의 아이를 임신했지만 이원은 그녀를 고열왕의 왕후로 만들기 위해 다음 계획을 꾸몄습니다.

어느 날이었습니다. 이원의 계획에 따라 기회를 엿보던 이원의 누이는 춘신군의 안색을 살피다가 다음과 같이 이야기했습니다. "대인에 대한 전하의 총애가 다른 형제분들을 능가하옵니다. 하지만 전하께서 이대로 후사를 얻지 못하시게 되면 전하의 형제 중 한 분이 왕위를 잇게 되실 겁니다. 새로운 공자님께서 왕위에 오르시면 자신의 세력으로 주변을 채울 것은 당연할 것이고 그리 되오면 무려 20여 년 가까이 영윤의 대임을 맡아 오신 대인께서도 지금과 같은 권세와 총애를 누리실 수 없으실 것이옵니다. 게다가 지난 20여 년 동안 영윤으로 계시면서 국정을 주도하시느라 전하의 형제분들과 크고 작은 마찰을 빚어 오시지 않았사옵니까? 영윤의 자리에서 물러나시는 것은 물론이며 화가 닥칠 수도 있사옵니다. 신첩, 대인을 모신 지 얼마 되지 않았사오나 하해와 같은 총애를 받고 있사옵니다. 이를 보답을 하는 것이 신첩의 바람이옵니다. 만약 대인께서 저를 전하의 침궁에 들여보내 주셔서 승은을 입게만 해 주시옵소서. 그러면 대인의 아들을 낳아 왕위를 잇도록 하겠사옵니다. 그렇게 되면 초나라는 대인의 수중에 들어갈 것이옵니다. 이대로 가만히 계시다가 덜컥 전하의 다른 형제가 왕위에 오르시면 어찌시려 하십니까?"

가만히 듣고 있던 춘신군도 그녀의 말에 일리가 있다고 생각했습니다. 그는 이원의 누이가 따로 묵을 수 있는 격리된 거처를 마련한 뒤, 며칠 후 고열왕에게 이원의 누이를 선보였습니다. 고열왕은 이원의 누이에 흡족해 하며 궁으로 들이게 됩니다. 이후 그녀는 무사히 아들을 낳았으며 그 아들이 태자가 되면서 이원의 누이가 왕후에 책봉되었습니다. 이원은 태자의 외숙이자 왕후의 오라비였기 때문에 고열왕의 총애를 받아 중앙 정계로 진출했습니다.

춘신군이 이원의 누이를 고열왕에게 헌상한 이야기는 전국시대에 굉장히 널리 유포된 이야기였던 듯합니다. 《사기》에만 보이는 것이 아니라 《전국책》〈초책楚策〉에도 거의 유사한 이야기가 등장합니다.

이후 이야기 자체가 더 짜임새 있고 풍부해졌습니다. 심지어 사마천이 《사기》를 편찬한 이후에도 계속 변화했습니다. 서한 말기 대학자인 유향의 《열녀전列女傳》[28] 및 동한시대에 편찬된 《월절서越絕書》[29]에도 등장합니다. 처음에는 이름조차 없던 이원 누이는 이환李環이라는 이름이 생겼고 가무뿐 아니라 악기, 시서, 경전에도 능한 유가형儒家型 신여성으로 변신했습니다.

사실 이 이야기는 문학적으로는 그 완성도가 매우 높은 편입니다. 생동감 있고 흥미진진하니까요. 이 이야기를 버전별로 분석하다 보면 참 황당무계한 내용도 많다는 생각이 듭니다. 이런 얼토당토않은 내용이 수백 년 가까이 전승되었다는 건 참 어리석은 일이 아니었나 하는 생각도 듭니다. 왜냐고요?

임신한 여성을 통해 권력을 얻기 위한 가장 중요한 전제조건 때문입니다. 그 전제조건은 바로 그 여성을 품는 권력자가 어리석기 짝이 없는 바보여야 한다는 것입니다. 춘신군 버전의 이 이야기 속에서는 그가 초고열왕이 될 것입니다. 후사가 없던 고열왕은 임신한 이원의 누이를 왕후로 삼고 그녀의 아들을 태자로 책봉했습니다. 정말 고열왕이 그렇게 쉽게 속아 넘어갔다면 얼간이나 다름없습니다. 그는 초나라의 국왕이었습니다. 왕궁 시중들뿐 아니라 어의御醫도 있었습니다. 초나라 왕위 계승의 정통성을 지키기 위해 그들의 감시는 무척 심했을 것입니다. 그런데도 이원과 이원 누이, 춘신군이 노리는 대로 속는다면 얼간이가 아니고 뭐겠습니까?

고열왕 한 명이 속아 넘어갔다면 그럴만한 이유가 있다고 할 수 있겠지만 이런 식으로 초나라 왕실의 모든 이들이 속았다면 뭔가 문제가 있다고 볼 수밖에 없습니다. 정말 그렇게 속았다면 분명 다른 이유가 있을 것입니다. 앞서 진시황 친부 미스터리를 추적하면서 법률적으로나 제도적으로 이미 다른 사람의 아이를 밴 여인이 왕후가 되고 그 자식을 태자로 만드는 것은 불가능하다는 사실을 짚어보았습니다. 진나라의 예이긴 하지만 초나라도 진나라에 버금가는 강국이었던 만큼 왕실 혈통을 중시했을 것이기에 큰 차이가 없을 것입니다.

이야기 자체에도 문제가 있습니다. 이 이야기의 주연은 이원과 이원의 누이입니다. 다른 것은 이해할 수 있다고 하지만 이미 춘신군의 아이를 임신한 이원의 누이가 스스로 자신을 고열왕의 침궁에 넣어달라고 춘신군에게 부탁하는 것은 상식적으로 이해가 되지 않습니다. 그래서 내용 자체를 신뢰하기가 어렵습니다. 역사 연구의 가장 효과적인 방법이 역사 속 현장으로 들어가 보는 것이라고 이미 말씀드린 바 있습니다. 직접 발로 뛰어서 그 사건의 유적지를 실전 답사해 보거나 머리로 당시 상황과 인물들의 심정을 대신 느껴보는 것이죠.

　이번에는 두 번째 방법인 연상을 통한 역사 여행을 해보자고 권하고 싶습니다. 여성 독자들은 자신이 임신한 이원의 누이라고 상상해 보십시오. 그리고 여러분의 오빠가 와서 영윤의 아이를 밴 자신을 왕에게 바치려고 한다고도 가정해 봅시다. 만약 오빠가 그런 제안을 하면 여러분은 오빠의 의견을 따르시겠습니까? 좀더 현실감 있게 무슨 영윤, 왕이 아니라 기업체 회장과 고위 간부라고 해봅시다. 여러분은 기업 고위 간부인 남편의 아이를 뱄습니다. 그런데 어느 날 갑자기 남편에게 "여보, 당신의 승진과 출세를 돕고 싶어요. 저를 회장님의 첩으로라도 만들어주세요. 만약 제가 아들이라도 낳으면 장차 이 회사는 당신 것이 되지 않겠어요?"라고 말할 수 있을까요? 여러분이라면 어떻게 하시겠습니까?

　여러분의 오빠가 그런 제안을 했음에도 대꾸 한마디, 욕 한마디 하지 않고 따른다면 여러분은 오빠보다 더 어리석은 바보라고밖에 말할 수 없습니다. 한편, 남편과 결혼해 아이까지 얻은 여자가 결혼한 지 몇 달밖에 되지 않아 이런 이야기를 한다면 남편은 어떻게 생각할까요? 미쳤다며 화도 내겠지만 의심도 할 것입니다. 남편은 여러분이 자신과 결혼한 이유가 '사랑 때문이 아니라 회장의 권력과 재산을 얻으려 자신을 이용한 것은 아닐까?'라고 의심할 수 있다는 것입니다. '오빠라는 자가 그녀를 소개해 준 것부터가 이상해. 혹시 저 배에 있는 것도 내 핏줄이 아닌 것 아냐? 라고도 의심할 것입니다.

　이번에는 남성 독자분들이 당시 역사 속 주인공이라 가정해보겠습니다. 여러분이 춘신군의 입장이 되는 것이지요. 대신 상황은 여성분들과 마찬가지로 기업으로 꾸며 보겠습니다. 여러분은 회장이 신임하는 전문 경영인입니다. 회장은 나이가 많은데 자식이 없습니다. 문제는 여러분이 회장 쪽 사람이기 때문에 회장 아들이 태어나지 않으면 해고까지 걱정해야 하는 상황입니다. 게다가 회장의 형제들과는 그다지 사이가 좋지 않습니다. 이런 상황에서 여러분은 임신한 아내를 회장의 첩으로 들여 그 아들의 덕을 보실 생각을 할 수 있나요? 만약 그 아들이 회장이 되면 회사가 여러분 것이 될 수 있다고 생각하십니까?

　아내가 정말 이런 제안을 했다면 여러분은 어떻게 반응하겠습니까? 정신 나갔다며 화를 벌컥 내실 겁니다. 어이가 없어 말문이 막히는 분도 계실 테고요. 여러분의 임신한 아내가 운 좋게 회장의 첩이 되어, 아들을 낳았습니다. 그리고 그 아들이 회장의 뒤를 이어 회사를 물려받았다고 가정해봅시다. 그 상황이 되면 여러분은 더는 혈연상의 부친이라는 존재가 아닙니다. 회장직 유지에 위협이 되는 비밀을 알고 있는 제거 대상일 뿐입니다. 목숨을 부지하려면 평생 비밀 유지를 해야 할 것입니다.

　혹시라도 회장이나 그 친인척이 진상을 알게 되면 그 죄는 전부 여러분이 뒤집어써야 할 것입니다. 여러분이 입이라도 뻥긋하는 날에는 전처인 아내와 아들의 회장직도 위험해지니까요. 따라서 정말 여러분의 아들이 회장의 후계자로서 회사의 차기 회장이 된다면 그때 여러분이 할 수 있는 최선의 선택은 다름 아닌 영구적인 비밀 유지입니다. 만약 비밀이 누설되면 회장이 된 아들은 생물학적 아버지인 여러분과 회사 가운데 하나를 선택해야 하는 순간을 맞게 될 것입니다. 그리고 그 아들은 대개 회사를 선택할 확률이 높습니다.

다시 원래 이야기로 돌아오겠습니다. 춘신군이 이원의 누이를 고열왕에게 보내 후사를 잇도록 하는 이 이야기는 결말부터 보면 춘신군이 제거되는 걸로 마무리되었습니다. 그리고 이원의 누이는 왕후가 되고 그 아들이 태자가 되면서 외숙인 이원이 조정 핵심 세력으로 떠올랐습니다. 이후 이원 남매는 춘신군이 비밀을 누설할까 불안해 하다가 무사들을 모아 춘신군을 모살하려고 했습니다. 이런 분위기를 춘신군에게 알려준 이가 있었습니다.

때는 춘신군이 승상이 된 지 25년째 되던 해였습니다. 고열왕의 병환이 심해져 목숨이 경각이 달렸을 때입니다. 이때 주영朱英이라는 자가 춘신군을 찾아옵니다. 그는 이원 일당이 춘신군을 제거하려 한다는 사실을 내다보고 춘신군에게 미리 경고했습니다. "세상에는 예상하지 못 한 복도 있고 예상하지 못 한 화도 있습니다. 지금 영윤께서는 예상 못 했던 권세를 오랫동안 누리고 계십니다. 하지만 전하께서 예상 못 한 운명을 맞으시오면 불측한 자들의 준동이 있을 것입니다. 이때 예상치 못한 인물이 도움이 될 수 있을 것이옵니다." 주영은 무려 다섯 차례에 걸쳐 "예상 못 한"이라는 말을 했습니다. 그는 상당히 함축적으로 고열왕의 병이 깊고 정국이 어수선하니 다른 마음을 품은 자들을 미리 경계해야 한다고 말한 것이었습니다.

춘신군은 "무엇을 가리켜 예상하지 못 한 복이라고 하는가?"라고 물었습니다.

주영은 "영윤께서는 이미 20여 년간 초나라 국정을 주도하셨사옵니다. 실질적으로 전하의 위세에 버금가는 권세를 누리시고 계시옵니다. 현재 전하께서는 환후가 깊어 얼마 못 사실 것입니다. 태자 저하는 아직 어리시니 누가 저하를 보좌해 국정을 운영하겠사옵니까? 당연히 영윤이시옵니다. 영윤께서는 상나라의 이윤(伊尹)[30]이나 주나라 때의 주공(周公)[31]처럼 어린 왕이 친정할 때까지 보좌하시다가 물러나려 하시지만 스스로 왕이 되셔도 되니 이것이 예상치 못 한 복이옵니다"라고 설명했습니다.

춘신군은 다시 "그렇다면 예상 못 한 화는 무엇을 말함이오?"라고 물었습니다.

주영이 대답했습니다. "국구(國舅) 이원은 자신이 조정을 장악하는데 영윤께서 방해가 된다고 생각하여 호시탐탐 기회를 노리고 있사옵니다. 그가 병권은 장악하고 있지 못하나 오래전부터 사병을 양성하고 있다는 점을 아셔야 하옵니다. 일단 전하께서 승하하시오면 이원 그자가 분명 정변을 일으켜 영윤을 해할 것이옵니다. 이것이 예상치 못 한 화이옵니다."

춘신군이 다시 묻습니다. "그렇다면 예상치 못 한 사람은 누구를 가리키는 것이오?"

주영은 대답하기를 "군후께서 저를 낭중에 임명해 궁중에 배치해 주십시오. 전하께서 승하하신 후 이원 그자가 정변을 일으켜 궁으로 난입하면 제가 직접 제거를 하도록 하겠사옵니다. 제가 바로 그 예상치 못 한 사람이옵니다"라고 했습니다.

주영의 세세한 분석을 들은 춘신군은 반대 의견을 내놓습니다. "공이 좀 지나치게 생각하신 듯하오. 이원은 유약한 자이고 나 또한 그를 박하게 대하지 않았는데 어찌 그런 일이 있겠소." 주영은 춘신군이 자신을 중용할 생각이 없다는 사실을 알고는 자신이 한 말로 인해 화가 미칠까 두려워 신분을 숨기고 멀리 도망가 버립니다.

그로부터 17일 후, 고열왕이 세상을 뜨자 이원은 실제로 사병을 이끌고 궁으로 난입한 후 궁문에 군사를 매복시켜 황급히 입궁하던 춘신군의 수급을 베어 궁 밖으로 던졌습니다. 그 후 이원은 조정을 신속히 장악한 다음 춘신군 일문을 주살했습니다. 이 이야기의 결말을 보면 알 수 있습니다. 춘신군처럼 자신의 권력을 위해 임신한 여인을 이용하려면 목숨을 걸어야 한다는 것을 말이죠.

역사를 연구하다 보면 수많은 사건과 인물들을 접하게 됩니다. 그 가운데서 변치 않는 것이 있다면 바로 인간의 도리입니다. 인간이 기본적으로 가지고 있는 본성이나 가치기준은 오늘을 사는 저희나 역사 속 인물이나 크게 다르지 않았습니다. 따라서 역사 속 사건이나 인물을 현재 저희가 가진 인간의 도리나 본성에 대한 기준으로 이해하고 분석할 수도 있는 것입니다. 이 말은 현재의 가치기준으로 이해가 되지 않는 역사 속 사건은 진실이 아닐

가능성이 높다는 말입니다. 사실이 아닌 이야기가 실제 역사인 것처럼 유포되었다면 분명 그만한 이유가 있을 것입니다.

춘신군과 관련된 이 이야기가 좀 얼토당토않은 구석이 많지만 그 속에 사실인 부분도 있습니다. 등장인물과 최종 결과는 역사 속 사실에 부합하고 이원이 초나라 권력을 장악하는 부분도 마왕퇴 한묘에서 출토된 《전국종횡가서》에서 증거를 찾을 수 있습니다. 따라서 '춘신군 스캔들'이라 이름 붙일 수 있는 이 이야기는 참과 거짓이 뒤섞인 복잡한 구조를 띠고 있습니다. 역사의 관점에서 이 이야기에 접근할 때 저희는 무엇이 역사 속의 실제 사건이며 무엇이 거짓인지 구분할 수 있어야 합니다.

이 이야기를 이런 시각에서 비판적으로 바라보면 한 가지 특징을 찾을 수 있습니다. 바로 거짓된 부분이 가장 사람들이 흥미로워할 만한 이야기로 구성되어 있다는 것입니다. 임신한 이원의 누이가 낳은 아들이 고열왕의 자식이 아니라 춘신군의 자식이라는 부분이 가장 대표적입니다. 그러나 임신한 여성을 왕에게 바쳐 왕위를 차지하는 것은 상식에도 어긋나며 실현 가능성도 없기 때문에 허구일 수밖에 없습니다. 또한 언급하고 있는 상황 자체가 사서에 나오는 기록과 맞지 않습니다.

이 이야기에는 큰 대전제가 있습니다. 바로 시작과 동시에 등장하는 '초나라 고열왕에게 자식이 없었다 楚考烈王無子'는 사실입니다. 그에게 후사가 없었기 때문에 춘신군이 후사를 잇게 해줄 여인을 물색했고, 그 결과 이원과 이원의 누이가 등장하게 되었으니까요. 만약 이 대전제가 없다면, 혹은 이 대전제가 역사적 사실이 아니라면 이 이야기는 거짓일 수밖에 없습니다. 그런데 이 이야기가 성립하기 위한 대전제가 역사적 사실과 부합하지 않습니다. 실제로 고열왕에게는 아들이 여러 명 있었습니다. 그 가운데 최소 네 명의 이름이 지금까지도 전해지고 있습니다. 그리고 각각 초나라 왕을 지내기까지 했습니다. 이들은 각각 42대 초유왕 웅한, 43대 초애왕 웅유, 44대왕 부추, 마지막 왕인 웅계, 즉 창평군입니다.

고열왕의 네 아들 가운데 웅한과 웅유는 왕후인 이원 누이의 소생입니다. 웅한이 적장자이고 웅유가 동생이 됩니다. 부추와 웅계는 서자였습니다. 부추의 모친이 누구인지는 알려진 바가 없는데 사서의 기록에는 웅유의 이복형이며 춘신군이 이원의 누이를 고열왕에게 바쳤을 시점에 출생했다고 나옵니다. 웅계의 모친은 진나라의 왕녀였을 것이라고 앞서 추정했습니다. 그는 춘신군이 이원의 누이를 헌상하기 30여 년 전에, 고열왕이 태자의 신분으로 진나라에 볼모로 있을 때 태어났습니다. 이처럼 '춘신군 스캔들'이 성립하기 위해 가장 중요한 대전제가 완전히 허구이기 때문에 춘신군 스캔들은 누군가가 고의로 조작한 이야기입니다.

최근 골동품 소장 붐이 일어나면서 유물 감정이 많은 이들의 관심을 받고 있습니다. 중국 북경TV에서도 〈천하수장天下收藏〉이라는 문물 감정 프로그램이 절찬리에 방영되고 있습니다. 진행자는 전문가들이 가짜라고 판별한 제품을 호보추護寶鎚라고 불리는 철퇴로 내리쳐 부숴버립니다. 전문가들로부터 진품으로 판정받은 제품은 높은 가격이 책정됨은 물론이고 1만 위안元에 달하는 금장金章을 받습니다. 제가 본 장면 중에 인상적이었던 장면이 있습니다. 가짜라고 판별된 제품을 진행자가 호보추로 깨부수려고 하다가 혹시라도 진품이지 않을까 해서 주저하는 장면인데요.

제가 시청한 날에도 진행자가 깨려다 만 그 골동품은 반은 진품이고 반은 가짜라고 감정받았습니다. 강희제 시대 만들어진 도자기인 강희관요康熙官窯의 사기대접 몸통은 진짜이고 사기대접 위에 새겨진 글자는 최근에 써넣었다거나, 청동기 찻잔의 몸통은 서주西周 시대에 청동기로 제조된 진품이고 뚜껑은 전국시대에 제작된 것이라든지 하는 경우입니다. 서주시대에 제조된 청동기라는 관점에서 보면 뚜껑은 가짜입니다. 하지만 중국 역사 전체로 보면 전국시대에 제조된 찻잔 뚜껑도 어쨌든 진짜 유물입니다. 만약에 그 순간 서주시대의 관점에서만 감정하여 이를 가짜라고 판정하고 호보추로 깨부수게 되면 전국시대 유물을 파손하는 것입니다.

유물이나 문헌기록 모두 역사가 남긴 문물입니다. 문물의 진위는 고고학의 방법을 동원해 감별해야 합니다. '춘신군 스캔들'은 어떨까요? 고열왕이 후사가 없었다거나 이원의 누이가 낳은 아들이 고열왕이 아닌 춘신군의 아들이라는 이야기는 앞서 예로 들었던 서주시대 청동기 찻잔 뚜껑과 같습니다. 청동기 찻잔도 전국시대에 제조된 뚜껑만 없으면 분명 청동기 유물로 인정받게 됩니다. 이 이치대로 훗날 첨삭된 부분을 제거하면 역사의 실체를 알 수 있습니다. 그렇다면 '춘신군 스캔들'에서 진실인 부분을 한번 골라내 보겠습니다. 몇 가지 문헌기록으로 진품 판정이 가능하니까요.

첫째, 초고열왕 웅원과 춘신군 황헐의 관계는 매우 밀접했습니다. 웅원이 태자로 있을 때 춘신군은 그의 측근이었습니다. 그들은 국내외에서 여러 가지 어려움을 함께 이겨낸 만큼 신뢰가 각별했습니다. 특히나 춘신군은 고열왕이 무사히 왕위에 즉위할 수 있도록 적극적으로 도왔고 그 덕택에 20여 년 이상 영윤을 역임하며 최고의 권력을 누렸습니다.

둘째, 이원은 춘신군의 가신이었고 춘신군의 소개로 여동생을 입궁시킬 수 있었습니다.

셋째, 입궁한 이원의 여동생은 고열왕의 총애를 받아 고열왕의 아들인 웅한을 낳고 왕후로 책봉되었습니다. 이후 이원은 중용되어 초나라 정계에 등장했습니다.

넷째, 고열왕 25년(기원전 238년) 고열왕의 병이 심해졌습니다. 당시 이원의 누이는 두 번째 아이, 즉 훗날의 애왕 웅유를 임신한 상태였습니다. 이원 남매는 적장자인 웅한의 계승권을 확보하기 위해 춘신군을 제거할 준비를 했습니다. 춘신군은 그들의 음모에 대한 사전 경고를 무시했다가 이원이 매복시킨 무사들에게 살해당했습니다. 이후 이원은 춘신군을 대신해 초나라 조정의 최고 권신이 됩니다.

이상은 저희가 춘신군 이야기를 통해 파악할 수 있는 진짜 역사였습니다. 이것은 서주시대 청동기 찻잔의 몸통입니다. 진품 몸통에 대해서는 검증을 했으니까 이번에는 가짜 덮개로 넘어가 볼까요. 앞서 말씀드린 것처럼 덮개는 몸통의 관점에서는 서주시대 유물이 아니므로 가짜이지만 어쨌든 전국시대에 제작된 진짜 전국시대 유물입니다. 따라서 이 가짜를 가장한 진품이 언제, 어떻게 청동기 찻잔과 섞이게 되었는지 파악할 수만 있다면 가짜 같은 진품의 실제 역사를 알 수 있을 것입니다. 그 과정에서 저희는 그동안 알지 못했던 역사의 비밀을 밝혀낼 수도 있습니다.

조작공작의 수혜자

그렇다면 이 춘신군 스캔들은 누가 언제 조작한 것일까요? 왜 이렇게 황당한 이야기가 탄생했을까요? 조작에는 분명한 동기가 있었을 것입니다. 조작하는 측에 상당한 이득이 돼야 조작이 이루어질 것입니다. 다시 말해서 그렇게 고심을 해서 조작하는 만큼 자신에게 그만한 이득이 되어야 한다는 것입니다. 따라서 춘신군 스캔들로 가장 많은 혜택을 본 사람, 혹은 세력을 찾으면 됩니다. 그렇다면 이 이야기를 조작했을 경우 가장 많은 혜택을 보는 사람은 누구일까요?

춘신군 스캔들의 최대 수혜자이자 최대 피해자는 다름 아닌 춘신군입니다. 따라서 춘신군을 옹호하고 동정하는 이들이 만들어 냈을 가능성은 적습니다. 최종 결말을 놓고 보면 이 스캔들의 승자는 이원 남매입니다. 그들은 춘신군을 죽인 후 초나라 정권을 완전히 손에 넣었으니까요. 하지만 조금만 다른 시각에서 보면 이 스캔들의 최대 피해자이기도 합니다. 그들은 춘신군을 이용해 고열왕을 속인 후 아들을 태자로 만들고 왕후가 되었습니다. 그리고 고열왕 사후 춘신군을 살해하고 아들을 옹립해 초나라 정권을 독점했습니다. 권력은 손에 넣었지만 춘신군 스캔들 속에 등장하는 이미지는 간악하고 악랄한 모습입니다. 따라서 자신들의 이미지를 부정적으로 만들기 위해서 조작을 하진 않았을 것입니다.

좀더 깊이 생각해보면 최대 피해자는 이원 누이의 아들들인 초유왕과 초애왕일 수 있습니다. 이 스캔들로 초유왕 웅한과 초애왕 웅유는 고열왕의 아들이 아니기 때문에 왕위 계승의 자격이 없다는 논란에 시달렸을 테니까요. 조작한 측에서는 고열왕의 진짜 아들이 왕위를 계승해야 한다고 주장했을 것입니다.

여기서 잠시 고열왕 사후 초나라 역사가 어떻게 진행되었는지 살펴봐야 할 것 같습니다. 기원전 238년, 고열왕 사후 이원 남매가 춘신군을 죽이고 태자 웅한을 즉위시키니 그가 초유왕입니다. 초유왕이 나이가 어렸기에 실권은 태후인 이원의 누이와 외삼촌인 이원이 차지하게 됩니다. 이원이 초나라 조정 내 최고 실력자가 된 것입니다. 그가 초나라 국정을 장악했다는 사실은 역사서에 전혀 기록이 없기 때문에 의문스러웠으나 마왕퇴 한묘에서 출토된 《전국종횡가서》에서 그 증거를 찾을 수 있었습니다. 《전국종횡가서》의 '이원위신오장李園謂辛梧章'에 보면 '진나라가 신오辛梧를 위의 도성인 대량에 파견해 초나라를 함께 공격하자고 제안을 하니 이원이 고심했다秦使辛梧据梁, 合秦·梁而攻楚, 李園憂之…'는 기록이 있습니다. 그리고 훗날 이원은 외교 활동을 통해 진나라 장수 신오를 설득해 문제를 잘 해결했습니다. 이 기록은 그가 상당한 국정 운영능력을 갖추고 있었음을 보여줍니다.

기원전 228년 초유왕 웅한이 세상을 뜨자 웅한의 친동생이자 이원 누이의 작은 아들인 웅유가 즉위하여 초애왕이 되었습니다. 고열왕 사후 태어난 웅유는 10세가 채 되지 않은 어린아이였기 때문에 이원과 이원 누이, 즉 태후와 외숙부가 실권을 장악했습니다. 그로부터 2개월 후 초나라에 정변이 발생해 초애왕이 피살되고 고열왕의 서자인 부추가 옹립되었습니다. 이 정변에 대해 《사기》〈초세가〉에는 다음과 같이 기록되어 있습니다.

> 초유왕 10년, 유왕이 승하하고 친동생인 유가 즉위하니 애왕이다. 애왕 즉위 후 두 달이 채 되지 않았을 때 애왕의 이복형인 부추 일당이 애왕을 시해한 후 부추를 옹립했다.
> (楚幽王) 十年, 幽王卒, 同母弟猶代立, 是爲哀王. 哀王立二月餘, 哀王庶兄負芻之徒襲殺哀王而立負芻 王.

위에 등장하는 '부추 일당負芻之徒'는 고열왕의 서자인 부추를 지지하는 정치세력을 가리키는데 이들이 정변을 일으키고 새로운 왕을 옹립한 것입니다. 이 정변으로 이원 남매의 10년 권력이 무너집니다. 다시 춘신군 스캔들로 되돌아가 볼까요. 그리고 한 번 생각을 해 봅시다. 과연 누가 정말 최종 수혜자인지, 그리고 스캔들 조작의 동기가 무엇인지 말이죠.

춘신군 스캔들의 진정한 수혜자는 기원전 228년 발생한 정변으로 초나라 정권을 탈취한 제44대왕 부추와 '부추를 따르는 무리', 즉 고열왕의 서자인 부추를 중심으로 한 새로운 정치세력입니다. 부추 측 입장에서 이 스캔들은 초나라 정권을 장악했던 이원 남매 일파를 몰아붙일 수 있는 구실을 제공해 주었습니다. 이원 남매가 춘신군을 이용해 초유왕과 초애왕을 모두 고열왕의 아들이라고 속이고 즉위시켰기 때문에 왕위 계승의 정통성이 없으며, 따라서 고열왕의 혈통을 이어받은 진짜 아들이 왕위를 이어받아야 한다고 주장할 수 있었죠.

모택동 전 주석은 '정권을 탈취하려면 무조건 여론을 조작해야 한다'고 주장했었습니다. 권력 탈취를 위한 여론 조작의 첫 단계는 먼저 구(舊)정권이 불의하고 정통성이 없으며 하늘의 법도를 상실한 반면, 새로운 정권은 정의롭고 하늘의 도를 따르며 정통성을 갖추었다고 선전해야 했습니다. 춘신군 스캔들도 마찬가지였습니다. 아마 초유왕과 초애왕의 정통성에 흠집을 내기 위해 춘신군과 이원 누이의 이야기를 조작해 넣었을 것입니다. 조작 주도세력은 초왕 부추 세력이 틀림없을 것이고요. 시기적으로는 아마 초왕 부추가 즉위하기 전후인 기원전 228년에서 기원전 227년 사이일 것입니다.

억울한 누명

춘신군 스캔들을 충분히 추적해 봤습니다. 여러분은 혹시 춘신군 스캔들이 여불위 스캔들로 와전된 것은 아닐까 하는 생각이 들지 않습니까? 혹시 이 이야기가 와전되어 진시황 영정이 장양왕 자이의 아들이 아니라 여불위의 아들이라는 이야기가 퍼진 것은 아닐까요? 《사기》〈춘신군열전〉에 기록된 춘신군 스캔들의 마지막 장면을 보겠습니다. 이원 일파가 매복시킨 무사들이 춘신군과 그 일가족을 도륙을 낸 이후 상황은 다음과 같았습니다.

> 춘신군이 임신한 이원의 누이를 고열왕에게 바쳤다. 그 아들이 왕위에 오르니 초유왕이 되었다. 이해는 진시황 9년으로 진나라에서는 노애의 난이 일어났다. 난이 진압된 후 삼족이 주살되고 여불위는 파면되었다.
> 園女弟初幸春申君有身而立之王所生子者遂立, 是爲楚幽王. 是歲也, 秦始皇帝立九年矣. 嫪毐亦爲亂於秦, 覺, 夷其三族, 而呂不韋廢.

《사기》〈춘신군열전〉에 등장한 이 기록을 잘 보시기 바랍니다. 〈춘신군열전〉이기에 당연히 초나라에서 발생한 일을 기술해야 함에도 마지막에 굳이 진시황과 노애, 여불위를 등장시키고 있습니다. 뭔가 부자연스럽습니다. 춘신군 기록에 왜 굳이 진나라 내정에 대해 서술했을까요? 마치 춘신군, 이원, 초유왕이 관련된 춘신군 스캔들이 진시황, 노애, 여불위와도 연관 있는 것처럼 말입니다.

사마천은 매우 철두철미한 역사학자였습니다. 일부러 역사적 사실을 조작할 인물이 아니었죠. 하지만 그는 자료 수집을 위해 구전되던 이야기를 즐겨 들었습니다. 그리고 《사기》를 편찬할 때 이런 이야기들을 근거 자료로 활용했습니다. 당연히 이런 이야기들에 대한 진위 판별 문제를 피할 수 없었을 것입니다. 특히 그런 이야기들이 전국을 돌아다니며 자기주장을 설파하던 유세가遊說家들을 통해 구전되었기 때문에 연도가 정확히 남아 있는 경우가 드물었습니다. 시간 순서가 엉망이었던 거죠. 사마천은 《사기》에 기록하기 전에 이런 이야기들의 연대파악에 많은 신경을 썼습니다.

전국시대에 그런 식으로 구전되던 이야기를 낙엽으로 비유해 볼까요? 낙엽이 질 때 보면 잎사귀들이 보통 바람 부는 대로 춤을 추며 떨어집니다. 보기에는 참 운치가 있죠. 전국시대 이야기들도 문학적 가치만으로 바라보면 생동감 있고 흥미진진합니다. 하지만 바람결에 나뭇잎이 움직이듯 전하는 사람에 따라 내용이 조금씩 달라졌기 때문에 사료로서 가치가 많이 떨어졌습니다. 그래서 역사학자로서 확실한 시간 기준점을 정해 놓아야 했습니다. 나뭇가지에 가지런히 붙어 있는 낙엽들처럼 이런 이야기들도 시간 기준점을 중심으로 하나하나 순서대로 정리해야 했습니다. 이는 역사학에서 가장 기초가 되는 연대순 기술입니다.

춘신군 스캔들도 마찬가지입니다. 전국시대의 유세가들 사이에서 구전되던 이 이야기는 정확한 연대가 명시되어 있지 않았습니다. 그렇다고 후세에 연대추적을 하기도 쉽지 않았죠. 왜냐하면 진시황의 분서로 초나라의 사서가 소실되어 사라졌기 때문입니다. 검증에 필요한 가장 중요한 자료를 잃어버린 것입니다. 그렇다면 사마천은 어떻게 연대를 정리했을까요?

진시황은 분서를 통해 다른 나라 사서는 모두 소각처리 했지만 진나라 사서는 잘 보존했습니다. 사마천이 생존했던 전한 초기에 그마저도 상당량 분실되었지만 다행히 사마천이 연대 구분은 할 수 있는 상태였습니다. 관련 자료들을 상세히 읽어본 사마천은 진나라 이외의 각국 사서가 완전히 소실되어 해당 국가의 역사를 정확히 알 수 없었기 때문에 다른 보완책을 모색했습니다. 미봉책에 불과한 방법이었지만 유세가들이 전하는 이야기들과 진나라 사서에 등장하는 정확한 연대를 비교해 가면서 구분한 것입니다.

바꿔 말해서 진나라 역사의 줄기에 다른 나라 역사라는 잎사귀를 갖다 붙인 것입니다. 원래는 춘신군 스캔들과 그의 죽음은 초나라 역사에서 정확한 연도 파악이 되지 않던 사건이었습니다. 그런 춘신군 스캔들을 사마천은 진나라 사서를 기준으로 노애의 난, 여불위의 파면이 있었던 진왕정 9년에 발생했다고 선을 그었습니다. 대충 발생시점은 찾았지만 그 결과 초나라에서 발생한 사건임에도 불구하고 진나라 연호를 따르게 되는 다소 부자연스러운 모습을 띠게 되었습니다.

하지만 이런 부자연스러움이 시사하는 바도 있었습니다. 전국시대는 각국이 서로 긴밀하게 왕래하며 국경을 초월해 역사를 공유하던 시기였습니다. 진시황, 여불위, 자이, 조희와 초유왕, 춘신군, 고열왕, 이원 남매 등은 동시대를 살았던 인물들입니다. 따라서 상호 간에 긴밀한 관계를 맺고 있었을 수도 있고 실제 교류가 있었을 수도 있습니다. 특히 고열왕 웅원은 태자 시절 춘신군과 함께 진나라 도성인 함양에서 10년 동안 볼모로 있으면서 진나라 공주를 맞이해 자식을 얻기도 했으니까요. 따라서 그와 장양왕 사이에 저희가 상상하는 이상의 친분관계가 있었을 수도 있습니다.

　당시의 호사가들은 동시대를 살았던 그들의 이야기를 이리저리 섞어서 아무 데나 갖다 붙여 이야기를 만들고 싶은 유혹을 받았을 것입니다. 요즘 활개를 치고 있는 타블로이드지의 파파라치들처럼 말이죠. 상상력이 풍부했던 그들에게 춘신군과 고열왕의 친밀한 군신관계는 좋은 소재거리였습니다. 그래서 고열왕의 아들인 초유왕이 춘신군의 사생아라는 루머가 탄생한 것일 수 있습니다. 이와 마찬가지로 여불위와 장양왕 자이와의 관계가 굉장히 친밀해서 진시황 영정이 여불위의 사생아가 아닐까 하는 루머가 나왔을 수도 있습니다. 춘신군 스캔들의 역사적 배경과 시점은 이제 어느 정도 파악되었습니다. 그리고 이 이야기가 어떻게 여불위와 자이를 중심으로 한 진시황 친부 미스터리로 변형되었는지 그 단서도 찾았습니다.

　이제 모든 미스터리 추적을 마무리해도 되겠다고 말씀드릴 수 있을 듯합니다. 하지만 제가 역사 법정에 이 미스터리에 대한 최종 보고서를 제출했더니 반려되었습니다. 그 이유는 춘신군 스캔들이 초왕 부추 일파가 정변을 전후해 조작했을 가능성이 크다는 점, 그 이야기가 진시황 친부 미스터리로 변형했을 수 있다는 점에는 동의하지만 누가 왜 춘신군 스캔들을 진시황 친부 미스터리로 조작했는지는 아직 밝혀내지 않았기 때문이랍니다.

명군과 폭군 사이

참 귀찮기 짝이 없네요. 심사관들은 트집을 잡는 데는 아주 이력이 난 사람들입니다. 하지만 가만히 생각해보면 그들의 말도 일리가 있긴 합니다. 조금 귀찮고 번거롭기는 하지만 인내심을 갖고 다시 추적을 할까 합니다.

춘신군 스캔들 자체는 초왕 부추 일파가 조작하여 퍼뜨린 이야기입니다. 춘신군 스캔들은 《전국책》에서도 발견할 수 있지만 진시황 친부 미스터리는 전혀 찾을 수 없기 때문에 춘신군 스캔들에 비해 시기적으로 늦게 등장한 듯합니다. 그렇다면 춘신군 스캔들을 복제해 조작했다는 말인데, 어느 시기에 어떤 역사적 배경을 가지고 조작된 것일까요?

여불위 스캔들은 《사기》에 가장 먼저 등장합니다. 따라서 조작 시기의 시간적 하한선을 사마천이 《사기》를 편찬했던 한무제 시기로 잡을 수 있습니다. 상한선은 진시황이 출생한 진소왕 말년이 될 것입니다. 그렇다면 이 이야기가 조작되어 등장한 시기는 진소왕 말년에서 한무제 시기가 됩니다. 진시황은 진소왕 56년, 기원전 259년에 태어났고, 사마천은 한무제 원봉元封 연간, 즉 기원전 110년 이후부터 한나라 사관인 태사령을 맡아 《사기》를 편찬했습니다. 따라서 이 이야기는 기원전 259년에서 기원전 110년까지, 약 150년 사이에 조작되었을 확률이 큽니다. 앞서 언급한 것처럼 역사 조작은 그 동기가 필요하며 합당한 역사적 배경이 있습니다. 춘신군 스캔들 조작 주도세력과 역사적 배경은 이미 말씀드렸습니다. 초왕 부추 일파가 초애왕을 시해하고 왕위를 찬탈한 후 조작했다고 짚어보았습니다.

그럼 진소왕 말기부터의 진나라 역사를 훑어보면서 여불위 스캔들의 주도세력과 그 역사 배경을 알아보도록 합시다. 진소왕 사후 효문왕, 장양왕, 진시황이 차례로 즉위한 후 유방에게 멸망하기까지 진나라 역사에는 초나라처럼 왕위를 찬탈하는 정변이 일어나지 않았습니다. 진시황이든 장양왕이든 효문왕이든 왕위 찬탈에 준하는 도전조차 받지 않았기 때문에 사실 춘신군 스캔들과 같은 이야기를 조작해 끼워 넣을 수 있는 여지가 없었습니다.

유방은 한나라를 건국하면서 진나라를 완전히 계승한다는 기치를 분명히 내걸었습니다. '완전한 계승'이란 제국의 강역은 물론이고 백성이나 제도, 통치 이념까지 따라 한다는 것이었습니다. 진시황보다 세 살 어린 유방은 동시대 사람인 영정을 존경하고 심지어 숭배하며 자기 인생의 롤모델로 생각했습니다. 유방이 고향 패현沛縣에서 정장亭長³²으로 있을 때였습니다.

도성인 함양에 잠시 갔다가 어가를 타고 지나가는 진시황을 보고는 눈이 휘둥그레지죠. 그는 진시황이 마치 하늘에 떠있는 태양처럼 휘황찬란하다는 생각을 했습니다. 그리고는 진심으로 "캬! 저게 진정한 남아 대장부의 삶이지!嗟乎, 大丈夫當如此也!"라고 하며, 진시황의 위세를 부러워했습니다.

그래서인지 유방은 스스로 진시황의 후계자이며 진시황의 대통을 계승한 황제라고 생각했습니다. 《사기》〈고조본기高祖本紀〉에는 유방이 세상을 뜨기 전 역대 인물들에 대해 내린 자신의 평가가 조서 형태로 실려 있습니다.

진시황, 초은왕 진섭, 위안리왕魏安釐王[33], 제민왕齊緡王[34], 조도양왕趙悼襄王[35] 모두 후사가 끊겼다. 능 관리를 위해 각각 10호의 인원을 배치하노라. 대신 진시황릉은 20호, 위공자 무기武忌[36]는 5호를 배치하노라.

秦始皇帝, 楚隱王陳涉, 魏安釐王, 齊緡王, 趙悼襄王皆絶無后, 予守塚各十家, 秦始皇二十家, 魏公子無忌五家.

초은왕 진섭은 대택향 봉기를 일으킨 진승을 말합니다. 그가 초나라 부흥 기치를 내걸고 초왕이 되어 봉기한 덕분에 유방도 거병할 수 있었기 때문에 유방은 그에게 제례를 올렸습니다. 위나라 안리왕과 제나라 민왕, 조나라의 도양왕에게도 초왕 진승과 마찬가지로 10호 정도의 묘지 관리인을 두어 대를 이어 제례를 치르도록 했습니다. 반면 위공자 무기는 군왕은 아니었지만 유방이 존경하던 인물이었기 때문에 특별히 능 관리인을 5호 배정하여 제례를 지내 주었습니다. 이들 가운데 진시황은 특별대우를 받았습니다. 그에게는 무려 20호에 달하는 능 관리인을 두었던 것입니다. 그는 진왕조를 존중했기 때문에 훗날 한나라를 개창하고도 진시황에게 존경의 뜻을 표시했습니다.

한고조 유방은 이처럼 진시황을 변함없이 존중했습니다. 이는 이후 문제文帝 및 경제景帝에 이르기까지 계속되었습니다. 진나라를 멸하고 성립된 한나라였지만 결코 진시황을 폄하하지 않았습니다. 서한 초기 유방 이후 황제들은 신하들과 조정 내에서 진2세 호해의 실정에서 얻은 교훈에 대해 논의하곤 했습니다. 물론 진나라의 통치 스타일과 정책에 대해 많은 비판을 했지만 절대 진시황 인물 자체에 대한 인신공격은 하지 않았습니다. 당연히 희화화하는 현상도 없었습니다. 지금까지 전해져 오는 서한 초기의 문헌들, 예를 들면 한나라 초기 가산이 쓴《지언》이나 문제 시대 저명한 정치가인 가의가 쓴《신서》에서도 마찬가지로 그런 흔적을 전혀 찾아볼 수 없습니다.

하지만 이런 분위기는 한무제가 등극하면서 완전히 바뀝니다. 한무제가 즉위한 이후 중국의 역사는 새로운 변혁을 맞이했습니다. 역사의 형태나 이데올로기의 관점에서 봐도 제2통일제국 시대를 맞이했다는 의미가 있습니다. 어떤 의미에서는 '문화대혁명'과도 같은 엄청난 변혁이었습니다.

한무제의 주도하에 진행된 이 '문화대혁명'의 기본 사상은 다음과 같습니다. 한고조 유방 이래로 유지되어온 한나라가 진나라의 정통을 계승한 왕조라는 건국이념이 전면 부정됩니다. 대신 한나라는 진나라를 멸망시키고 등장한 혁명 왕조라는 점을 천명했습니다. 음양오행陰陽五行에 따라 진나라는 물水이고 한나라는 흙土이기 때문에 물불과 같이 함께 융합할 수 없는 관계라는 이론적 근거를 갖다 대었습니다.

그래서 한나라 조정의 정치제도, 경제제도, 대외정책 등 기본 국책, 국정에 대변혁이 일어납니다. 유방이 개국한 이래 줄곧 사용했던 진나라 역법을 폐지하고 의복 및 기치旗幟 색깔을 진나라 시대의 검은색에서 황색으로 바꿨습니다. 그뿐 아니라 도량형에 사용되던 행운의 숫자도 6에서 5로 변경했습니다. 당시로써는 천

사라진 역사 *315*

지개벽이었죠.

　이 거대한 변혁 가운데 후세에 가장 유명한 것이 바로 유학을 국가 이데올로기로 확정한 것입니다. '백가의 사상을 폐하고, 유학만 존중한다罷黜百家, 獨尊儒術'라는 기치를 들어 진나라 시대부터 서한 초기까지 주요 이념이었던 법가와 도가를 유가로 대체 하는 작업을 진행했습니다. 진시황 역시 이런 변화의 물결을 피해갈 수 없었습니다. 그래서 그에 대한 평가도 위인, 성공한 군주에서 폭군, 역사의 죄인으로 완전히 바뀌게 되었습니다. 동시에 진시황이 저지른 여러 실정들 가운데 가장 많이 비판을 받던 분서와 갱유가 하나로 결합하게 됩니다.

　서로 관련이 없던 두 사건이 하나가 되면서 진시황 영정에 대한 폭군 이미지가 형성되어 버립니다. 앞서 살펴보았듯 갱유는 방사들이 날조한 루머입니다. 그들이 선약을 구하겠다고 진시황에게 거짓말을 했다가 발각되어 결국 생매장되었던 것임에도 어느 순간 그 최대 피해자가 방사가 아닌 유생으로 바뀌어 버렸습니다. 이는 유학을 국가 통치 이데올로기로 선택한 한무제 정권에 의해 진나라를 부정하고 진시황을 부인하는 좋은 트집거리가 되게 됩니다.

　이런 시대의 흐름은 진시황에 대한 인신공격 장려, 진나라 역사 수정, 진시황 스캔들 날조로 변형되었습니다. 마침 적당한 시기에 여불위 스캔들이 유포되면서 진시황이 진왕실 적통이 아닌 여불위의 사생아라는 추문이 기정사실이 되었고, 진시황 때 진나라는 정통성을 잃었기 때문에 한나라가 주나라의 정통성을 잇는 왕조라고 천명할 수 있었습니다.

🦌 사마천의 평가

당나라의 시인인 맹호연孟浩然이 이런 말을 한 적이 있습니다. '책을 읽을 때는 그 저자에 대해 알아야 한다讀其書不可不知其人.' 작품에는 저자의 사상과 의도가 녹아들어 가기 때문에 독서를 하기 전에 반드시 저자를 알아야 한다는 것입니다. 그렇기에 작품을 읽다가 궁금한 점이 생기면 종종 저자의 개인 경험 속에서 그 단서를 찾을 수 있습니다.

우리가 앞서 언급한 것처럼 《사기》는 제3세계, 제3역사입니다. 사마천은 수집한 사료를 자신의 역사 관점에 기초해 분석한 후 《사기》를 편찬했습니다. 사마천이 《사기》에서 진나라 및 진시황 관련 부분을 집필할 때 자신의 관점이 반영되었을 것입니다. 그 시각에 따라 사료를 취사선택하고 편찬했을 가능성이 큽니다. 그렇다면 사마천은 진나라와 진시황에 대해 어떤 관점을 가지고 있었을까요?

사마천의 조상은 진나라 사람입니다. 그의 고향은 섬서성 한성현으로 이곳은 진나라 영내에 속한 관중 지역이었습니다. 가전家傳 설화 등을 제외하고 실제 이름이 기록으로 남아 있는 조상 가운데 가장 일찍 등장하는 이는 진혜왕 시기 촉국蜀國을 멸망시킨 사마착司馬錯입니다. 그다음으로 진소왕 시기의 장군인 사마근司馬靳인데요. 그는 40여만 조나라 포로를 생매장한 진나라 총사령관 백기의 부하로 훗날 백기와 함께 자결했던 인물입니다. 그 이후 진시황 시기 철기를 관리하는 철관鐵官이었던 사마창司馬昌이 있고요.

　한나라가 건국 후 사마천의 증조부인 사마무택司馬無澤은 경제·행정 관리직인 시장市長을 지냈습니다. 사마천의 조부인 사마희司馬喜가 어떤 관직을 지냈는지는 잘 알려지지 않았으나 그의 작위는 오대부五大夫로서 한나라 시대 20개 관등官等 가운데 아홉 번째에 해당할 만큼 고급 공무원이었습니다. 사마천의 부친인 사마담司馬談은 한나라의 태사령을 지냈습니다. 이 직책은 국가도서관 관장 겸 천문대 소장에 해당했으며 《사기》의 편찬은 그의 대에서부터 시작되었습니다. 그리고 사마담 사후 사마천이 태사령이 되어 《사기》 편찬을 이어받았습니다.

　이처럼 사마천 일가는 대대로 한성 일대에 거주하던 진나라 사람이었습니다. 역사학자로서, 진나라의 후손으로서 그가 함부로 진나라를 멸시하거나 진시황을 악의적으로 표현했을 것 같지 않습니다. 오히려 한무제 시기 나타났던 학자들에게 부화뇌동되는 것을 거부하고 자신만의 관점을 가지고 각 사료를 기준에 맞게 취사선택했습니다.

　사마천은 《사기》〈육국년표六國年表〉에서 진나라에 대한 자신의 역사 인식을 분명히 밝혔습니다. "진나라의 천하 통일은 무력에 의지한 바가 크다. 하지만 진나라는 당시 시대의 변화에 순응해 끊임없이 변혁한 덕분에 엄청난 위업을 달성할 수 있었다. 당시에는 이런 말이 진나라 내에 있었다. '후대의 군주들은 전대 군주들의 위업을 계승하도록 하라.' 왜 이런 말이 있었겠는가? 진시황 영정을 보면 알 수 있다. 선대 군왕들이 직면했던 상황이나 처지가 영정이 처했던 상황과 큰 차이가 없었다. 그런 만큼 영정은 선왕들에게서 교훈을 얻어 천하 통일에 잘 활용했다."

사마천은 진나라의 천하 통일을 이처럼 평가한 후 말을 이었습니다. "작금의 학문을 한다는 자들이 주변에서 들은 내용을 바탕으로 진나라 시황제와 호해가 재위기간이 짧았다고 비난하는구나. 그 시작과 종말을 살펴보지 않은 상태에서 벌떼처럼 달려들어 조소를 보내니 이는 진나라에 대한 정당한 평가가 아니다. 귀로 밥을 먹는 것과 다름없으니 무슨 맛을 제대로 느낄 수 있겠는가? 이 귀로 밥을 먹는 자들아! 애통하기 그지 없구나 學者牽於所聞, 見秦在帝位日淺, 不察其終始, 因舉而笑之, 不敢道, 此與以耳食無異, 悲夫"라고 했습니다.

진시황 본인에 대한 사마천의 평가는 확실했습니다. 그는 진시황의 천하 통일에 대해 문제 때 명신이었던 가의의 말을 빌려 굉장히 높은 평가를 했습니다. "시황제는 선조들이 물려준 과업을 계승해 중원 지역에서 크게 군사를 일으켜 주나라와 각 제후국을 정복했다. 그리하여 각국의 군주들을 모두 그 발아래에 조아리게 하고 영토를 병합해 그 이름을 천하에 크게 떨쳤다." 다른 한편으로 진시황에 대해 매우 신랄한 비판도 했습니다. 그는 진시황이 천하를 통일한 이후 오만하고 안하무인하기가 참람한 지경에 이르렀다고 했습니다. 왜냐하면 진시황 스스로 자신의 공적이 오제五帝[37]를 넘어섰으며, 영토는 삼왕三王[38] 시기와 견줄 바가 아니라며 자신이 이미 과거의 성왕聖王들을 능가했다고 했기 때문입니다. 그런 오만함 때문에 역사 속에서 배우려 하지 않고 천하를 평정한 방식대로 통치하는 바람에 결국 진2세에 이르러 멸망하게 됐다고 평가했습니다.

사마천은 진나라와 진시황에 대해 중립적이고 객관적으로 평가했습니다. 그는 진나라가 무력을 사용해 천하를 통일하는 과정을 거시적인 역사 발전의 흐름에서 파악했습니다. 그는 진시황의 공과에 대해 두 부분으로 나눠 서로 다른 평가를 내렸습니다. 바로 통일의 대업을 완성했지만 통치에서는 큰 실책을 범했다고 말입니다. 역사학자로서 역사 흐름과 인물들을 정확히 파악하고 내린 평가였습니다. 사마천은 진나라와 진시황에 대해 그 어떤 인신공격이나 부정적 평가를 한 적이 없습니다.

그렇기 때문에 저는 사마천이 《사기》를 편찬하면서 일부러 여불위 스캔들을 조작해 진시황이 여불위의 사생아이며 따라서 진나라 왕위의 정통성이 끊겼다고 주장했을 리 없다고 생각합니다. 정작 사마천은 그런 유언비어를 믿지 않았던 것 같습니다. 앞서 '귀로 밥을 먹는 자들耳食者'을 비판한 점에 비추어보았을 때 이런 스캔들은 남의 말을 잘 듣고 시류에 편승하길 좋아하는 문인들이 조작했을 가능성이 매우 높습니다. 이런 추문을 열전에 기록했다면 사마천이 특별히 주해를 달아 읽는 사람들이 직접 판단할 수 있도록 했을 것입니다.

열한 번째 추적

〈진외척열전〉은
왜 기록되지 않았나?

🐪 외척세력의 실체

저희가 처음 추적한 진시황 친부 미스터리는 진시황의 혈통 자체에 흠집을 내어 정통성을 깎아내리려는 세력에 의해 조작되었을 가능성이 크다고 했습니다. 이 미스터리는 연도 구분 없이 《사기》에 기록되면서 발생한 해프닝이었습니다. 그러면 성교의 난과 노애의 난의 진상을 추적한 미스터리, 여불위 이후 국정 운영과 천하 통일 과정에서 핵심 인물이었던 창평군의 정체를 추적한 미스터리, 통일 이후 태자 책봉 과정과 제국의 몰락을 다룬 미스터리에 대한 해답도 한번 정리해 봅시다.

    진시황의 동생 성교는 한부인의 아들이며 하태후의 총애를 얻은 인물로 그의 배후에는 한나라계 외척세력이 있다고 했습니다.

사라진 역사 *321*

진시황의 의붓아버지라고 할 수 있는 노애는 제태후의 면수이자 총신으로 조나라계 외척세력의 부침과 그 운명을 함께했습니다. 진시황의 당숙인 창평군 웅계는 화양태후의 친척이자 측근입니다. 그는 초나라계 외척세력을 대표하는 핵심인물이었죠. 진시황의 자녀들은 각기 외척세력의 지원을 받았는데 그중에서 장자인 부소는 초나라계이며 호해는 조나라계였을 가능성이 높다는 점도 언급했습니다. 이들 미스터리에서 결정적인 공통점을 찾을 수 있는데요, 모두 외척세력과 연관이 있다는 점입니다.

제가 지금까지 연구하고 여러분과 함께 하나하나 짚어보면서 내린 결론은 각 미스터리를 제대로 이해하기 위해서는 외척세력을 제대로 파악해야 한다는 것입니다. 《사기》에 진나라 왕실에 존재하던 각 외척세력에 대한 기록이 사라지면서 미스터리들이 파생되었기 때문에 사마천에게도 어느 정도 책임이 있습니다. 왜냐하면 《사기》에 〈진외척열전秦外戚列傳〉이 없기 때문이죠.

사마천은 《사기》〈외척세가外戚世家〉에서 '자고로 나라를 일으키고 선조의 공적을 계승한 제왕은 자신의 뛰어난 덕행에만 의존하지 않고 외척의 도움을 입은바 크다自古受命帝王及繼體守文之君, 非獨內德茂也, 蓋示有外戚之助焉'고 했습니다. 사마천이 말한 외척은 제왕의 외가와 처가를 가리킵니다. 이들은 왕위세습제 아래에서 매우 강력한 힘을 지닌 정치세력이었으며, 중국 역사에서도 매우 중요한 위치를 점했습니다. 사마천 역시 이 점을 정확히 꿰뚫어보고 있었기 때문에 《사기》를 편찬할 때 특별히 〈외척세가〉를 기록했던 것입니다.

《사기》는 통사입니다. 따라서 〈외척세가〉 역시 왕위세습제가 시작된 하·상·주 시대부터 진나라 시대까지 기록되어야 합니다. 하지만 《사기》〈외척세가〉를 펼쳐보면 서한 개국 황제인 한고조 유방의 황후인 여후呂后에서부터 한무제의 황후인 위부자衛夫子까지만 기록되어 있습니다. 서한 이전 왕조의 외척에 대해서는 기록이 없는데요, 왜 이렇게 했을까요? 사마천이 역사를 은폐하려고 했던 것일까요? 그것도 아니면 다른 이유가 있었을까요?

　하긴 사마천도 이 사실이 꺼림칙했는지 〈외척세가〉에 이렇게 언급을 했었습니다. '진나라까지 외척에 대한 사료가 너무 부족해 더 자세하고 체계적인 기술을 할 수 없다秦以前尙略矣, 其詳靡得而記焉.' 이 말을 보면 사마천 자신이 일부러 관련 기록들을 은폐하려 했던 것 같지는 않습니다. 아무리 재주가 뛰어나도 여건이 맞지 않으면 아무것도 할 수 없지 않겠습니까? 그 역시 전국시대와 진 제국의 외척열전을 편찬하고 싶었지만 자료가 없으니 속수무책이었던 듯합니다.

　그렇다면 이런 판결을 할 수 있을 것 같습니다. 첫째, 우리가 추적했던 진시황 미스터리는 기록 누락으로 검증을 할 수 없어서 나타난 미스터리이다. 둘째, 《사기》의 〈진외척열전〉이 누락되고 없기 때문에 생긴 사건이다. 셋째, 자료가 부족했던 사마천은 《사기》에 〈진외척열전〉을 편찬할 수 없었다. 넷째, 따라서 사마천은 기록 누락과 관련한 어떠한 책임도 없다.

　사마천의 무죄를 선언한 역사 법정은 저에게 다음과 같이 요청했습니다. 태사공 사마천이 부득이한 사정 때문에 몇몇 기록을

사라진 역사　*323*

놓치게 되었고, 이로 인해 오해와 명예훼손 문제가 발생했다며 제가 지금까지의 진행한 연구 결과를 바탕으로 〈진외척열전〉을 완성해 달라고 말입니다.

🦌 양후 위염

전 개인적으로 사마천을 굉장히 좋아합니다. 그래서 《사기》도 항상 곁에 두고 수시로 읽곤 합니다. 이번에 중요한 작업을 제안받은 만큼 다시 서가에 꽂힌 《사기》를 빼들고 어떻게 접근할지 그 방법을 모색해 보았습니다. 저는 먼저 《사기》 권72 〈양후열전穰侯列傳〉을 펼쳤습니다. '양후 위염은 진소왕 선태후의 아우이다. 그는 초나라 사람으로 성은 미였다穰侯魏冉者, 秦昭王母宣太后弟也. 其先楚人, 姓羋氏.'라는 구절이 가장 먼저 눈에 띄었습니다. 〈양후열전〉은 제가 개인적으로 자주 읽어 보았던 부분이기 때문에 위에 언급한 구절은 거의 외울 지경입니다.

저는 좀더 신중하게 한 자, 한 자 살펴봤습니다. 계속 보다 보니 머리를 스치고 지나가는 사실이 있습니다. 위염의 성은 위나라 왕족을 뜻하는 위魏입니다. 진시황의 증조부인 진소왕 영칙은 진나라의 왕족으로 그 성이 영嬴이고 씨는 조趙입니다. 진소왕의 모친 선태후는 초나라 왕족 출신이므로 성은 미羋이며 씨는 웅熊입니다.[39] 이 짧은 도입부에서 바로 파악할 수 있는 것이 바로 진나라가 초나라, 그리고 위나라 왕실과 서로 혼인관계를 맺었다는 사실입니다. 여기서 저는 이번 작업을 제대로 진행할 수 있는 돌파구를 발견했습니다.

　사마천은 부족한 사료 때문에 〈진외척열전〉을 편찬할 수 없었습니다. 하지만 〈양후열전〉에 당시 진나라 왕실의 외척구도를 교묘하게 기록해 두었습니다. 그럼 〈양후열전〉 내에 등장하는 진혜왕의 혼인문제부터 살펴볼까요.

　진나라 29대 군주이자 진소왕의 부친인 진혜왕 영사는 19세에 즉위하여 22세에 관례를 올린 후 친정을 시작했습니다. 그리고 23세가 되어 대혼을 통해 위나라의 공주를 왕후로 맞아들이고 이후 아들 영탕을 태자로 책봉했습니다. 영탕은 훗날 30대 왕인 진무왕이 되었습니다. 진혜왕은 위부인을 왕후로 맞아들인 후 초나라 공주도 후궁으로 맞아들였는데요. 이 초나라 출신의 후궁이 훗날의 선태후입니다. 그녀는 진혜왕 사이에서 영칙, 영리 그리고 영시 삼 형제를 낳았습니다. 그리고 그 가운데 영칙이 왕위를 계승했습니다. 그가 바로 진나라 31대 왕 진소왕입니다. 영리는 훗날 고릉군高陵君으로, 영시는 경양군涇陽君으로 봉해져 진나라 조정에서 상당한 위세를 누렸습니다.

　선태후에게 두 명의 남동생이 있었는데 그 중 큰 남동생이 위염으로 부친은 달랐지만 모친이 같았습니다. 이후 위염은 양후에 봉해지죠. 둘째 아우는 미융으로 부친이 같으며 모친이 달랐습니다. 그는 후일 화양군에 봉해졌는데요. 진시황의 양조모인 화양부인이 바로 그의 손녀입니다.

　진혜왕이 죽은 이후 진무왕이 즉위했습니다. 진무왕의 모친인 혜문후가 태후가 되면서 위나라계 외척세력이 실권을 장악하게 됩니다. 그리고 때를 같이해 위염이 진나라 정치 무대에 전격 등장합니다. 19세에 즉위한 진무왕은 용력이 뛰어나고 무술경기를 좋아했기 때문에 항상 무사들과 함께 행동했습니다. 그러던 그가 즉위 4년째 되던 해 한나라의 군사 요충지인 의양宜陽을 탈취한 후 낙양에서 승전을 기뻐하며 역사들과 무쇠 솥鼎 들기 대결을 하다가 슬개골(무릎뼈)이 꺾여 급사해 버립니다.

진무왕이 23세의 나이에 후사도 없이 요절했기 때문에 진나라 조정에 왕위 계승을 둘러싸고 폭풍이 몰아쳤습니다. 이 사건을 '계군지란季君之亂'이라고 합니다. 진무왕의 모친인 혜문후를 중심으로 한 위나라계 외척세력이 공자 장壯(호는 계군季君)을 진왕으로 옹립하자 선태후를 중심으로 한 초나라계 외척세력이 영칙을 옹립하여 맞불을 놓았습니다. 왕좌는 하나인데 두 명의 왕이 등장한 것입니다.

이렇게 중요한 순간 위염이 군대를 이끌고 공자 장 일파를 처단해 버립니다. 그러자 진무왕의 모친이자 태후이던 혜문후는 울화병 속에서 사망하고 진무왕과 혼인한지 얼마 되지도 않았던 위 부인은 송국되었습니다. 위염이 개입하면서 영칙이 진소왕으로 등극하는 등 진나라 정국은 안정되고 번영의 기초가 마련되었습니다.

계군지란을 평정하고 진소왕을 옹립하는 데 핵심적 역할을 한 인물은 다름 아닌 위염이었습니다. 그런데 진나라가 내분의 위기에 직면했던 그 순간 왜 위염이 등장해 깔끔하게 정리를 한 것일까요? 이 사건에 대해 사마천은 단 한 마디로 기록을 했습니다.

'위염이 직접 나서 소왕을 옹립했다唯魏冉 能立昭王.' 그렇다면 어떻게 위염이라는 인물이 진나라 정국을 안정시킬 수 있었을까 하는 의문이 절로 들게 됩니다. 이에 대해 사마천은 아무런 부가 설명을 하지 않았습니다.

저는 앞선 몇 가지 미스터리를 해결하면서 쌓인 내공을 바탕으로 사마천이 언급하지 않고 지나쳐버린 이 의문점을 해결해 볼까 합니다. 저는 그의 성씨를 보면 위염이 왜 당시 정국을 안정시킬 수 있었는지 알 수 있다고 생각합니다. 앞서 말씀드린 대로 그는 선태후와 동모이부同母異父(어미가 같고 아비가 다름) 남매이며, 위는 위나라 왕실 성씨이므로 위염의 부친은 당연히 위나라 왕실 출신이었을 것입니다. 그렇다면 선태후의 모친이 선태후를 낳은 이후 위씨에게 재가를 해서 위염을 낳았다고 볼 수 있습니다. 선태후가 누나이니까요.

위염은 위나라와 초나라 양국 왕실의 피가 모두 흐르고 있었습니다. 따라서 진나라 왕실 입장에서도 매우 특이한 경우였습니다. 친가로 보면 진혜왕의 왕후인 혜문후와 같은 혈족이었고 외가로 보면 진혜왕의 후궁인 선태후와 남매였습니다. 따라서 당시 진나라 내 양대 세력을 형성하고 있던 위나라계 외척세력과 초나라계 외척세력 모두 연관된 인물이었죠.

위염은 출신 성분의 장점과 뛰어난 재주를 바탕으로 혜문왕 시기에 정치 무대에 등장한 후 무왕 시기에는 병권을 장악했습니다. 위에서 언급했듯이 무왕이 급사한 후 혜문후를 위시한 위나라계 외척세력은 공자 장을, 선태후 중심의 초나라계 외척세력은

사라진 역사 *327*

공자 칙을 옹립하면서 양측이 팽팽하게 맞섰습니다. 그 상황에서 병권을 손에 쥐고 있으면서 양측 영수領袖와 모두 밀접한 관계가 있는 위염의 발언권이 클 수밖에 없었습니다. 그가 공자 장 쪽을 선택하면 위나라계 외척세력이, 공자 칙을 선택하면 초나라계 외척세력이 진나라 조정 실권을 장악하는 것이었습니다.

이 순간 위염은 누이인 선태후의 초나라계 외척세력의 손을 들어줍니다. 영칙을 옹립하는 데 결정적인 공을 세운 것입니다. 그는 자신의 수중에 있는 병권으로 군대를 동원해 공자 장 일파를 숙청해 버렸습니다. 혜문후가 울화에 시달리다 사망하기는 했지만 진무왕의 왕후로 진나라에 시집왔던 위부인은 정중히 송국 조치했기 때문에 위나라와의 마찰도 피할 수 있었습니다. 이 과정에서 위염은 깔끔하게 일 처리를 해 주변 사람들의 칭송을 들었습니다.

진소왕이 즉위할 때 아직 나이가 어렸기 때문에 실권은 모친인 선태후가 장악했습니다. 그리고 위염이 조정 내 최고 권력을 지닌 승상이 되어 진나라 국정을 장악했습니다. 진소왕이 재위한 56년 동안 위염은 5차례, 총 25년 동안 승상을 역임하여 진나라 역사에서 최장기간 승상 재임 기록을 세웠습니다. 그는 문무를 모두 갖추고 있었을 뿐 아니라 내정 및 외교에도 능했고 직접 군사를 이끌고 조나라, 위나라, 제나라 등 여러 나라를 격파할 정도로 병법에도 밝았습니다. 그의 출현으로 진나라는 부강해지기 시작했습니다. 내정이 안정되고 활발한 외교 활동이 이루어져 진나라는 각국을 하나씩 격파하여 천하 통일의 주도권을 확보할 수 있었습니다. 국력이 급속히 강해지면서 진소왕은 당시로써는 최초로 칭제(稱帝)를 하기도 했습니다. 그만큼 자신감이 충만했던지라 천하 통일의 의지를 만방에 선포했던 것입니다.

혁혁한 공적을 남긴 위염의 일생에서 가장 두드러지는 업적이 두 가지 있었습니다. 계군의 난을 평정하고 진소왕을 옹립해 진나라 정국을 안정시킨 공과 탁월한 용인술을 발휘해 명장 백기를 기용한 공입니다. 백기가 그토록 놀라운 전공을 세울 수 있었던 배후에는 승상 위염의 강력한 지원이 있었습니다. 승상 위염과 대장군 백기, 이들은 진나라 역사상 가장 강력한 콤비였습니다. 이 강력한 조합이 있었기 때문에 진나라는 이궐전투(伊闕戰鬪)[40]에서 한나라와 위나라를 대파할 수 있었습니다. 그리고 언영전투(鄢郢戰鬪)[41]에서 승리하여 초나라의 군사력을 크게 꺾어버렸습니다.

그 이후 대장군 백기가 이끄는 진나라 군대가 장평대전에서 조나라에 전에 없는 대승을 거두면서 당장에라도 천하 통일을 하는 듯했습니다. 하지만 당시 이미 위염이 진나라 정계에서 퇴출당한 뒤였기 때문에 백기 홀로 고군분투하다가 결국 자결이라는 비참한 최후를 맞이했습니다. 최강 콤비가 사라졌지만 진나라는 쉬지 않고 조나라를 공격했습니다. 하지만 숨을 고르고 덤비는 조나라의 반격에 대패하고 맙니다. 이때 당한 타격이 컸기에 천하 통일은 40년이나 미뤄져 진시황 대에 이뤄졌습니다.

사마천은 위염을 '양후 위염은 소왕의 친외숙이다. 그는 진나라가 동으로 영토를 크게 확장시키고 제후들을 굴복시켰으며 소왕이 칭제를 하도록 힘을 보태는 등 뛰어난 재주를 보였다. 당시

온 천하가 진나라에 머리를 조아렸는데, 이 모든 것이 양후의 공이다穰侯, 昭王親舅也. 而秦所以東益地, 弱諸侯, 嘗稱帝於天下, 天下皆西向稽首者, 穰侯之功也'라고 칭송했습니다. 그는 진소왕대뿐 아니라 진나라 전체 역사에서 위염이라는 인물을 매우 높게 평가했습니다.

삼귀의 배후, 선태후

진소왕 시대 위염은 초나라계 외척세력의 핵심인물로서 국내외의 대소사에 두각을 나타냈습니다. 아무래도 이복누이인 선태후가 실권을 확실히 장악하고 있었기 때문에 더욱 큰 힘을 발휘할 수 있었습니다. 위염을 비롯한 초나라계 외척세력의 모든 구성원들은 선태후의 비호 하에서 진나라 조정을 확실히 장악하고 있었습니다.

미융은 선태후의 배다른 아우입니다. 그는 선태후가 진나라로 시집갈 때까지는 초나라에 있었으나 훗날 죄를 짓고 동주東周로 쫓겨났다가 선태후가 진나라 정권을 잡자 진나라 조정에 진출했습니다. 이후 승상에까지 올랐으며 화양군에 봉해졌습니다. 그들의 권세가 얼마나 대단했던지 사람들은 화양군 미융, 양후 위염 그리고 선태후 등 초나라계 외척세력 3대 핵심인물 '삼귀三貴'라고 불렀습니다.

삼귀가 아니라 '사귀四貴'도 있습니다. 이들 역시 진나라를 장악하고 있었습니다. 사귀의 대표는 양후 위염과 화양군 미융이며 다른 둘은 고령군 영리와 경양군 영시였습니다. 영리와 영시는 진소왕 영칙의 아우이자 선태후의 작은 아들들이었습니다. 그들은 진나라 정계에서 활발하게 활동하며 국정에 참여하고 사신의 자격으로 외교활동에도 적극적으로 나섰으며 군대를 이끌고 직접 전투를 수행하는 등 다양한 활약을 했습니다.

사서에는 위염이 정국을 농단하고 경양군과 화양군, 고령군이 조정에서 거리낌 없이 행동하는 등 오만방자함이 극에 달했다고 기록되어 있습니다. 그리고 사귀가 보유한 경제력이 진나라 국고를 능가할 정도라고도 했습니다. 물론 이런 기록의 근거가 각국 유세가들의 입에서 나온 말들이기 때문에 다소 과장되고 악의적인 조장이 있었을 수는 있습니다만 그래도 이들이 진나라 조정 내에서 가지고 있던 권세가 어느 정도였는지 알 수 있습니다.

진소왕의 모친인 선태후는 삼귀 가운데 가장 존귀한 존재이자 사귀의 배후인물이었습니다. 그녀는 초나라계 외척세력의 든든한 구심점이었죠. 그 당시까지 진나라 역사에서 국력이 가장 강성했던 시절은 다름 아닌 진소왕과 선태후가 집권하던 때였습니다. 이때 이미 천하 통일에 필요한 모든 기반을 다 갖추었습니다. 선태후는 진나라에서뿐 아니라 중국 역사 전체에서도 몇 안 되는 걸출한 여성 정치인이었습니다. 국정운영 능력이 탁월했으며 정치업적도 대단했고 대담했습니다. 후대의 인물 가운데 그녀와 비견될 만한 여성은 측천무후뿐입니다.

그녀의 비범함에 관해《전국책》〈한책(韓策)〉에 이런 일화가 기록되어 있습니다. 진소왕이 즉위한 지 얼마 지나지 않았을 때입니다. 초나라가 한나라를 공격하자, 위기에 빠진 한나라는 진나라에 원병을 요청하는 사신을 여러 번 파견했습니다. 하지만 진나라 조정은 별 관심이 없었죠. 바로 선태후 때문이었습니다. 당시 선태후는 진소왕을 위해 자신의 친정인 초나라에서 소왕의 왕후를 골라 맺어준 상태였습니다. 진나라와 초나라 사이에 밀월관계가 형성될 수밖에 없었습니다. 당연히 초나라와의 관계가 악화되길 원치 않았습니다. 다급해진 한나라는 어쩔 수 없이 사신 상근尙靳을 파견해 진소왕에게 이해관계를 하나하나 따져가며 설득했습니다. "지리적 위치로 봤을 때 한나라는 진나라의 방패와도 같사옵니다. 그리고 외교적으로는 이와 잇몸의 관계라고 할 수 있을 만큼 긴밀한 관계를 형성했었습니다. 그런 한나라가 지금 풍전등화의 위기에 놓여 있사옵니다. 순망치한의 교훈을 생각하시어 전하께서 구원의 손길을 내어 주시길 간청 드리옵니다."

상근의 말을 들은 진소왕은 당시 국정을 운영하던 선태후에게 이 일을 전했습니다. 그 말을 듣던 선태후는 "그동안 원군 요청을 했던 다른 사신들과는 다르구나. 한번 만나봐야겠다"라고 한 후 친히 상근을 접견했습니다. 그러고는 다음과 같은 다소 노골적인 이야기를 아무렇지 않게 꺼냈습니다. "내 이전에 선왕 전하를 모실 때였소. 그때 전하께서 허벅다리 하나를 이 몸 위에 걸치셨는데 어찌나 힘들었는지 모르오. 하지만 전하께서 침전에서 본 궁宮을 온몸으로 사랑해 주실 때는 전혀 무겁거나 힘들지 않았소이다. 왜 그런지 아시오? 바로 사랑을 느끼고 총애를 받았기 때문이오. 지금 진나라가 한나라를 구하려면 많은 병사와 풍부한 군량이 뒷받침되어야 하오이다. 자세히 따져보니 하루에 천금千金이 더 소요될 것 같소. 상황이 이럴진대 우리가 그대들을 구원하려면 그만큼 보답을 약속해 줘야 막중한 부담을 덜고 출전할 수 있지 않겠소?"

당시 국가 간 외교활동을 진행할 때는 노골적으로 대가를 요구하는 말을 하지 않는 것이 예의였습니다. 완곡하게 돌려서 말을 했죠. 그런데 선태후는 전혀 개의치 않고, 오히려 진나라가 원군을 파병하는 합당한 대가를 보장하라고 요구했습니다. 여기서 그녀의 직설적이고 대담한 성격을 엿볼 수 있습니다. 자신의 친정 국가인 초나라와의 사적인 의리보다는 진나라의 실질적 이득을 우선했습니다. 더 놀라운 점은 외국 사신 앞에서 자신과 진혜왕의 잠자리를 아무렇지 않게 이야기했다는 것입니다. 잠자리로 이해관계를 설명하는 이런 경우는 중국 사서에서 그 예를 찾아볼 수가 없습니다.

그녀의 이런 직설적이고 대범한 성격은 의거왕을 제거하는 사건에서 더욱 두드러지게 나타납니다. 당시 의거는 진나라 서북 지역에 위치한 유목민족 국가로 군사력이 막강해 오랫동안 진나라 변경을 괴롭히는 우환거리였습니다. 진소왕 시기 의거왕이 군대를 이끌고 진나라를 침공하자 선태후는 직접 자신을 미끼로 미인계를 사용했습니다. 그녀는 의거왕을 꾀어 그와 사랑을 나누었죠. 그리고 그 사이에서 아들 둘을 낳기도 했습니다. 그러다가 의거왕의 경계심이 누그러진 틈을 타 감천궁에 매복시킨 군사를 동원해 그를 죽인 후 의거를 정복하고 군현을 설치해 서북 변경 지역을 안정시켰습니다.

진소왕은 이 과정에서 선태후와 긴밀한 협력을 계속했습니다. 사서에는 진소왕이 선태후를 아침, 저녁으로 찾아보고 대책을 논의하여 다른 정무를 보지 못할 정도였다고까지 했습니다. 선태후와 의거왕에 관한 이야기는 《사기》〈흉노열전〉과 《사기》〈범저열전 范雎列傳〉에 그 기록이 남아 있습니다. 상세한 내용은 남아 있지 않지만 대략적인 부분만으로도 그녀가 강한 여장부의 이미지를 가졌음을 부인할 수 없습니다.

그녀의 성격을 짐작게 해주는 또 다른 이야기가 《전국책》〈진책〉에 등장합니다. 선태후에게는 위추부라는 매우 총애하는 남총이 있었습니다. 진소왕 42년 중병에 걸린 선태후는 스스로 이제 명이 다했음을 깨닫고 위추부를 자신이 숨질 때 순장하라고 명했습니다. 이 이야기기를 듣고 겁에 질린 위추부는 용예라는 자에게 자신을 살려달라고 애원했습니다. 선태후를 배알한 용예는 삶과 죽음에 대한 철학적 화두로 이야기를 풀어나갔습니다. 용예는 선태후에게 "사람이 사후세계를 경험하고 느낄 수 없다는 데 대해 태후께서는 어찌 생각하시는지요?" 하고 물었습니다. 선태후는 "그 당연하지 않겠소. 어찌 사후를 경험하고 느낄 수 있겠소"라고 답했습니다.

용예는 이어 "영명하신 태후께서 이미 죽은 사람이 사후 세계를 경험할 수 없다 하시면서 어찌 생전에 아꼈던 자를 순장시키려 하시옵니까? 그자를 순장시킨들 태후께서는 다시 총애하실 수가 없지 않사옵니까? 혹 저 세상에서 사후 세계를 직접 느끼고 경험하신다고 해도 문제이옵니다. 만약 그렇다면 이미 앞서 승하하신 혜문왕 전하께서도 사후 세계에 계실 터인데 선왕의 면전에서 남총을 두고 계실 수 있사옵니까? 오히려 선왕께서 대로하시지 않으시겠사옵니까? 태후께서는 선왕을 배려 않으시고 남총 따위를 돌보실 수가 있겠사옵니까?"라며 이치를 따졌습니다. 용예의 말이 이치에 맞는다고 생각한 선태후는 자신의 결정을 번복한 후 위추부를 살려주었습니다.

진나라 역사에는 더 화제가 되었던 순장 사건이 있었습니다. 진나라의 10대 군주인 진목공秦穆公이 세상을 뜰 때의 이야기입니다. 그가 숨을 거두자 170명이 순장되었는데요. 그 가운데는 생전에 믿고 총애했던 대신 세 명도 포함되어 있었습니다. 그들은 각각 엄식奄息, 중항仲行, 교호蟜虎라는 삼형제였습니다. 이 사건으로 진나라 사람들뿐 아니라 다른 나라에서도 진나라의 순장을 비판했습니다. 목공은 삼형제를 몽땅 죽이는 황당하기 짝이 없는 순장을 명했던 탓에 황당한 군주라는 의미의 류공繆公이라고도 불렸습니다.

저희가 여기서 주목할 점은 이런 황당한 순장이 있었다는 사실이 아닙니다. 바로 진나라 역사에서 산 사람을 매장하는 순장이 오랫동안 이어져 오던 풍습이었다는 점입니다. 순장은 상나라 시대부터 이어져 왔습니다. 진나라에서는 6대 군주인 진무공秦武公 시대부터 이어지다가 진나라 27대 군주인 진헌공秦獻公 시대에 이르러서 폐지되기 시작했습니다. 그러다가 정식으로 완전히 폐지된 것은 기원전 384년이었습니다. 이는 목공이 신하를 순장하려 했던 기원전 621년에서 230여 년이 흐른 뒤이며, 무공이 66명을 순장한 기원전 678년으로부터는 약 300년이 지난 후였죠.

여기서 생각해 볼 부분은 선태후가 성관계를 이야기하거나 순장에 대해 별 거부감이 없었던 것이 선태후 개인적인 문제가 아니라는 것입니다. 즉, 그녀 개인 문제가 아닌 당시 진나라 및 초나라에서는 매우 보편적이었다는 겁니다. 오랜 풍습이었죠. 진나라와 초나라가 원래 만이蠻夷 국가라서 중원 각국과는 문화와 풍속에서 상당한 차이를 보였다는 점을 아셔야 합니다. 이 점을 고려하면 현재의 도덕관념으로 무조건 비판할 수 없는 일입니다.

〈저초문〉 석각 발견

춘추시대 시기, 중원 국가들의 눈에 비친 진나라와 초나라는 문화 후진국이었습니다. 그래서 이적夷狄(오랑캐)으로 인식되었습니다. 진나라는 서융西戎으로, 초나라는 남만南蠻이라고 불린 것처럼 말입니다. 이들은 화하華夏 정통 혈족이 아니었습니다. 그렇게 소외당하고 따돌림을 당해서일까요? 진나라와 초나라, 양국은 서로 처음부터 매우 밀접한 관계를 맺었습니다. 양국 왕실은 대대로 혼인을 통해 끈끈한 유대 관계를 형성했습니다. 그만큼 양국 조정 내에서 외척세력이 실세였습니다. 저희가 이 책을 통해 살펴보고 있는 진시황의 일생에 관한 미스터리도 진나라 내의 초나라계 외척세력과 연관이 있습니다.

문제는 사료가 너무 부족해 진나라와 초나라 양국의 혼인 관계 및 외척 상황에 대해 정확히 알 수 없습니다. 사마천 역시 이 부분을 전혀 파악하고 있지 못했기 때문에 《사기》를 편찬할 때 상세하게 언급하지 못했습니다. 다행히 이천 년의 긴 시간 동안 몇 가지 단서들이 곳곳에서 등장했습니다. 11세기, 북송 인종仁宗 가우嘉祐 연간(1056~63년)에 봉상부鳳翔府(오늘날 섬서성 봉상)에서 진나라 시대 석각이 출토되었습니다. 석각에는 326자의 고문자가 새겨져 있었는데, 그 내용이 특이했습니다. 진왕이 종축宗祝(제사장)에게 당부하기를 초왕의 부도함을 꾸짖으면서 초나라가 전쟁에서 패하도록 신에게 기원하는 것이었습니다. 이 석각은 〈고무함문告巫咸文〉 석각이라고 불립니다.

〈고무함문〉 석각이 출토될 때 소동파蘇東坡[42]가 봉상부에서 문서를 담당하는 첨서판관簽書判官(송나라 시대 추밀사의 부관으로 문서 담당)으로 봉직 중이었습니다. 다방면에 재주가 뛰어나고 관심이 많았던 그는 석각을 보자 그 역사적 가치를 깨닫고 기뻐했습니다. 그래서 석각을 관저에 보관한 후 〈저초문詛楚文〉이라는 시를 지었습니다. 그는 이 시를 통해 석각문의 내용이 평범하지 않다는 점을 언급하고 출토 당시의 상황을 설명했습니다.

이 석각문의 출토로 당시 학계는 떠들썩했던 듯합니다. 얼마 후 대문학가 겸 역사학자인 구양수歐陽修[43]가 직접 나서 이 석각문을 하나하나 고증했습니다. 그 외에 여러 학자, 문인들이 이 석각문에 대해 언급하여 고증 붐이 일기도 했습니다. 훗날 예술 황제라 불리던 송나라 휘종徽宗[44]이 이 석각을 황실 창고인 어부御府에 보관했습니다.

북송은 금석학金石學(문물 수집, 보관 및 감정)이 발달했던 시대였습니다.

사라진 역사 *337*

그래서 문인들뿐 아니라 조정에서도 역사 유물에 대해 많은 관심을 가졌습니다. 신종神宗 희녕熙寧 원년(1068년)에는 평양平梁(오늘날 섬서성 평양)에 부임한 위주渭州(각 주 최고 행정관) 채정蔡挺이 〈고무함문〉과 내용이 거의 유사한 석각문을 발견했습니다. 다른 부분이 있다면 기도하는 대상이 대신大神에서 대심궐초大沉厥秋로 바뀌었을 뿐입니다. 이 석각은 〈고대심궐초문告大沉厥秋文〉 석각이라고 불립니다. 채정은 이 석각을 관아에 보관하도록 할 만큼 소중하게 생각했습니다. 훗날 채정이 남경南京(오늘날 하남성 상구)의 어사대에 부임하면서 이 석각 역시 남경의 채부로 옮겨지게 되었습니다.

당시에 낙양에서도 두 석각과 내용 면에서 큰 차이가 없는 또 다른 석각이 발견되었습니다. 역시 기도 대상이 대신에서 아타啞𪓐로 대상이 바뀌었기 때문에 〈고아타문告啞𪓐文〉 석각이라고 불렸습니다. 이 석각 역시 채정이 발견했습니다만 높게 평가하진 않았던 듯합니다. 그래서인지 직접 소장하지 않고 지인에게 넘겨주었습니다.

송나라와 금나라 사이의 벌어진 전란으로 북송이 멸망하고 앞서 언급한 석각 3점의 행방도 묘연해졌습니다. 게다가 처음 작업했던 탁본도 행방불명이 되었죠. 그러다가 남송 대에 이르러 최초 판본을 모으고 모아 두 번째 탁본이 출간되었습니다. 이 두 번째 탁본은 각각 〈강첩絳帖〉과 〈여첩汝帖〉이라고 불렸습니다. 원나라 지정至正 19년(1359년)에 번각飜刻[45]한 탁본이 발행되었는데 〈원지정중오간본元至正中吳刊本〉이라 불렸습니다. 이 세 가지 탁본은 지금까지 전해져 오고 있습니다.

1934년에 당대의 금석문 전문가인 용경容庚 선생이 직접 〈강첩〉과 〈여첩〉의 내용을 고증했습니다. 1947년에는 극작가 겸 사학자로 갑골문·금석문을 연구해왔던 곽말약郭沫若 선생 역시 〈원지정중오간본〉에 대해 고증했습니다. 그리고 1995년 전국시대 역사 전문가인 양관楊寬 선생이 다시 석각문의 역사적 배경과 저주 의식에 대해 세심한 고증을 하여 석각문이 의미하는 바를 좀 더 분명히 밝혀냈습니다.

집안 자체가 고대 유물 연구와 많은 관련이 있었던 저는 최근 들어 고대 유적에 대해 더 많은 관심을 가졌습니다. 그래서 저는 〈저초문〉 석각의 글자 하나하나 고증과 연구를 거듭했었습니다. 고증과 연구를 하다 보니 앞선 선배 세 분의 의견에 동의하지 않을 수 없었습니다. 물론 아직 〈저초문〉의 사료적 가치가 다 드러났다고는 생각하지 않습니다. 〈저초문〉에 새겨진 내용을 제대로 파악해 저희가 필요한 정보를 얻어내려면 일단 세 석각문에 대한 기본 정보를 알고 있어야 한다고 생각합니다. 그래서 다음과 같이 간략히 정리해 봤습니다.

첫째, 세 석각문의 기도하는 대상은 각각 무함巫咸, 대심궐추, 아타 등으로 다르지만 그 외의 내용은 동일합니다. 셋 다 진왕이 축종祝宗(제사장)에게 사신을 파견해 초왕이 부도함을 저주하고 초나라가 패하기를 기도하는 내용이 기록되어 있죠. 그래서 이 세 가지 석각문 모두를 〈저초문〉이라고 통칭하도록 하겠습니다.

둘째, 셋 중에서 〈고무함문〉 석각과 〈고대심궐추문〉 석각은 진혜문왕 갱원更元 12년(기원전 313년)에 제작된 진품입니다. 석각문에 등장하는 진나라를 공격하는 초나라 군주는 회왕懷王으로 진왕은 이 회왕을 저주했습니다. 반면 〈고아타문〉 석각은 진품이 아닙니다.

셋째, 〈저초문〉 석각을 통해 고대 진나라가 어떻게 상대를 저주했는지 실제 모습을 이해할 수 있습니다. 그뿐 아니라 석각에 기록된 여러 역사 기록을 바탕으로 진나라와 초나라 간 300여 년 동안 이어진 정략혼인의 비사를 이해할 수 있게 되었습니다.

🦌 포택지친

진나라와 초나라 간의 정략혼인은 적어도 진목공과 초성왕楚成王 시대에 시작된 것으로 보입니다. 〈저초문〉에 이런 기록이 있습니다.

> 과거 선대 군주이신 목공과 초성왕 대에 우리는 둘도 없을 만큼 친밀한 관계였다. 우리는 혼인을 통해 동맹을 맺고 신에게 맹세했고, 자손만대 서로 협력하고 배신을 하지 말 것을 다짐했었다.
> 昔我先君穆公及楚成王, 是僇力同心, 兩邦若壹, 絆以婚姻, 袗以齋盟. 曰葉萬子孫, 毋相爲不利.

내용에서 몇 가지만 살펴볼까요. 진목공은 기원전 659년~기원전 621년 사이에 재위했습니다. 초성왕은 기원전 671년~기원전 626년 사이에 재위했고요. '륙僇'은 보통 '륙戮'으로 대체되어 사용됩니다. '반絆'은 '줄로 묶는다'는 의미입니다. '진袗'은 '진畛'

340

으로 발음하고, '천명하다'는 의미를 지닙니다. '엽葉'은 '세대世代'를 의미합니다.

　진목공과 초성왕이 '혼인으로 서로 동맹을 맺고 이를 맹세하는' 내용은 《사기》에서는 찾아볼 수 없습니다. 하지만 〈저초문〉이 발견된 덕분에 진나라와 초나라 간의 정략혼인을 통한 동맹을 제대로 연구할 수 있게 되었습니다. 위에서 언급한 〈저초문〉 구절은 진목공과 초성왕 시기에 진·초 양국 왕실이 정략혼인을 통해 동맹국이 되기로 신에게 맹세하는 의식을 치렀다는 것을 알려줍니다. '자손만대 서로 협력하고 배신하지 말 것을 다짐했다曰葉萬子孫, 毋相爲不利'에서 양국 간에 우호관계를 강화하겠다는 다짐을 엿볼 수 있습니다.

　〈저초문〉은 진목공과 초성왕이 정략결혼을 통해 동맹을 맺은 첫 단계부터 언급하다가 뒷부분에서는 초왕의 황음무도荒淫無道함과 불의를 꾸짖었습니다. '18대에 걸쳐 지속된 동맹 맹세를 저버리고 다른 제후국과 함께 우리나라를 공격했다兼倍十八世之詛盟, 率者(諸)侯之兵以臨加我'고 한 문장을 한번 보도록 할까요. '배倍'는 '배背'와 마찬가지로 배반의 의미를 지니고 있습니다. '솔率'은 이끈다는 의미이며 '자者'는 '제諸'와 같은 뜻으로 많다는 의미입니다. 그리고 '저맹詛盟'은 저주를 뜻합니다. 이제 그 의미를 아시겠죠? 이 문구는 초회왕이 진·초 양국이 18대에 걸쳐 천지신명을 걸고 맹세한 동맹을 배신하고 연합군을 이끌고 진나라를 침공한 것을 비난하는 내용입니다.

　여기서 '18대에 걸친 맹세十八世之詛盟'라는 말에 주목보길 바랍니다. 왜냐하면 이 말이 진목공 이래 유지된 진나라와 초나라 양국 우호관계를 해석하는 열쇠가 되기 때문입니다. 더군다나 진시황을 둘러싼 미스터리를 해결하는 근본적인 열쇠가 되기도 합니다. 춘추시대에는 국가 간의 동맹이 매우 빈번하게 이루어졌습니다. 그 방식도 여러 가지였으나 가장 일반적인 형태이자 가장 확실한 동맹 방식은 바로 왕실 간 정략혼인이었습니다. 동맹은 성대한 의식을 통해 이루어졌습니다. 목욕재계나 피를 마시거나 바르면서 하늘 앞에 신의를 맹세하고 배신하면 저주를 받을 것이라고 다짐했었죠. '18대에 걸친 맹세'의 '저맹'과 앞서 진목공과 초성왕 사이에 이루어졌다는 '하늘 앞에 동맹을 맹세했다參以齋盟'의 '재맹齋盟'은 그 의미가 동일합니다.

　이는 매우 유용한 정보입니다. 여기서 매우 중요한 단서를 얻을 수 있으니까요. 진목공·초성왕 때부터 진혜왕·초회왕에 이르기까지 양국은 300여 년, 18대 동안 계속 혼인 동맹이 이루어졌음을 알 수 있습니다. 정말 이게 확실한 역사 사실이라면 양국 관계는 물론이요, 진나라의 천하 통일에도 상당한 영향을 미치는 요인으로 작용했을 것입니다. 물론 진시황의 일생에도 영향을 미쳤을 테고요. 좀더 비약적으로 말하면 이후 등장한 한나라의 건국에도 적지 않은 영향력을 발휘했을 것이라고도 보고 있습니다.

　하지만 여태까지 숱한 역사학자들, 사마천뿐 아니라 근대의 학자들까지 이 점을 전혀 파악하지 못했습니다. 그래서 이런 사실은 아예 공백으로 남아 버렸고 미스터리가 되었습니다. 다행히 여러분과 저는 〈저초문〉에 나타난 단서들을 바탕으로 이 공백을 나름 성공적으로 메울 수 있게 되었습니다.

아래에 진목공 이후 즉위한 진나라 군주들을 쭉 배열해 보도록 하겠습니다.

10대 목공 - 11대 강공 - 12대 공공 - 13대 환공 - 14대 경공 - 15대 애공 - 16대 이공(실제 통치하지 못함) - 17대 혜공 - 18대 도공 - 19대 여공 - 20대 조공 - 21대 회공 - 22대 소자(실제 통치하지 못함) - 23대 영공 - 24대 간공 - 25대 혜공 - 26대 출공 - 27대 헌공 - 28대 효공 - 29대 혜문왕

목공에서부터 혜문왕까지 총 20명의 군주가 즉위했습니다. 그중에서 16대 군주인 이공과 22대 군주인 소자는 태자로 있을 때 세상을 떠나서 실제 통치를 하지 못하고 후대에 추존된 것이므로 제외하겠습니다. 그러면 목공에서 혜문왕까지 딱 18대가 되는데요. 이는 〈저초문〉에서 말하고 있는 내용과 일치합니다. 진나라와 초나라 간에 18대에 걸쳐 지속된 300년 동맹, 두 나라는 정말 오랫동안 동맹을 유지했던 것입니다.

300년의 기나긴 동맹은 진목공과 초성왕 대에 시작되었다고 했습니다. 목공 말년에 진秦과 진晉의 관계가 우호관계에서 적대관계로 급변하며 양국 간에 전쟁이 끊이지 않았습니다. 기원전 627년 벌어진 효崤(오늘날 하남성 낙양 북쪽) 전투에서 진秦이 대승을 거둔 후 초나라와 동맹을 맺어 진晉에 대항하는 연합 전선을 펼쳤습니다.

진목공 사후 즉위한 강공 시기에 진나라와 초나라의 관계는 더욱 가까워졌습니다. 강공 6년, 식량난으로 초나라에 아사자가 발생했습니다. 그러자 그간 숨죽이고 있던 용국庸國을 비롯한 초나라의 주변 속국들이 반기를 들었습니다. 그러자 진나라는 초나라를 대신해 반란을 진압하고 용국을 멸망시켜 초나라에 복속시켜 주었습니다. 그만큼 이 시기 양국 관계는 가까웠죠. 역사학자들은 '진나라와 초나라의 친밀함이 이와 같았다秦之視楚關係, 何其至也'라며 팔과 팔꿈치에 비유했습니다.

　양국의 혼인 동맹은 진경공 시기에 이르러 더욱 강화되었습니다. 경공의 누이동생인 영진嬴秦은 초나라로 시집을 가 초공왕楚共王의 부인이 되었습니다. 이후 양국은 군사행동을 같이 하는 모습을 보여주었습니다. 경공 13년, 양국 연합군이 진鄑을 공격했고, 경공 16년, 송宋도 침략했습니다. 그리고 이해에 경공의 누이인 영진이 친정인 진나라를 방문했고 초나라는 진나라에서 왕자비를 맞아들였습니다. 진나라 역사 전문가인 마비백馬非百 선생은 진경공 이후 진나라와 초나라 간에는 혼인동맹을 바탕으로 진晉에 대항하는 노선이 전혀 변함없이 유지되었다면서 '양국의 우호 관계가 수백 년 동안 전혀 쇠퇴하지 않았다秦, 楚間之和好關係, 前後幾及百年, 未或稍衰'고 평했습니다.

　진경공의 아들 진애공 시대에 이르러 양국 관계가 최고점에 이릅니다. 진애공 31년(기원전 506년) 오왕 합려闔閭와 오자서伍子胥가 초나라를 정벌하여 초나라 군대를 대파하고 도성을 점령했습니다. 초나라가 국가 존망의 위기에 놓이게 된 것입니다. 겨우 초나라를 탈출한 소왕은 대부 신포서申包胥를 진나라에 파견해 원병을 요청했습니다. 이 원병 요청에 관해 역사적으로 매우 유명한 이야기가 지금껏 전해오고 있습니다. 바로 여러분도 잘 아시는 '신포서가 진나라 궁전에서 통곡하다申包胥哭秦廷'는 이야기죠. 이 이야기는 《좌전左傳》 정공定公 4년 기록에 등장하는데 잠깐 살펴볼까요.

　　신포서의 긴급 원병 요청에도 불구하고 진애공은 즉답을 피했습니다. 그저 신포서에게 잠깐 별관에서 쉬라고만 했습니다. 나라의 운명이 풍전등화의 처지이니 신포서가 쉴 수가 있었겠습니까? 그는 식음을 전폐하고 진나라 궁전 벽에 기대어 7일 밤낮으로 통곡했습니다. 그의 간절함에 감동한 진애공이 결국 원군을 파병하여 초나라는 멸망의 위기를 넘기게 되었습니다.

　　신포서가 진나라 궁전에서 통곡했다는 이야기는 다소 과장 섞인 이야기라고 생각됩니다. 진나라가 초나라에 원군을 파병한 것은 신포서의 눈물과 곡성 때문이 아니라 진·초 양국 간에 맺어진 혼인 동맹 때문이었다고 보는 편이 맞을 것입니다. 초소왕의 모친이 진나라 여인이었으므로 진나라 입장에서 초나라는 가장 중요한 동맹국이었습니다. 오나라가 초나라를 침공할 수 있었던 배후에는 진晉의 지원이 있었기 때문으로 진秦의 입장에서 진晉과 맞서기 위해서는 초나라의 도움이 절실했었습니다. 양국 관계는 전쟁을 함께 치르며 쌓인 끈끈한 전우애를 지칭하는 '포택지친抱澤之親'과 같았죠.

　　진애공은 초나라로 떠나는 자신의 병사들에게 친히 〈무의無衣〉라는 시를 지어 주었습니다.

사라진 역사　*345*

어찌 옷이 없을까만, 그대와 전포를 함께 입겠네.
왕께서 군사를 일으키신다면 나는 과와 모를 버려
그대와 함께 적을 치겠소!
어찌 옷이 없을까만, 그대와 내의를 함께 입겠네.
왕께서 군사를 일으키신다면 나는 모와 극을 버려
그대와 함께하리니!
어찌 옷이 없을까만, 그대와 바지를 함께 입겠네.
왕께서 군사를 일으키신다면 나는 갑옷과 무기를 버려
그대와 함께 행동하겠소!
豈曰無衣? 與子同袍. 王於興師, 修我戈矛, 與子同仇!
豈曰無衣? 與子同澤. 王於興師, 修我矛戟, 與子偕作!
豈曰無衣? 與子同裳. 王於興師, 修我甲兵, 與子偕行!

　　진애공 이후 진·초 양국 간의 혼인관계는 계속되었습니다. 효공 때도 마찬가지였습니다. 변법을 시행한 상앙이 효공에게 경감景監이라는 자를 천거했는데 이 경감이 초나라 출신이었습니다. 효공의 총애를 받은 경감이 당시 정략결혼과 관련 있는 인물이 아닐까 합니다. 진혜문왕은 효공의 아들입니다. 그가 초나라에서 맞이한 부인이 훗날 혁혁한 명성을 떨친 선태후였습니다. 목공에서 혜문왕까지 18대에 걸쳐 이어져 오던 양국 간의 동맹은 혜문왕 재위 마지막 해에 파국을 맞이하게 됩니다. 〈저초문〉은 바로 양국 간에 대규모 전쟁이 발발하려는 전운이 감돌던 이 시점에 탄생했습니다.

혜문왕 사후 진무왕이 즉위했습니다. 진·초 양국의 18대에 걸친 결혼 동맹은 이제 완전히 끝났습니다. 우리가 앞서 살펴본 것처럼 혜문왕의 정부인은 위나라 왕족 출신인 위부인이었습니다. 위부인의 아들이기도 한 진무왕 영탕은 19세에 즉위한 후 4년간 재위했습니다. 이런 무왕의 혼사는 태후인 위부인에 의해 좌우되었겠죠. 그래서 역시 위나라 왕실에서 왕후를 맞이했던 것이고요. 그런데 진무왕이 혼인한 지 얼마 지나지 않아 무리하게 솥을 드는 대결을 하다가 무릎뼈가 꺾여 급사하면서 초나라와는 혼인할 기회를 잃어버리게 됩니다.

그렇게 끊겼던 양국 혼인 관계는 무왕의 뒤를 이어 즉위한 소왕이 재위 2년째 되던 해에 초나라 여인을 왕후로 맞이하면서 다시 재개되었습니다. 이는 선태후가 아들을 위해 추진한 대혼이었습니다. 당시 초나라 군주이던 회왕은 선태후와 인척 관계였는데 그는 진나라와의 혼인관계 재개를 매우 기뻐했습니다. 그래서 제나라와 체결했던 동맹관계를 파기했습니다.

진소왕 3년, 소왕과 회왕이 황극黃棘(오늘날 하남성 남양현 남쪽)에서 회맹을 가졌습니다. 이 회맹에서 진나라는 혜문왕 시기에 초나라에 빼앗았던 상용 등 지역을 초나라에 돌려주었습니다. 초나라는 화답의 표시로 자국 태자를 진나라에 볼모로 보냈고요. 그 덕분에 초나라는 진나라의 원병과 함께 제나라, 위나라, 한나라 연합군을 격퇴할 수 있었습니다. 진·초 양국 관계는 이 혼인을 통해 다시 예전처럼 밀접한 관계를 회복했습니다. 또 이를 계기로 진나라 조정 내에 초나라 외척세력이 실권을 장악하게 되었습니다.

선태후를 중심으로 한 초나라계 외척세력은 40년 가까이 진나라 정권을 장악했습니다. 그 동안 진나라는 천하 통일을 할 수 있는 유일한 초강대국의 기반을 닦았습니다. 진소왕 42년, 연로한 선태후가 병사하면서 초나라계 외척세력에 구심점이 사라지자 진나라 정국에 변화가 발생했습니다. 진소왕은 범저의 도움으로 '사귀' 세력을 약화시킵니다. 그는 외숙인 양후 위염과 화양군 미융, 아우인 고릉군 영리와 경양군 영시를 봉국으로 축출했습니다. 이 조치로 진나라 왕실 및 조정에서 초나라계 외척세력이 급격히 약해졌습니다.

　하지만 초나라계 외척세력은 일시적으로 물러선 것일 뿐 화양부인을 중심으로 다시 세력이 결집되었습니다. 화양군 미융의 손녀인 화양부인은 진소왕의 조카이면서 진소왕의 아들인 안국군의 부인이었습니다. 이로써 진나라 왕실과 더욱 밀접한 관계를 맺게 되었죠. 진소왕 40년, 기존의 태자가 사망한 후 진소왕 42년에 안국군이 태자가 되었습니다.

　이후 내용은 이미 저희가 함께 앞선 미스터리를 추적하면서 다루었던 부분입니다. 안국군에게 후사가 없는 것을 이용해, 여불위의 힘을 빌린 자이가 화양부인의 양아들 및 안국군의 후계자가 되었습니다. 진소왕 사후 안국군이 효문왕으로 즉위하고 화양부인은 왕후가, 자이는 태자가 되었습니다. 효문왕이 즉위 3일 만에 갑자기 세상을 떠나면서 자이가 즉위해 장양왕이 되자 화양부인은 화양태후가 되었죠. 그리고 진나라 조정에는 화양부인의 인척인 창평군과 창문군이 중용되고 화양부인의 언니와 남동생 양천군이 세력을 키우면서 다시 초나라계 외척세력이 부활합니다.

　장양왕 영이의 정부인은 조나라 무희 출신인 조희로 화양부인의 힘을 빌려 세력을 키울 수 있었습니다. 자이의 친모인 하태후는 한나라 출신이었기 때문에 장양왕을 위해 한나라계 후궁을 골라 주었죠. 진·초 양국의 왕실 혼인 관계는 장양왕 시대에 다시 잠시 중단되었습니다. 하지만 진무왕 시대와 마찬가지로 장양왕의 재위기간이 3년으로 매우 짧았기 때문에 양국의 혼인동맹에 큰 문제가 되지 않았습니다. 영정은 13세의 나이에 즉위해 23세에 대혼을 치릅니다. 조모인 화양태후가 직접 주관한 이 대혼에서 그녀는 영정을 위해 초나라 왕실에서 왕후를 맞아들였습니다. 그녀 입장에서는 향후 초나라계 외척세력의 운명을 고려한 선택이었던 것입니다.

　여기까지 진·초 양국의 혼인 동맹에 대해 정리해 봤습니다. 진·초 양국 왕실 간에 18대에 걸쳐 이어져 온 혼인 동맹 관계는 〈저초문〉 석각을 통해 그 실체를 확실히 파악할 수 있었습니다. 양국은 18대만 아니라 진소왕의 왕후, 효문왕의 왕후 화양부인, 진시황의 왕후까지 포함한다면 무려 21대, 400여 년에 걸쳐 그 관계를 유지했습니다. 그 긴 시간만큼 영향력도 엄청났기 때문에 이 혼인 동맹을 살펴보는 것은 양국관계를 이해하고 진나라 왕실 및 진시황을 둘러싼 미스터리를 파악하는 데 무엇보다 중요합니다.

사라진 역사

진시황 시대의 금기

여기까지 연구, 조사, 추적을 하다 보니 어느덧 〈진외척열전〉의 윤곽이 잡혔습니다. 내용을 잘 보면 진나라 외척의 역사는 곧 초나라계 외척의 역사라는 점을 알 수 있습니다. 외척이 실권을 장악한 상황이 진나라 왕실 역사의 특징이며, 그 가운데에서도 초나라계 외척세력이 가장 두각을 나타내었음을 알 수가 있습니다. 그리고 이는 진시황과도 밀접하게 관련되어 있습니다.

이제 어느덧 지난 이천여 년 이상 이어져 오던 의혹들이 조금이나마 해결이 된 듯합니다. 그런데 뭔가 찜찜한 기분이 드는 것은 왜일까요? 그 이유를 살펴보니 진나라 사서에 왜 진시황 시대 외척세력에 대한 기록이 전혀 없는 걸까 하는 생각 때문인 것 같습니다. 진나라 사서에는 왜 초나라계 외척세력에 대한 정보가 없을까요? 제가 존경하는 사마천이 〈진외척열전〉을 집필하지 못한 이유가 이 때문은 아닐까요?

《사기》〈양후열전〉의 특징은 양후 위염뿐 아니라 선태후, 화양군 미융, 고릉군 영리, 경양군 영시 등 미씨 외척세력의 구성원이 모두 등장한다는 것입니다. 그리고 진소왕 시대에 초나라계 외척세력이 진나라 국정을 장악했던 그 실태에 대해 확실하게 전하고 있었습니다. 진소왕 버전의 〈외척열전〉이라고 할 수 있죠. 진소왕 이전 시대는 연대가 너무 거슬러 올라가고 사료도 부족했기 때문에 〈외척열전〉을 편찬하지 못할 수 있습니다. 다행히 제가 〈저초문〉에서 관련 자료를 찾아 진나라 내 초나라계 외척세력이 어떻게 유지되었는지 밝혔기 때문에 사마천도 조금은 편안한 마음일 것입니다. 하지만 왜 사마천은 진소왕 이후 진나라 왕실 외척에 대해서도 충분한 사료를 찾지 못했을까요?

진소왕의 재위 기간은 56년이고 효문왕은 2일, 장양왕은 3년이며 이어 즉위한 진시황은 37년 동안 재위했습니다. 효문왕과 장양왕은 굳이 재위기간을 고려해야 할 만큼 재위기간이 짧았기 때문에 진소왕 이후 바로 진시황으로 넘어갔다고 봐도 무방합니다. 결국은 진소왕 이후 진나라 왕실 외척에 관한 기록이 부족하다는 것은 진시황 시대의 사료가 부족하다는 말과 동의어라고 봐야 합니다.

사마천은 진나라 왕실의 역사 기록인 《진기》와 같은 공식사료를 기초로 《사기》에 진나라 역사를 편찬했습니다. 진시황 시대는 사마천이 생존했던 시기와 시간상으로 매우 가까웠죠. 오히려 진소왕 시대가 시간상 훨씬 더 과거였습니다. 따라서 상식적으로 사마천이 생존했을 시기에 진소왕 관련 사료보다 진시황 관련 사료가 더 많아야 합니다. 《사기》 내에 기록된 걸 봐도 진소왕 관련 내용보다 진시황 관련 내용이 훨씬 많습니다. 하지만 외척관련 내용을 보면 전혀 반대입니다. 진시황 재위 시절 외척들에 관한 자료는 거의 없다시피 합니다.

사마천 스스로 이야기했듯 그 역시 진시황 시대 외척에 대한 진나라 자체 기록이 거의 없어 어쩔 수 없이 집필하지 못했습니다. 그렇다면 왜 진나라 조정의 공식 역사서나 기록 중에서 하필 진시황 재위 시절의 외척 관련 기록이 그렇게 부족한 걸까요? 저는 이 문제를 고민하다가 서한 초 정치가인 가의의 《과진론過秦論》

사라진 역사

가운데서 그 단서를 찾았습니다. 바로 '진나라에 금기가 너무 많았다秦俗多忌諱之禁'는 것입니다.

가의가 말한 앞뒤 문장을 보면 이렇습니다.

> 진시황에서 진2세, 마지막 왕 영에 이르기까지 진나라에는 식견이 뛰어난 이들이 굉장히 많았음에도 그들이 자유로이 생각을 이야기할 수 없었다. 이는 진나라 내에 각종 금기가 많았으므로 조정 관리는 물론이요, 민간 백성들도 마음대로 생각을 표현할 수 없었고 오로지 충성 표시만 할 수 있었다. 그렇지 않을 경우 사형에 처해졌다.
> 當此時也, 世非無深慮知化之士也, 然所以不敢盡忠拂過者, 秦俗多忌諱之禁, 忠言未卒於口而身爲戮沒矣.

가의는 진나라가 진시황 이후 급속히 멸망하게 된 이유로 진나라에 금기가 너무 많았다는 이유를 꼽았습니다. 그 중에서 초나라 외척은 정치적인 금기사항이었습니다. 사서에서 진·초 양국 관계에 대해 애매하게 서술된 부분이 자주 눈에 띕니다. 예를 들어 '진나라가 6국을 멸했는데 초나라가 가장 억울하다秦滅六國, 楚最無辜', '초나라 사람이 세 명만 모이면 진나라를 멸망시킬 것이다楚雖三戶, 亡秦必楚'라는 말들이 모두 이러한 금기와 관련이 있습니다. 가만히 생각해 보면 이러한 금기는 진시황이 오랜 기간 진나라 정권을 장악했던 초나라계 외척세력에 대해 강한 반감을 가지고 있었기 때문에 나왔다고 생각할 수도 있습니다. 그가 성장하면서 느꼈던 초나라계 외척세력에 대한 반감은 화양태후 사후 표면화되기 시작해 창평군이 진나라에 반기를 들었을 때 확실히 표출된 것입니다. 그리고 이런 반감이 그대로 금기가 된 것이지요.

진시황의 부친인 장양왕 자이는 초나라계 외척세력 덕분에 화양태후의 양자로 태자인 안국군의 후계자가 되었습니다. 그리고 자이가 한단에서 함양으로 돌아와 한부인을 맞이하여 낳은 성교가 있었음에도 화양부인을 중심으로 하는 초나라계 외척세력의 비호 덕분에 영정은 태자가 될 수 있었습니다. 장양왕 즉위 이후에는 화양부인이 태후가 되고 창평군이 조정 주요 세력을 장악하면서 초나라계 외척세력이 진나라 조정에서 실권을 확실히 장악했습니다.

영정이 13세에 즉위했을 때는 조정 내에 화양태후, 하태후, 제태후 등 3명의 태후가 중심이 되어 초나라, 한나라, 조나라 등 3대 외척세력이 공존했습니다. 물론 그중에서 가장 강력했던 세력은 화양태후 중심의 초나라계 외척세력이었습니다. 하태후의 죽음, 성교의 난을 거치면서 한나라계 외척세력은 완전히 사라졌습니다. 그리고 노애의 난으로 제태후 조희가 축출되면서 조나라계 외척세력 역시 쇠퇴했죠. 진나라 왕실 및 조정에는 초나라계 외척세력이 모든 실권을 장악하는 국면이 형성되었습니다.

여기까지 보면 영정이 출생해 성인이 되기까지 줄곧 화양태후의 비호와 통제 속에 있었음을 알 수 있습니다. 영정뿐 아닙니다. 그의 부친인 장양왕의 정치 생명 역시 화양태후를 중심으로 한 초나라계 외척세력의 손안에 있었습니다. 즉 화양태후와 초나라계 외척세력은 영정이 진나라 내에서 성장하고 세력을 확장하는 배후 세력이 되어 주었습니다. 하지만 일국의 군주인 그가 느꼈을 감정은 안정감이 아니라 좌불안석의 불안감이었을 것입니다. 오랫동안 감내해야 했던 불안감은 어느 순간 분노로 바뀌게 되었을 것이고 외부에서 자극이 가해졌을 때 강하게 표출되었을 것입니다.

영정과 화양태후와 같은 관계는 진나라와 한나라 역사에서 쉽게 발견할 수 있습니다. 한무제와 그의 조모인 두태후竇太后와의 관계도 그랬습니다. 한무제가 16세에 즉위한 다음 자신이 구상한 대로 젊은 인재를 등용하고 유학을 적극적으로 장려하는 한편 제도를 개혁하려고 했지만 보수적이고 황로사상黃老思想을 신봉했던 두태후의 반대에 부딪히면서 물거품이 되고 맙니다. 이후 신진 관료는 전부 파면, 하옥되고 유학은 금지되었으며 어린 한무제는 두태후의 명에 순순히 따르는 감내의 세월을 보내야 했습니다. 그러다가 두태후가 세상을 뜬 후에야 두씨 외척세력을 숙청하고 유학을 국시國是로 하는 중앙집권체제를 완성했습니다.

진나라 역사에서는 진소왕과 선태후가 그랬습니다. 이어 진시황 대의 화양태후가 진소왕 대의 선태후 역할이었으며, 진시황 대의 창평군 웅계가 진소왕 대의 양후 위염과 비슷했죠. 선태후 생존에 진소왕은 숙부인 위염을 중심으로 한 초나라계 외척세력의 견제를 받으면서 조정을 장악하지 못했습니다. 화양태후 생존 시기 진시황 역시 당숙인 창평군을 중심으로 한 초나라계 외척세력의 견제 속에서 정권 장악을 하지 못했습니다. 진소왕은 선태후가 세상을 뜬 이후 양후 위염을 중심으로 한 초나라계 사귀를 축출하고 대권을 장악했고, 진시황은 화양태후가 세상을 뜬 후 창평군 웅계를 축출하고 대권을 장악했습니다. 진소왕과 진시황은 굉장히 유사한 정치 역정을 걸은 셈입니다.

화양태후가 세상을 뜬 진왕정 17년에 영정은 30세였고, 창평군 웅계가 축출된 진왕정 21년에 34세였습니다. 따라서 진시황은 30세 이전까지 권력을 확실히 장악하지 못했던 것입니다. 그럴 만한 여건도 전혀 형성되지 못했습니다. 그런 그가 독단적으로 권력을 행사한 34세부터 천하를 통일하기까지 단 5년밖에 걸리지 않았다는 점은 매우 놀라운 사실입니다. 5년의 내에 그가 천하를 통일하는 과정에서 거둔 놀라운 업적들이 모두 집중되어 있었습니다.

양후 위염을 중심으로 한 진소왕 대의 초나라계 외척세력은 권력에서 밀려난 이후 자신의 영지로 돌아가 만년을 보냈습니다. 이는 나름 행복한 말년을 보냈다고 할 수 있습니다. 더군다나 화양부인과 안국군의 혼인으로 다시 재기할 수 있었으니까요. 하지만 창평군 웅계를 중심으로 한 진시황 대의 초나라계 외척세력은 창평군이 진나라에 대항하면서 초나라를 부활시켰기 때문에 역적으로 간주되어 철저한 숙청을 당했을 것입니다. 이 과정에서 초나라 여인이었을 진시황의 황후와 그녀의 아들 장자 부소 역시 안전할 수 없었을 것이고요.

진시황은 22세 때 관례를 올린 후 친정을 시작한 다음 해인 23세 때 초부인을 맞아들였습니다. 그의 대혼은 화양태후가 총괄했고 신부는 초나라의 화양태후와 창평군의 인척으로 이후 제2의

'화양부인'이 될 여인이었습니다. 장자 부소는 출생과 동시에 화양태후를 중심으로 한 초나라계 핵심 실세들이 철저히 보위했을 테고, 그만큼 후계구도는 확실했을 것입니다.

하지만 화양태후가 세상을 뜨고 특히 창평군이 초나라 부흥운동을 한 이후 상황은 급변했습니다. 진나라 내 초나라계 외척세력이 완전히 숙청당하고 진시황의 황후와 부소가 지지세력을 잃으면서 후계구도에 변화가 발생하기 시작했습니다. 아마도 황실과 조정 내에서 후계 구도를 둘러싸고 상당히 격렬한 충돌이 있었을 것입니다. 그래서 진시황이 태자 책봉 문제를 서둘러 마무리하지 못하고 뒤로 미루지 않았나 싶습니다. 물론 이후 진시황의 태도로 봤을 때 후계자로 부소를 염두에 둔 것은 분명한 듯하나 그의 배후 세력인 초나라계 외척세력은 계속 마음에 걸렸을 것입니다. 진시황과 초나라계 외척세력은 매우 미묘한 관계였던 것입니다. 그간의 전례로 봤을 때 부소가 즉위하게 되면 다시 진나라 조정은 초나라계 외척세력의 수중에 들어갈 수 있었습니다. 자신이 힘들게 이룩한 제업帝業이 자신의 손으로 멸망시킨 초나라 세력에 의해 좌우될 수도 있다는 걱정을 진시황은 죽는 순간까지 떨치지 못했을 것입니다. 그래서 계속 태자 책봉을 미루며 부소와 호해 간에 결정하지 못한 듯합니다.

이런 사정은 진시황 생전에 입 밖으로 내기 어려운 문제였습니다. 진나라 사관 역시 그 점을 알기 때문에 그냥 기록을 남기지 않고 삭제하거나 하여 모호하게 기록했을 것입니다. 따라서 진소왕대 기록 가운데 선태후와 위염에 대한 기록이 상대적으로 부족한 것과 진시황 대에 초나라계 외척세력의 기록이 없는 것이 비슷한 이유라고 생각됩니다. 이 때문에 태자 책봉과 관련된 미스터리가 탄생했고요.

그리고 사서에 왜 진시황의 후궁들에 기록이 하나도 남아 있지 않았는지 짚어 보겠습니다. 저는 초나라계 외척세력을 일부러 언급하지 않았던 이유도 있지만 분서와도 깊은 관련이 있다고 생각합니다. 진시황은 6국을 멸한 후 6국 백성들의 고국에 대한 기억을 지우기 위해 각국의 사서를 불태우라고 명했습니다. 하지만 진시황의 황후와 후궁들이 각국의 왕실 공주 출신이었기 때문에 그녀들에 대한 기록 역시 멸망한 6국과 관련이 있을 수밖에 없었습니다. 아마도 역사의 철저한 소멸을 위해 진나라 조정에서는 진나라 사서 내의 황후 및 후궁 관련 기록을 삭제한 것은 아닐까 추측해 봅니다.

역사는 머나먼 과거의 일인데다가 진시황 시대보다 불과 백여 년 후의 사마천도 불확실했던 사실을 추적했기 때문에 우리가 당시 사실을 100퍼센트 정확하게 밝혀낼 수 없습니다. 그래도 이후 발굴된 유물들을 바탕으로 새로운 분석 방법을 이용하여 이 정도의 결과를 얻었습니다. 고대사를 분석할 때 필요한 사료가 부족하기 때문에 실제 사실史實 간의 공백을 메우기 위해 분석과 고증이라는 방법이 이용되었습니다. 앞으로도 이러한 논리적인 추론을 통해 공백을 메워 나가야 할 것입니다.

열두 번째 추적

진나라의 천하 통일은 필연적 결과인가?

🦌 사료와 유물 탐색

저는 그동안 논란이 되었던 진시황 미스터리에 대한 추적을 마무리하고, 그 결과를 정리해 역사 법정에 제출했습니다. 이천여 년을 괴롭히던 미스터리에 나름대로 논리적인 추론을 한 덕분에 만족할 만한 해석이 되었다고 생각합니다. 역사 법정에서도 제가 제출한 보고서를 살펴본 이후 저의 작업과 노력에 대해 긍정적인 평가를 해주었습니다. 그리고 〈진외척열전〉을 보충한 것에 감사의 말도 들었습니다. 저는 역사 법정에서 제공하는 포상금과 휴가를 받아들고 드디어 휴식을 취할 수 있게 되었습니다.

저는 휴가 동안 여행을 하기로 했습니다. 경치를 구경하는 것보다는 탐험하고 유물 발굴을 즐기는 성격이라 이번 여행도 무슨 목표를 정해야 했습니다. 이미 고인이 된 호적(胡適) 선생은 훌륭한 역사학자이자 역사 탐정 이론의 최고 전문가였습니다. 그는 '가설을 세울 때는 크게 세우고 세세하게 증거를 파고들어라(大膽假設, 小心求證)'라는 명언을 남겼습니다.

이 명언은 저의 좌우명이 될 만큼 상당한 영향을 미쳤습니다. 최근 저는 제 나름대로 쌓은 실전 경험을 바탕으로 호적 선생이 한 말을 '합리적 추측을 한 후 현장에서 체험해라(合理推想, 臨場體驗)'라고 바꿔 봤습니다. 이러한 관점은 제가 그동안 연구하면서 얻은 지혜입니다. 호적 선생은 이런 자문자답을 한 적이 있습니다.

역사는 무엇인가?
- 역사는 사료에 기반을 두고 과거를 추론하는 작업이다.
왜?
- 과거는 이미 지나간 시간이기 때문이다. 오늘날을 사는 우리가 그 당시로 돌아가 검증을 할 수 없으니까. 과거의 사실이 기록된 사료는 오늘의 우리와 사라진 과거를 이어주는 유일한 매개이다. 하지만 현존하는 사료와 사라진 과거 사이에는 시간이라는 강이 가로막고 있다. 더군다나 고대사와 우리 사이를 흐르는 시간의 강은 수백, 수천 년 규모이기 일쑤인데 어떻게 쉽게 극복할 수 있겠는가? 규명할 수 없는 지난 일들은 무수히 많고 현존하는 사료는 극히 부족하다. 마치 바다에 일어나는 물거품처럼. 규명해야 할 사실은 9999가지인데 사료는 만분의 일도 안 될 만큼 부족하니 어떻게 한단 말인가?

사라진 역사

저는 사료와 과거사를 연결하며 지난 일들을 재현하고 사실을 구성해내는 유일한 방법은 시공을 초월하여 조그마한 단서에서 확실한 사실을 유추해 내야 한다고 대답하겠습니다. 여기서 추리는 반드시 논리적이어야 합니다. 사료에 근거해야 헛된 공상이 아닌 제대로 된 추리를 할 수 있고, 억측이 되지 않습니다.

이천 년 전 사마천은 그가 접할 수 있는 사료에 근거해 진나라와 진시황의 역사에 대해 비교적 논리적인 추론을 한 후 《사기》에 기록했습니다. 그리하여 후세 사람들이 진시황을 이해하는 데 중요한 단서를 제공했습니다. 하지만 사마천이 접한 사료의 양에 한계가 있었으며, 기술의 한계로 사료 식별도 쉽지 않았기 때문에 어려움이 많았습니다. 게다가 그가 생존했던 시대에는 여론의 주류가 자신의 이해관계에 따라 형성되었습니다. 당시에는 진나라와 진시황에 대한 부정적 견해가 주류를 이루고 있었습니다. 당연히 《사기》에 진나라와 진시황에 대한 제대로 된 역사를 기록할 수 없었습니다.

그동안 많은 유물이 발굴된 덕분에 저희가 접할 수 있는 사료의 양이 사마천보다 많을 수도 있습니다. 그리고 역사를 바라보는 시각 역시 비정통 왕조인 진나라를 대신해 자신들이 정통성을 지녔다고 하던 한나라보다 훨씬 객관적입니다. 우리가 갖춘 인식 능력과 시야, 풍부한 지식은 사마천 시대와 비할 바가 못 됩니다. 따라서 저는 오늘날을 사는 우리가 《사기》에 대해 더욱 자세히 살펴보고 진시황 당시 역사를 재구성해 더 정확한 역사에 근접한 사실을 도출해야 한다고 생각합니다.

진시황 재조명

　새로운 역사를 구성하기 위해서는 새로운 사료뿐 아니라 참신한 시야와 분석 방법이 필요합니다. 참신한 분석 방법 가운데 논리적인 추론은 꼭 필요한 방법이지만 현장 조사 역시 빠져서는 안 됩니다. 상상을 통해 역사 사건의 현장으로 들어가는 방법이 첫 번째입니다. 그렇게 함으로써 시공을 초월해 당시 사건과 인물을 체험해보는 것입니다. 두 번째는 실제 유적 현장을 가보는 것입니다. 그래서 당시 사건이 발생했던 공간에 들어가 눈으로 보고 손으로 만져봐야 합니다.

　유적지는 이미 폐허가 된 경우가 대부분입니다. 하지만 그 폐허는 완전히 끝난 공허함이 아니라 기억 속에서 여전히 살아 숨 쉬고 있는 경우가 많습니다. 그 폐허가 된 유적지 속에 있으면 잠 자고 있던 기억의 유전자가 과거 사실에 부활의 생명을 부여하기도 하니까요. 이번에 진시황 미스터리를 추적하는 가운데 저는 대부분 머리로 현장 체험을 했습니다. 현장 답사는 거의 하지 않았죠. 그래서인지 뭔가 부족한 느낌이었습니다. 주변에서도 그런 이야기가 많았고요. 그래서 역사 법정에서 받은 휴가를 현장 실사에 사용하기로 했습니다. 현장 실사를 통해 역사 현장을 직접 보고 느끼게 되면 진시황 시대를 그나마 제대로 경험할 수 있을 테니까요. 일단 결심이 선 이상 바로 실행에 옮겼습니다. 그래서 저는 2009년 3월, 행장을 꾸려 사진기만 들고 여행을 떠났습니다.

　먼저 교남의 낭야대에 올라 진시황이 한없이 기뻐하던 그 순간을 느껴봤습니다. 그리고 진시황이 순시했던 그 여정을 따라

동해안을 타고 북상했습니다. 중간마다 진시황이 일신日神에 제례를 올리던 그 장엄함을 생각했습니다. 다시 진시황의 행적을 찾아 연대煙臺 지부도芝罘島에 갔습니다. 이곳은 진시황이 양주陽主에 제를 올리고 바위에 공적을 기록한 곳입니다. 이미 오랜 세월 동안 지형에 변화가 생기면서 이제 예전의 바위가 아니었습니다. 세월의 무상함을 느낀 뒤 마지막으로 봉래각蓬萊閣에 갔습니다. 이곳은 신선들이 바다를 건넌다는 팔선과해八仙過海의 고사와 연관된다 해서 이미 명승지가 되어 있었습니다.

현장 탐사를 마친 후 저는 제가 현장에서 보고 얻은 결과와 문헌을 통해 얻은 결과를 종합해 갱유 사건이 조작된 역사라는 점을 확신할 수 있었습니다. 그동안 우리는 진시황 일생에 대해 적극적으로 이해하려는 노력이 부족했던 것 같습니다. 진시황의 공과, 특히 그의 역사 속 이미지는 왜곡되고 폄하된 것이 많았습니다. 이천 년 동안 객관적이고 공정한 시각으로 그를 이해하지 않고 당파와 학파, 이해관계에 지배당하면서 진실과는 거리가 먼 진시황을 그려왔었습니다.

저는 이번 탐사를 마치면서 진시황이 남긴 역사유산이 오늘날 중국에 여전히 영향을 미친다는 점을 다시 한번 느꼈습니다. 오늘을 사는 우리는 진시황과 같이 위대하면서도 쉽게 파악하기 어려운 역사인물에 대해 정확하고 확실한 연구와 추적을 해야 합니다. 그렇게 그가 역사에 남긴 업적을 세세하게 고찰한 연후에 그 공과를 공정하게 평가해야 합니다.

'관점은 여러 가지일 수 있지만 사실은 단지 하나 뿐이다'라는 말이 있습니다. 여기서 말하는 관점은 하나의 사실에 대한 갖가지 해석을 말하는 것입니다. 하나의 사실에서 여러 가지 관점들이 나오기 때문에 사실이 더 중요한 법입니다. 일단 사실 자체의 신뢰성에 금이 가면 각 관점에서 제대로 된 해석이 나올 수가 없습니다. 그렇기에 중국에는 '정확한 사실만 있으면 어떤 궤변도 잠재울 수 있다'는 말이 있습니다. 저 역시도 역사 인식의 바탕이 되는 하나의 사실에서 그걸 분석하는 여러 가지 관점의 해석이 나온다는 데 절대 동의합니다. 만약 인류의 모든 구성원들이 공통된 이성을 바탕으로 비슷한 시각으로 논리적 접근을 하게 되면 사실에 대해서도 얼추 유사한 해석만 하게 됩니다.

이천여 년 동안 계속되어온 진시황 미스터리를 둘러싼 논란도 마찬가지입니다. 하나의 역사 사실을 중심으로 거의 비슷한 관점을 이야기했습니다. 문제는 각자 자신의 관점을 강하게 피력하는 데 주력하기만 할 뿐, 새로운 사실을 찾거나 다른 관점에 대해 인정하지 않았다는 점입니다. 그리고 자기 관점만 사실인 양 오히려 왜곡된 정보의 확대 재생산이 이루어졌습니다. 이 때문에 여러 관점들이 우후죽순처럼 등장했지만 사실에 대한 제대로 된 접근은 전혀 이루어지지 않았습니다.

저는 이런 문제점을 인지하고 진시황을 둘러싼 미스터리에 대해 새로운 접근을 시도했습니다. 우선 각 사서에서 필요한 사료를 재해석했습니다. 《사기》와 기타 문헌 가운데 진시황에 관련된 장을 분석해 신뢰도 높은 사료와 신뢰도가 낮은 구전 전승 자료, 조작 가능성이 큰 내용을 각각 분류했습니다. 그런 다음 사실의 재구성과 사론史論의 재구성을 진행했습니다. 사실의 재구성은 역대 문헌자료에서 신뢰도 높은 사료를 뽑아낸 다음 고고학 발굴이 이루어진 유물에서 관련 내용을 보충해 진시황과 관련된 내용을 정리하는 작업이었습니다. 사론의 재구성은 사실의 재구성을 통해 얻은 새로운 진시황 기록을 바탕으로 해당 인물들을 객관적으로 평가하고, 이를 후세에 전할 수 있도록 작업한 것입니다.

이런 작업들은 마치 재건축 단지에 들어선 리모델링 건물을 전부 뜯어내고 리모델링 이전 건물들을 복원하는 것 같았습니다. 리모델링 이전 원래 형태로 되돌리기 위해 일단 최초에 있었던 건물에 쓰였던 건축자재로 골격을 완성한 후에 중간마다 새 건자재로 건물을 완성한 다음 인테리어 작업을 해야 했습니다. 그만큼 복잡하고 많은 업무량이 요구되었습니다.

저는 역사학자기 때문에 사실 이런 작업이 그리 어렵지 않을 줄 알았습니다. 하지만 실제로 작업에 들어가면서 방대한 작업량에 놀랐습니다. 예전에 제가 했던 역사 복원 작업은 그저 원래 있던 건물을 철거한 후에 새로운 건축자재로 새 건물을 올리는 것에 불과했습니다. 역사 속 원래 사건을 있는 그대로 복원하려는 작업과는 거리가 있었죠. 직접 작업을 하다 보니 제가 수집한 새로운 관점의 사료, 즉 건축자재가 턱없이 부족하다는 것도 알게 되었습니다. 제가 재구성을 위해 철거한다고 한 기존에 확립된 여러 가지 리모델링 건물들, 즉 각각의 관점들 역시 극히 일부분이었습니다. 진시황 미스터리가 방대한 만큼 거기에 대한 관점이나 해석도 많을 수밖에 없었습니다.

어느 순간 저는 진시황의 일생에 대해 재평가를 하는 작업이 상당히 부담스러운 일이라는 점을 절실히 깨달았습니다. 마치 기존 관점들, 건물을 절반만 철거하고 그 위에다가 제가 발굴하고 찾아낸 여러 가지 사료, 관점을 덧칠하는 것이 아닌가 염려도 되었습니다. 그러나 역사학자라는 자부심에 걸맞게 신뢰성 있는 분석을 해 확실하게 진행하고 싶었습니다. 저 자신의 이름을 걸고 역사 탐정으로서의 자부심을 느끼고 싶었습니다.

따라서 진시황 일생에 대해 재평가를 하려고 성급하게 달려들기보다는 그의 생애 자체를 제대로 복원하는 데 주력하기로 했습니다. 그리고 이제 그 작업이 마무리되었습니다. 그런 만큼 전국 통일을 달성했던 39세 이전의 진시황에 대해 간략하게나마 평을 남기고자 합니다. 이 평은 제가 앞서 쭉 설명하면서 언급했던 여러 사료와 새로운 관점을 바탕으로 하고 있습니다.

최종 승자가 되다

이렇게 완성한 진시황 재평가 보고서를 역사 법정에 제출하게 되었습니다. 독자 여러분이 배심원의 자격으로 제 보고서를 평가해 주시기 바랍니다. 이런 보고서를 통해 독자 여러분도 직접 역사 사실을 판결하는 과정에 참여하실 수 있을 것입니다. 앞으로 이런 형식이 대세가 되리라 생각하고요.

저는 이번 보고서를 작성하면서 진시황 일족에 대해 나름대로 철저한 조사를 했습니다. 덕분에 그동안 거의 알려지지 않았던 진시황의 친족, 예를 들어 부친 영이, 모친 조희, 양조모 화양태후, 친조모 하태후와 동생 장안군 성교 등 인물에 대해 비교적 상세히 알 수 있었고 창평군, 성교의 모친인 한부인, 영정의 왕후인 초부인 등에 대해 어느 정도 파악할 수 있었습니다. 그리고 거의 친족이 될 만한 핵심인물들, 예를 들어 중부 여불위와 조희의 남총 노애를 통해 예전에는 주목하지 않았던 역사 사건 간의 연관성도 발견할 수 있었죠.

이렇게 작업을 해 보니 진시황의 어떤 인적 네트워크 속에 있었는지 대략적인 기준을 그릴 수 있었습니다. 이렇게 구성된 진시황의 친족 네트워크를 통해 그가 생존했던 시기와 성장했던 상황을 그런대로 복원했다고 생각합니다. 부모에게서 물려받은 출신 성분, 성장 과정에서 큰 영향을 미칠 친족 네트워크는 세습제이던 당시, 개인의 사회적 지위를 결정하고 발전을 위한 밑거름이 되었습니다. 진시황도 마찬가지였죠. 따라서 그의 주변 친족 네트워크를 재구성하면서 더욱 진실에 가까워질 수 있었습니다. 이렇게 접근하면 인간적인 모습의 진시황도 복원할 수 있을 것이라 생각합니다.

무엇보다 제가 시도한 이 작업이 의미 있는 이유는 수백 년간 계속된 진나라 외척세력 및 그들의 정치 활동을 처음 정리했기 때문입니다. 이 작업 덕택에 300년, 21대에 걸쳐 지속된 진·초 양국의 혼인관계에 대해 확실하게 파악할 수 있었습니다. 그리고 진소왕부터 진시황까지 진나라 조정을 80여 년간 장악했던 초나라계 외척세력의 진상을 처음으로 밝힐 수 있었습니다. 진시황과 그의 부친인 장양왕 자이의 정치생명 역시 오랫동안 초나라계 외척세력에 의해 좌우되었습니다. 따라서 외척관계, 특히 초나라계 외척세력의 존재는 진시황의 일생에서 무엇보다 중요한 요소였습니다.

이런 요소를 무시한다는 것은 역사 단절을 의미했고 그랬기 때문에 그동안 진시황이 매우 기이한 인물처럼 인식되었던 것입니다. 한쪽에서는 춘추전국의 혼란을 종식한 통일의 공이 모두 그에게 있다면서 천고일제「古一帝」라고 칭송하지만 다른 한쪽에서는 천하에 다시없을 폭군이라며 진나라 멸망의 책임 역시 모두 그에게 있다고 혹평했습니다. 하지만 이런 편향된 시각은 진시황이라는 인물을 공정하게 평가하는 것이 아닙니다. 실제 역사와도 어긋나고요.

제가 진행한 추적 작업의 대부분은 진시황을 중심으로 그의 친인척 관계 파악에 집중되었습니다. 시간상으로는 그가 출생해 천하를 통일하는 39년에 해당하죠. 39년이라는 시간은 진시황의 50년 생애에서 오분의 사를 차지합니다. 그동안 온갖 영화와 곡절이 있었던 것입니다. 이 기간에 진시황은 유년시절을 거쳐 중년이 되었고 인격, 처세술, 정치 모략 등이 모두 형성되었습니다. 그는 30년 만에 진나라 왕자에서 왕이 되었고 최초의 제국을 건설한 최초의 황제가 되었습니다. 이 30년의 시간을 잘 들여다보면 그가 전제왕조의 폭군이 될 조짐을 찾을 수가 없습니다. 더 중요한 점은 전제왕조의 배경이 되는 무소불위의 절대왕권을 구축한 징조를 찾을 수 없다는 사실입니다. 오히려 진나라가 국가 간 동맹을 강화하기 위해 왕실 간 정략결혼을 했기 때문에 외척세력 간 세력 다툼이 일어났고 때문에 군주의 통치권이 이래저래 많은 간섭을 받았다는 사실을 알 수 있었습니다. 따라서 이런 복잡한 조정 내 역학구도 속에서 39세 전국 통일 이전의 진왕 영정은 고난을 현명하게 이겨내 부국강병을 이룬 영명한 군주의 이미지를 가지고 있었습니다.

우리는 진시황의 친족 네트워크를 추적하는 한편 진나라가 천하를 통일하는 과정도 살펴보았습니다. 그리고 알게 된 것은 진시황의 천하 통일은 수백 년간 이어진 유구한 역사 과정에서 달성된 결과라는 것입니다. 진나라의 천하 통일은 총 4단계에 걸쳐 이뤄졌습니다.

첫째, 진효공 시대(기원전 361년~기원전 338년)입니다. 이때는 천하 통일의 초석을 다지는 시점이었습니다. 진효공은 상앙을 등용한 뒤 변법을 시행하여 부국강병을 실현하고 천하 통일의 제도적 발판을 마련했습니다.

둘째, 진혜왕 시대(기원전 337년~기원전 311년)입니다. 천하 통일의 기치를 내걸고 동진했던 시기였습니다. 이 시기에 진혜왕은 사마착을 파견해 파촉을 점령하고 관중과 촉한을 하나로 묶어 서쪽을 안정시키는 등 동쪽으로 진출할 확고한 기반을 마련했습니다. 그리고 장의를 등용해 6국 연맹을 훼파하여 동쪽으로 영토를 확장하기 유리한 외교적 환경을 확고히 마련했습니다. 그러고는 북으로 상군, 남으로 한중, 동으로 삼천을 공격해 영토를 확장했습니다.

셋째, 진소왕 시대(기원전 306년~기원전 251년)입니다. 진나라의 천하 통일에 가장 중요한 시기였습니다. 이 시기 진나라는 선태후와 진소왕의 지도 하에 위염을 등용해 내정을 안정시켰고 탄력적인 외교를 펼쳤으며 군사적으로 대장군 백기를 등용해 이궐전투에서 20만 한·위 연합군을 궤멸시켜 한나라와 위나라에 큰 타격을 가했습니다. 그리고 장평대전을 통해 40만 조나라 군대를 전멸시켜 조나라가 진나라에 대항할 수 없도록 약화시켰습니다. 당시 진나라는 이미 천하의 삼분의 이를 차지할 만큼 영토 크기로나 실력으로나 이미 다른 6국을 훨씬 능가했습니다. 전국통일을 결정지은 3대 전투(이궐전투, 장평대전, 초나라 정복전) 가운데 진소왕 시기 진나라는 이미 두 차례 승리했습니다. 따라서 천하대세는 진나라로 넘어와 있었습니다.

넷째, 진시황 시대(기원전 246년~기원전 221년)입니다. 이 시기는 천하 통일의 마지막 단계였습니다. 어린 영정이 친정하지 못했던 10년간 진나라 조정의 대권은 화양태후, 하태후, 제태후가 장악했었습니다. 관료 사회는 여불위와 창평군이 장악했고, 군사적으로는 베테랑 장수이던 몽오와 왕기 등이 있었습니다. 이들 덕분에 통일 완수를 위한 작업을 안정적으로 진행할 수 있었습니다. 영정이 22세가 되어 친정을 하던 시기에 화양태후의 초나라계 외척세력과 노애, 제태후의 조나라계 외척세력 간의 알력이 고조되고 결국 노애의 난이 발생했습니다. 창평군 등은 노애의 난을 진압하면서 제태후를 비롯한 조나라계 외척세력이 숙청되었습니다. 진시황은 이후 제나라 사신인 모초의 건의를 받아들여 제태후를 함양으로 불러들여 그녀가 중심이 된 조나라계 외척세력으로 초나라계 외척세력이 강성해지는 걸 견제했습니다.

뒤이어 전개된 복잡한 정치 역학구도 속에서 진시황은 나름대로 균형을 잡아 나갔습니다. 그는 노애의 난이라는 첫 번째 정치 위기를 잘 극복하면서 유능한 군주로 성장하는 기반을 마련했습니다. 영정 친정 이후 왕실은 화양태후가, 조정은 창평군이 실권을 장악했습니다. 그런 와중에도 노장 왕전은 기존 전략대로 동쪽의 각국을 계속 공격해 세력을 확장해 나갔습니다. 화양태후 사후 권력을 확실히 장악한 진시황 영정은 왕전과 창평군을 파면한 후 서둘러 전국통일을 추진하려다가 초나라 공략전에서 대패했습니다. 하지만 곧바로 실수를 인정하고 스스로 몸을 굽혀 왕전을 서둘러 복귀시킨 다음 초나라를 정복해 천하 통일의 대업을 달성했습니다.

진시황의 천하 통일 과정을 바탕으로 그의 전반기 인생을 다음과 같이 정리할 수 있습니다. 진나라가 천하를 통일하는 과정은 마치 400미터 계주와 같습니다. 진시황은 마지막 주자로 최종 트랙을 돈 셈입니다. 사실 그의 팀 동료가 경쟁자들을 크게 앞섰던 터라 그로서는 승리가 거의 확정된 상태에서 바통을 이어받아 다소 편하게 질주할 수 있었습니다. 그리고 최종 결승선을 통과하면서 시상대의 최고 자리에서 역사의 하이라이트를 한 몸에 받았죠. 물론 팀 동료들이 워낙 잘 뛰어주기는 했지만 그 역시 최종 결승선을 통과하기까지 어려운 상황을 묵묵히 인내하면서 과단성 있게 결단하는 모습을 보여 주었습니다. 그뿐 아니라 그는 과실을 즉시 수정할 줄 알고, 의혹은 철저히 파헤쳐내 진상을 규명하는 현명한 군주의 자세를 보여주었습니다.

중천에 떠오른 태양

결국 진시황의 생애 전반기 모습을 종합해 보면, 온갖 시련을 맞아 실패와 좌절을 겪던 소년 군주에서 모든 과정을 이겨내고 결국 역사의 하이라이트를 한몸에 받는 위대한 황제로 변신했다고 볼 수 있습니다. 서서히 솟아오르기 시작해 중천에 떠오른 태양이라고 생각하시면 됩니다.

진시황의 이런 태양 같은 이미지를 형성하는 데 중요한 흐름이 있습니다. 바로 사분오열되었다가 하나로 통합되던 중원의 통일 국면이었습니다. 서주 이래 열국들이 무수히 명멸하다가 진이라는 통일제국으로 마무리되던 국면 말입니다. 이 흐름은 혈연관계에 기반을 둔 씨족사회에서 평민사회로 대체되었음을 의미합니다. 이는 거스를 수 없는 역사의 흐름이었습니다. 경학자들은 이를 역사의 필연이라고 했고, 점성술사들은 숙명이라고 했지만 저는 하늘의 뜻이라고 생각합니다.

'시대가 영웅을 낳는다時勢造英雄'는 말이 있습니다. 무엇을 시대의 흐름, '시세時勢'라고 할 수 있을까요? '시時'는 '시국時局'을 뜻하며 '세勢'는 '추세趨勢'를 의미합니다. 즉 시세란 정세의 흐름, 역사의 필연, 하늘의 뜻을 가리킵니다. 서주 왕실이 쇠퇴한 이후 신질서가 구질서를 대체하자 제후, 열국들이 서로 패권을 다투며

사라진 역사 *371*

며 약육강식의 역사가 전개되었습니다. 전국시대에 주나라 왕실은 이미 유명무실해졌고 각국 군주들은 왕을 칭했습니다. 이 중에서도 제나라와 진나라는 칭제를 했습니다. 이는 조만간 천하가 하나로 합쳐질 것임을 의미했습니다. 진나라는 그 천하대세에 잘 적응하며 주변 국가들을 하나씩 병합해 결국 중국 역사상 최초의 통일제국이 되었습니다.

진시황은 천하 통일 후 다섯 번에 걸쳐 천하 순시를 했습니다. 그리고 자신의 공적을 돌에 새기고 천하 통일의 대의를 널리 알렸습니다. 역산嶧山(동산이라고도 불리며 공맹孔孟의 도시인 추성에 위치)에 석각문에는 이러한 진시황의 자신감이 잘 나타나 있습니다.

> 지금 생각해 보면 난세가 시작된 이유는 열국을 분봉했기 때문이다. 이로 인해 분쟁이 끊이지 않고 피비린내가 진동하게 되었다. 그 어지러움은 오제가 있다 하더라도 통제할 수 없을 정도였다. 이제 짐이 황제가 되어 천하를 품에 안으니 전쟁이 더는 없고 모든 재난이 사라지니 백성들이 오래도록 평화를 누릴 수 있을 것이다.
> 追念亂世, 分土建邦, 以開爭理. 攻占日作, 流血於野, 自泰故始. 世無萬數, 陀及五帝, 莫能禁止. 乃今皇帝, 壹家天下, 兵不復起. 災害滅除, 黔首康定, 利澤長久.

저는 역산에서 이 석각문을 읽고 나서 잠시 상념에 빠졌습니다. 이 정갈하고 심오한 글귀를 보면서 진시황이 자신의 발아래에 천하가 있다고 생각하던 그 자신감을 느낄 수 있었습니다. 아마 이 순간 그는 분명 자신이 정말 하늘의 대변인인 천자라고 생각했을 것입니다.

어떻게 보면 진나라가 천하를 통일하기까지 수백 년의 시간은 전쟁으로 점철되는 시기였습니다. 진나라는 늑대와 호랑이처럼 쉬지 않고 주변 국가를 침공해 병탄했으며 그만큼 다른 나라 백성들의 공분을 샀습니다. 살인기계와 같은 냉혹한 진나라 군대를 맞아 각국 백성들은 강하게 저항했습니다. 이런 관점에서 보면 진나라가 6국을 멸하고 천하를 통일한 과정이 하늘의 뜻을 따르고 시대의 흐름에 순응하는 필연적인 작업이 아니라 민심에 철저히 위배되는 행위라고 볼 수 있습니다.

민심의 시각에 비치는 진시황은 위대한 군주가 아니라 냉혹하고 무자비한 폭군의 이미지일 것입니다. 그는 단지 다른 열국의 백성들에게는 반드시 죽여야 하는 제거의 대상일지도 모릅니다. 진나라에 분노하는 만큼 그에 맞서 대항하는 이들은 영웅으로 비쳤습니다. 대표적으로 형가를 들 수 있습니다. 연나라를 떠나 진왕을 암살하려던 그의 시도가 실패로 돌아가자 열국의 백성은 탄식을 금치 못했습니다. 그의 친구였던 고점리高漸離가 형가의 암살 실패 후 그 유지를 받들어 영정을 공격했지만 역시 실패로 끝나고 말았습니다. 지금은 형가를 배웅할 때 고점리가 불렀던 '스산한 바람 역수 가에 불어오는데 장사는 한 번 떠나 돌아오지 않는구나風蕭蕭兮易水寒, 壯士一去兮不復還'라는 비장한 노래만 전해집니다.

장량이 가산을 털어 역사力士를 구해 박랑사博浪沙(오늘날 하남성 원양현 동쪽 외곽 지역)에서 진시황을 저격한 것도 진나라를 혐오하던 한

사라진 역사 *373*

나라 백성들의 민심을 대신한 것이었습니다. 굴원屈原의 〈애영哀郢〉은 도읍이 진나라에 함락된 비통함과 고통받는 백성들의 처지를 슬퍼한 작품입니다. '하늘도 무정하십니다! 왜 백성들이 이 고통을 받아야 하옵니까! 부부가 흩어지고 부모와 자식이 서로 생사를 모르는 이 고통 말입니다. 봄에는 전부 동쪽으로 피난을 가야 하옵니다皇天之不純命兮, 何百姓之震愆, 民離散而相失兮, 方仲春而東遷'라는 문구에서 그가 얼마나 고국과 고향을 생각하고 백성을 사랑했는지 알 수 있습니다. 굴원은 진나라의 침공에 격렬하게 저항했던 초나라를 항상 걱정했습니다. 그리고 그가 항상 염려하고 애정을 가지고 노래했던 백성들은 다름 아닌 진나라의 참혹한 공격에 뿔뿔이 흩어지고 절망에 빠진 초나라 백성이었습니다. 굴원의 작품은 초나라 백성들의 심정을 대변했습니다. 그만큼 조국과 백성을 사랑한 굴원은 애국애민愛國愛民의 상징이 되었습니다.

천의와 민심은 역사의 방향을 결정해 왔습니다. 그만큼 엄중했죠. 저는 진시황 미스터리를 추적하면서 진나라의 통일 과정을 엿볼 수 있었고 그 속에서 진나라의 천하 통일이 순천역민順天逆民의 역사라는 점을 알게 되었습니다. 분열이 수습되고 통합되어야 하는 것이 하늘의 뜻이라는, 천의에는 부합하지만 백성의 뜻과는 완전히 이반되는 역사였다는 것입니다.

진나라가 비록 통합을 요구하는 하늘의 뜻에는 부응했을지는 몰라도 민심을 거슬러 폭력으로 천하를 통합하고 다스렸기 때문에 백성은 도탄에 빠졌습니다. 그리고 통일 후 15년이 지난 시점에 600여 년 역사를 가진 진나라 역시 그에 상응하는 대가를 치렀습니다. 지난 이천 년간 중국 백성들은 전제주의로 대표되는 중앙집권제도 속에서 엄청난 희생을 강요당했습니다. 지역을 자치할 수 없었고 개개인의 독특한 개성을 발휘할 수 없었으며 개혁과 혁신은 꿈도 꿀 수 없었습니다. 그 때문에 제국 체제는 정체되고 세계의 흐름에서 도태되기 시작했으며 결국은 낙후의 고통 속에서 신음해야 했습니다. 그 원인을 파헤치다 보면 바로 최초의 통일제국인 진나라가 민심을 철저히 억제하고 무력으로 통일체제를 유지한 데서 모든 문제가 파생되었음을 알 수 있습니다.

여하튼 진나라의 천하 통일은 하늘의 뜻에 맞는 필연의 과정이었습니다. 진제국의 성립은 분명 이전의 역사에는 등장한 적이 없는 놀라운 성취였습니다. 진나라 이후 이천여 년 동안 유지된 제국 체제를 확립했으니 한마디로 공전절후空前絶後의 위업을 이루었다고 할 수 있습니다. 진이 확립한 제국 체제는 무려 20세기 초까지 계속되었습니다.

하늘의 뜻과 민심. 이는 중국 역사를 결정한 큰 줄기입니다. 굴원의 비통함은 민심에는 부합하는 것이겠지만 하늘의 뜻은 거스른 행위입니다. 반면 진시황의 천하 통일은 민심에는 이반되는 것일지라도 하늘의 뜻은 따른 것이라 할 수 있습니다. 진나라 말기 다시 분열되자 유방이 통일을 이룩해 한나라를 세웠습니다. 그가 이룩한 통일은 순천순민順天順民이라 평가받았습니다. 반면 근대에 들어와 위안스카이袁世凱가 스스로 황제라 칭한 것은 역천역민逆天逆民한 행위였습니다. 결국 지난 시기 중국 역사는 통일제국과 민중 봉기가 번갈아 순환되던 과정이었음을 알 수 있습니다.

하늘의 뜻과 민심은 역사를 바라볼 때 중요한 기준이 됩니다. 그리고 역사 속 인물을 바라볼 때도 마찬가지입니다. 이런 시각을 가지고 바라보면 진제국과 진시황뿐 아니라 다른 역대 왕조와 제왕도 확실히 파악할 수 있습니다. 그들의 위대함과 부족함, 성공과 실패, 밝은 면과 어두운 면 모두를 말입니다. 하늘의 뜻과 민심을 살피면 고금의 변화를 꿰뚫어 볼 수 있습니다. 고대사회에서는 하늘의 뜻을 중시하고 민심을 경시했습니다. 반면 현대사회는 민심은 중시하지만 하늘의 뜻은 경시하고 있습니다. 민심은 직접 파악을 할 수 있으나 하늘의 뜻은 변수가 많아 예측하기 어렵기 때문에 놓치기 쉬운 것입니다. 하지만 하늘의 뜻을 파악하지 않고는 큰 성공을 하기 어렵습니다. 대신 민심을 따르지 않을 경우에는 뒤탈이 나게 되어 있습니다.

한 인물의 공과는 그 사람이 세상을 떠난 후에 정당하게 평가할 수 있습니다. 진시황은 그의 인생 후반기에 대한 역사적 사실이 확실히 밝혀진 후에야 정당하게 평가할 수 있을 것입니다. 역사를 거울삼아 권력자들은 하늘을 따르고 백성을 중히 여기면서 그 균형을 잘 조절하는 것이 무엇보다 중요하다는 사실을 잠시라도 잊지 말아야 할 것입니다.

에필로그

왜 역사 추리의 방식으로 쓰게 되었나?

이 책은 제가 쓴 역사 추리서입니다.
2년 전 저는 새로운 형식의 역사서인 《부활의 역사 : 진제국의 붕괴》를 출판했었습니다. 원래 계획대로라면 두 번째 작품인 《부활의 역사 : 한제국의 탄생》 저술에 먼저 착수했어야 합니다. 하지만 《진시황의 비밀》이 오히려 먼저 출간되었습니다. 저도 이렇게 되리라고는 생각하지 못 했습니다. 그러나 오래전부터 이런 형식의 역사 추리서를 집필하고 싶었습니다.

저는 사학계에 발을 디딘 후 정규코스를 쭉 밟았습니다. 베이징대학교 사학과에 입학해 고증학에서부터 시작해 인물평가, 사건 발생원인 탐색, 역사학 이론에 이르기까지 차근차근 공부해

박사과정까지 무사히 마쳤습니다. 개인적으로 철학에 흥미가 많아서 그런지 문제의 근본을 탐구해 들어가는 걸 굉장히 즐기는 편입니다. 역사학을 공부하면서도 '역사는 무엇일까?'라든가 '역사학은 무엇일까?'라는 근본적인 문제에 대해 항상 의문을 갖고 있었습니다. 그래서인지 미스터리를 보면 저도 모르게 파고들었습니다. 평소 고증학에도 많은 관심이 있었는데, 어느 순간 고증학이 증거에 근거한 추리 작업이라는 점을 깨달았습니다. 그래서 '고증학과 추리 작업을 결합해 새로운 형식의 역사 서술법을 만들면 어떨까?' 하고 고민하다 역사 추리라는 장르를 생각해 냈습니다.

　실전이 이론을 좇아가는 데는 한계가 있습니다. 따라서 어떤 이론이든지 실제와 어느 정도 차이가 있다는 점을 인정하고, 그 차이를 여러 노력을 통해 보완해야 한다고 생각합니다. 저는 보통 먼저 이론을 정립한 후 그것에 맞게 실행하는 편입니다. 역사 추리법은 주로 역사 속 미스터리를 해결할 때 사용하게 됩니다. 고대사에는 해결하기 힘든 미스터리들이 많이 있습니다. 그러한 사실 자체가 실재했는지에 대한 근본적인 의문도 있지만 진시황의 부친이 자이인지 여불위인지 밝혀야 하는 것 같은 미스터리도 있습니다. 어떻게 이야기를 풀어나가느냐가 관건인 것입니다.

　저는 학회 자료에서부터 가십성 야사가 기록된 여행 책자까지 훑어보면서 진실된 역사가 허구 위주의 소설보다 재미있을 수 있다고 생각했습니다. 역사의 진상을 추적하는 재미는 전문가와 일반인이 함께 생각을 공유할 수 있으니까요. 더구나 함께 호기심을 해결할 수도 있습니다. 하지만 아무리 잘 알려진 사실이라 할지라도 일반인들이 왜곡하거나 오해하게 되면 잘못된 사실이 널리 전파될 위험이 있다는 생각도 들었습니다.

그래서 저는 역사연구와 역사이론, 대중 역사서 저술을 적절히 나눠 작업을 진행했습니다. 대중 역사서 저술은《부활의 역사》시리즈를 통해 한나라 부분에 대해 집필하기로 했고, 역사 연구는 군공 수혜계층을 대신한 신진 세력에 대한 논문 작업을 진행했으며 역사이론에서는《역사의 거울歷史的鏡像》을 정리해 단편적인 지식이 아닌 역사를 정확하게 보는 데 도움이 되는 이론을 구상했습니다.

그중에서도《부활의 역사 : 진제국의 붕괴》를 쓸 때, 처음에는 진시황의 출생부터 연구를 시작했습니다. 그 때문에 진시황 관련 모든 사료를 자세히 살펴보던 중 저는 놀라운 점을 발견했습니다. 이천 년이라는 시간 동안 진시황이 굉장히 왜곡됐다는 것입니다. 진시황뿐 아니었습니다. 진제국이 형성되기 전후, 그리고 멸망 후의 모든 역사가 의혹투성이였습니다. 역사학자로서 이 미스터리를 밝혀야겠다고 생각했습니다.

그때 마침 신문에 〈진시황 생부의 비밀秦始皇的生父之謎〉, 〈진시황 후궁의 비밀秦始皇的后宮之謎〉, 그리고 〈조고의 변절趙高變形記〉 등을 주제로 연재하게 되었습니다. 독자들의 호평과 함께 자신감을 얻은 저는 지난 연구 결과와 연재 내용을 바탕으로 진시황 미스터리를 밝히는 대중 서적을 쓰기로 한 결심했습니다. 초고를 끝낸 뒤, 2008년 6월 초 동방TV의 세설신어世說新語 프로그램의 요청을 받아 TV 강좌 형식으로 원고를 수정했습니다. 이를 바탕으로 10월 6일부터 24일까지 〈진나라 역사 미스터리 秦史謎案〉라는 제목의 강좌가 방영되었고, 이 책은 그 원고에 수정을 가해 완성한 것입니다.

이 책이 완성되면서 역사 추리가 다시 활력을 띠게 되었습니다. 앞서 말했듯 저는 역사연구, 대중 역사서 저술, 역사이론을 종합하여 과학적 사유가 뒷받침되는 인문역사학을 추구하고자 했습니다. 그리고 여기에 역사 추리를 보태 대중성을 확보했습니다. 이 과정에서 철저히 학술 사료와 증거를 참고해 추리를 진행했고, 앞으로도 이와 관련한 학술 논문도 발표할 예정이기 때문에 관심 있는 독자 여러분은 참고해주시길 바라겠습니다.

마지막으로 〈진나라 역사 미스터리〉 강좌에서 강좌의 취지를 밝혔던 홍보문구로 이 책의 맺음말을 대신 할까 합니다. 이 책의 취지와도 잘 맞는다고 생각합니다.

역사는 영원한 수수께끼입니다. 그 당시로 돌아가 볼 수 없기 때문입니다. 만약 가장 정확한 사실을 제공할 수 없다면 저는 여러분께 가장 논리적이고 합리적인 추측을 할 수 있는 단서들을 제공할 것입니다.

가장 정확한 사실이 가장 진실에 가깝습니다.

가장 논리적이고 합리적인 추측은 진실에 가장 가까이 다가가게 해줍니다.

옮긴이 주

1 중국 역사상 최초의, 최대 규모의 포위 섬멸전으로 기원전 260년 경 조나라와 진나라 간 장평에서 벌어진 전투. 진나라의 반간계로 조나라 총지휘관이 명장 염파廉頗에서 조괄趙括로 바뀌면서 대패, 40만 조나라 포로가 생매장된 사건이다.

2 따로 전해오는 이름이나 작위가 없기 때문에 큰언니를 나타내는 일반 명사인 대저를 이용해 그대로 표현함.

3 《한서》〈외척전外戚傳〉에서 '측실은 모두 부인이라 칭하기도 하고 미인, 양인, 팔자, 칠자, 장사, 소사로도 불렸다妾皆稱夫人, 又有美人·良人·八子·七子·長使·少使之號焉'라고 기록되어 있다. 남북조 시기의 학자인 안사고顔師古의 주에 따르면 '팔과 칠은 녹봉의 차이이다八、七、祿秩之差也'라고 하며, 《사기》〈진본기〉의 〈배인집해裴駰集解〉에 '팔자는 녹봉이 천석에 달하는 관원에 버금간다八子祿秩相當於千石官'고 설명하고 있다.

4 부절은 신표로 돌이나 대나무·옥 등을 신표로 삼던 물건이다. 주로 사신들이 가지고 다녔으며, 둘로 갈라서 하나는 조정에 보관하고 하나는 본인이 가지고 다니면서 신분의 증거로 사용했다.

5 기원전 356년 진효공은 전국시대 진의 부국강병을 위해 사방에서 인재들을 끌어 모았는데 그중 두각을 나타냈던 인물이 위나라에서 온 상앙이었다. 그는 효공의 신임 하에 농지 개혁, 농업 및 양잠 중시, 군공 장려, 도량형 통일 및 군현제 실시를 골자로 하는 변법을 실시했는데 그 결과 진나라는 전국시대 최강국으로 성장할 수 있었다.

6　진나라 말기인 기원전 206년, 진나라 도읍인 함양성 외곽의 홍문에서 열린 연회를 말한다. 당시 월등한 군사력을 가졌던 항우는 유방보다 한 발 늦게 함양성에 입성한 후 유방의 세력 확대를 사전 차단하기 위해 연회를 주관했다. 이때 항우의 모사인 범증은 유방을 제거하려 했으나 항우가 승낙하지 않았고, 유방이 목숨을 건져 탈출하면서 초한 간 4년에 걸친 중원 쟁탈전이 벌어졌다.

7　호남성 장사시 교외의 마왕퇴에서 1971년에 발견한 전한 초의 무덤. 그 안에서 목우(나무로 만든 사람의 형상)·악기·칠기 등이 출토되었고, 죽제竹製 큰 바구니 속에서 견직물과 식량을 비롯해 '대후지인軑侯之印'의 동인銅印과 '이창利蒼'의 옥인玉印, 《역경易經》, 《노자老子》, 《전국책》 등 백서帛書와 죽간이 출토되었다.

8　볼모의 '여아'에 대해서는 《전국책》《초책》 제9장에서 '초경양왕 웅횡이 태자를 진에 볼모로 보낸 내용' 참조

9　당나라 때 사마정이 편찬한 저서. 사마천 이후 《사기》가 필사, 전승되던 과정에서 오탈자가 발생하고 글자의 변천으로 해석상의 차이가 커지면서 이를 해결하기 위해 사마정이 400여 종의 사료를 바탕으로 인명, 지명, 역사적 사건 등에 대해 고증, 정리했다. 현재는 사기 해석에 빠져서는 안 될 서적으로 인정받고 있다.

10　호해를 죽인 조고는 그 아들인 영영을 황위에 추대했으나 당시 중원 각지에서 반군이 기승을 부리면서 진나라 영토가 통일 이전보다 더 작아졌기에 황제라는 호칭을 쓰지 못하고 왕이라고 칭하게 되었다.

11　고전한문의 특성상 구두점이나 단락 분할이 이뤄지지 않아 해석을 할 때 발생하는 오류를 고치기 위해 구두점, 단락 분할을 해서 정리한 교정본.

12　아들인 왕분과 함께 시황제의 천하 통일에 크게 기여했으며, 백기·염파·이목李牧과 함께 전국시대 4대 명장으로 꼽힌다. 조·연·초 지역을 합

병하는 데 큰 공을 세워 무성후武成侯에 봉해졌다. 이어 그의 아들인 왕분도 위·연·제를 점령하는데 큰 공을 세움. 왕전·왕분 부자는 몽무·몽염 부자와 함께 시황제의 천하 통일에 가장 큰 군공을 세운 인물이었다.

13 기원전 91년 한무제 말기 발생한 중대한 정치사건. 한무제가 총신이었던 강충江充에게 황실 내 후계구도를 둘러싼 움직임을 조사하라는 명을 내리자 태자 유거의 반대파였던 강충은 유거를 압박해 반란을 유도하여 주살했다. 유거 사후 한무제가 진상을 조사해 태자의 무고함을 밝혀내고 강충 등 가담자들을 모두 처형하거나 원지로 유배 보냈다.

14 하나라의 마지막 군주 걸왕桀王과 상나라의 마지막 군주 주왕紂王을 일컫는 말로 나라를 망하게 한 폭군의 대명사.

15 기원전 367년, 당시 명맥을 유지하고 있던 주나라의 군주 혜공이 공鞏 지역에 세운 분국이다. 그러나 기원전 249년, 다른 제후들을 결집하여 진나라에 대항하려던 계획이 발각되면서 여불위의 10만 대군에 의해 멸망했다.

16 동궁, 즉 태자를 가르치는 스승으로 태부太傅라고도 하였으며 서한 초기 태자태부太子太傅로 바뀌었다. 삼공三公의 하나로 그 가운데서 최고인 상공上公이라고 했으며, 정일품에 해당한다.

17 위나라의 명신으로 진나라가 전국을 통일한 후 다시 중원 각지에서 반란이 일어나자 진여와 함께 거병했다. 훗날 유방에게 투항하여 조왕趙王에 봉해졌다.

18 장이와 함께 거병한 인물로, 훗날 장이와 갈라섰다가 한신과 장이 연합군에 패해 전사했다.

19 초나라 말기 장수이자 서초패왕 항우의 조부이다. 이신이 이끈 진나라 정벌군을 물리치는 등 대활약을 했으나 결국 왕전이 이끈 진나라 군에 대패

하여 자결했다.

20   진나라 역법에는 한 해의 시작이 10월이었다. 매년 첫 번째 달이 10월이므로 9월은 한 해의 마지막 달이 된다. 따라서 진나라 역법 상 10월부터 7월까지는 같은 해이며 10개월에 해당한다.

21   북위 37도 이북에 위치한 지역으로 하란산賀蘭山 동쪽, 여양산呂梁山 서쪽, 음산陰山 남쪽, 장성長成 북쪽 일대를 가리킨다. 현재는 영하성寧夏省, 내몽고內蒙古, 섬서성에 걸쳐 있다.

22   고대 중국에서 문서나 귀중품을 봉함할 때 사용한 진흙덩이로, 봉랍封蠟하는 것을 말한다. 진한 시기 문서는 간독이라는 대나무와 나무에 글자를 새겼는데 이것을 여러 개 겹쳐서 삼끈·명주 끈으로 묶고, 그 일부에 진흙을 바른 뒤 도장을 찍어 간독이 풀어지지 않게 봉했다.

23   장평대전에서 대승한 진소왕의 진나라 대군이 조나라 한단을 포위하자 조나라 평원군平原君은 위나라 신릉군에게 원병을 요청했다. 하지만 강대한 진나라 대군의 위세에 눌린 위나라 조정에서 원병 파병에 소극적이자 신릉군이 병력을 동원할 수 있는 호부虎符를 훔쳐 원병을 파견한 사건이다.

24   중국 전한 시대의 유향이 전국시대의 수많은 제후국 전략가들의 정치, 군사, 외교 등 책략을 모아 집록한 자료.

25   주나라 좌구명左丘明이 《좌씨전左氏傳》을 쓰기 위해 각국의 역사를 모아 편찬한 저서. 주어周語 3권, 노어魯語 2권, 제어齊語 1권, 진어晉語 9권, 정어鄭語 1권, 초어楚語 2권, 오어吳語 1권, 월어越語 2권으로 구성되었다.

26   1973년 호남성 마왕퇴 3호 한묘에서 출토된 비단재질의 백서. 그 가운데 오늘날의 《전국책》과 유사한 서적이 나와 정리를 한 뒤 《전국종횡가서》라고 명명했다. 총 27편으로 되어 있다.

27 승상과 같은 급의 초나라 관직. 원문에는 승상이라고 나오지만 전국 칠웅 가운데 초나라만큼은 승상을 두지 않고 영윤을 계속 사용했기 때문에 영윤이라 표기했다.

28 부인의 유형을 모의母儀 · 현명賢明 · 인지仁智 · 정신貞愼 · 절의節義 · 변통辯通 · 폐얼嬖孽 등 7항목으로 나누어 각 항목에 해당하는 여성 104명의 전기를 서술한 책이다.

29 춘추시대 말기부터 전국시대 초기까지 역사가 주 내용을 이루고 있다. 전체 내용은 하나라 우임금에서 후한까지 존재했던 여러 제후 열국 가운데 오월 지역의 정치 · 경제 · 군사 · 문화 · 언어 · 지리 · 역법 등에 관한 내용을 다루고 있다.

30 탕왕을 보좌해 하나라를 멸하고 상나라를 건국하는데 큰 공을 세웠다. 탕왕 사후 3대에 걸쳐 어린 왕을 보좌해 국정을 안정적으로 운영했다.

31 주나라를 건국한 무왕武王의 아우. 무왕 사후 어린 성왕成王을 보좌해 국정을 안정시켰다. 공자가 성인으로 숭상한 인물이다.

32 일종의 향리를 일컬으며, 전국시대에는 국경지대에 설치한 정亭의 책임자이자 수비대장의 역할을 맡았다. 이후 진한 시대에 들어와 각 향촌에 10리 간격으로 설치된 정의 책임자를 지칭하는 것으로 바뀌었다.

33 위나라 6대 군주로 신릉군 위무기魏武忌의 형. 신릉군을 대장군으로 임명해 황하 이남에서 진나라 군을 대파했다.

34 악의樂毅가 지휘하는 진 · 연 · 위 · 조 · 한 5국 연합군이 쳐들어왔을 때 전방의 군정軍政에 과도한 간섭을 하여 대패의 결정적 원인을 제공했다. 이후 제나라의 70여 성이 모두 함락될 때 도망 다니다가 초나라 원병을 이끈 장

수 요치漳尙에 의해 살해되었다.

35　명장 이목을 등용해 장평대전으로 큰 타격을 입었던 조나라를 다시 중흥시키려던 군주.

36　전국시대 4공자 중 한 명인 신릉군. 제나라의 맹상군이 세를 잃었을 때 그 식객들이 대거 신릉군에게 유입되어 세력을 키웠다. 조나라 한단이 진나라 군대에 포위되었을 때는 평원군의 원군 요청을 받고 호부虎符를 훔쳐 원병을 파견해 구원해내는 성과 등을 올렸다.

37　전설상의 군주. 황제黃帝·전욱顓頊·제곡帝嚳·요堯·순舜 등을 말하나 일치된 정론은 없다.

38　보통 하우夏禹·상탕商湯·주무왕周武王을 가리키며 주문왕周文王이 포함되기도 한다.

39　성씨姓氏는 혈족 관계를 나타내기 위해 이름 앞에 붙이는 표지標識로, 성은 혈족血族을, 씨는 그 성의 계통을 표시하는 말이다. 오늘날에는 둘 사이의 구분이 없어져 성씨가 성을 높여서 나타내는 말로 쓰인다. 하지만 초기 발생 단계에서는 엄격히 구분된 개념이었다. 한국의 성씨 제도는 중국의 영향을 많이 받았는데, 중국에서는 성이 먼저 나타나고, 뒤에 씨의 구별이 나타난다. 성은 '여자女가 낳은生 자녀들'이라는 글자의 의미처럼 모계 씨족사회에서 동일한 모계 혈족을 구분하기 위해 나타났다. 그 때문에 '희姬', '사姒', '강姜', '영嬴' 등 초기 성에는 '계집 녀女' 자가 포함되어 있는 것들이 많다. 이러한 성姓은 부계사회로 바뀌면서 부계 혈통을 나타내는 것으로 쓰이게 되었는데, 종족宗族에 따라 자신들의 거주지나 숭배물 등을 성으로 삼기도 했다. 사회가 발달하면서 종족宗族의 인구가 늘고 거주 지역이 확산되자, 하나의 성에서 갈라진 지파支派는 새로운 거주지나 조상의 이름 등을 따서 자신들을 구별할 새로운 칭호를 사용하기 시작했다. 이처럼 하나의 성에서 갈라진 계통의 구별을 나타내는 칭호를 씨라고 한다. 이러한 성과 씨의 구별은 하, 상, 주 3대와 춘추전

국시대에 이르기까지 뚜렷하게 나타났는데, 당시 귀족들은 분봉받은 국읍의 지명이나 관직, 조상의 자나 시호, 작위, 거처 등을 씨로 하는 경우가 많았다. 그러다보니 부자 사이에도 성은 같지만 씨가 다른 경우가 생겼고, 성이 다른 데도 씨는 같은 경우도 나타났다. 그래서 성이 같으면 결혼을 하지 않았고, 씨가 같아도 성이 다르면 결혼을 할 수 있었다. 예컨대 〈이소離騷〉라는 작품으로 널리 알려진 초의 문인 굴원은 초나라 무왕 웅통熊通의 아들 굴하屈瑕의 후손으로 씨는 굴屈이고, 성은 미羋였다.

40 상앙변법 이후 강성해진 진나라가 한·위 연합군과 맞붙어 24만 명을 전사시키는 대승을 거둔 전투이다. 진은 이후 세력이 급속히 성장했다.

41 이궐전투 이후 급격히 세력이 팽창한 진나라가 기원전 279년 초나라 대군을 언영에서 대파한 전투. 이 전투의 승리로 대별산大別山 서쪽 초나라 영토가 모두 진나라에 귀속되어 초나라의 힘이 크게 약화되었다.

42 북송 최고 시인으로 "독서가 만 권에 달하여도 율律은 읽지 않는다"고 말해 초유의 필화사건을 일으켰다. 당시詩가 서정적인 데 비해 그의 시는 철학적 요소가 짙어 새로운 시경을 개척했다는 평가를 받는다. 대표작으로 〈적벽부赤壁賦〉가 있다.

43 송나라의 정치가 겸 문인. 송나라 초기의 서곤체西崑體를 개혁하고, 당나라의 한유를 모범으로 하는 시문을 지었으며 당송팔대가唐宋八大家 중 한 사람이다.

44 북송의 제8대 황제(재위 1110~1125년). 문화재를 수집·보호하고 궁정 서화가를 양성하는 등 문화를 적극적으로 장려했다. 대외적으로 금나라와 동맹하여 요나라를 협공하고 연운십육주燕雲十六州를 수복하려 했으나, 오히려 금나라 군사의 진입을 초래해 도성이 함락되는 등 북송의 멸망을 불러왔다.

45 한번 새긴 책판을 본보기로 삼아 그 내용을 다시 새기는 것을 이름.

옮긴이의 글

今日憶秦皇, 虎視傲東方.
진시황이 두 눈 부릅뜨고 진나라 동쪽을 노려보네.
一朝滅六國 功業蓋穹蒼.
순식간에 여섯 나라를 멸하니 그 공이 하늘을 뒤덮었구나.
立志平天下, 西北驅虎狼.
천하 평정에 뜻을 두고 서북 지역의 흉노를 격퇴하였네.
役民數十萬, 長城起邊疆.
수십만 백성의 힘으로 변경에 장성을 세웠구나.
欲尋不死藥, 皇朝二世亡.
허나 불사의 선약에 미쳐 나라는 2대 만에 망하고 말았네.
不見始皇帝, 天地一蒼茫.
이제 시황제는 보이지 않고 천지만 드넓구나.

　　이 시는 중국에서 시선詩仙으로 불리는 이백李白이 진시황의 공적과 과실을 그대로 노래한 《옛일을 생각하며懷古》이다. 이백이 읊은 위의 시에서 보듯 진시황은 그 위대한 공적만큼이나 과실도 분명한 인물이었다. 그래서 그에 대한 평가도 양극단으로 갈린다. 명말 학자인 이탁오李卓吾는 진시황을 가리켜 "천 년에 한번 나올까 말까 한 황제「古一帝」라고 했으며, 청말의 학자 담사동譚嗣同이나 모택동은 "지난 이천 년의 모든 왕조가 진나라를 모방했다兩千年之政皆秦政也"라고 극찬하기까지 했다. 반면 중국 역사상 많은 군주들은 "전대의 과실을 잊지 말고 오늘의 교훈으로 삼아야 한다前事不忘, 後事之師"며 그 대표적 인물로 진시황을 언급했다. 그의 출생을 둘러싼 의혹과 분서갱유 등은 그를 비판하는 공격 소재였다.

진시황 입장에서는 이런 오해와 의혹으로 폭군, 우둔한 군주라는 누명을 쓴다면 억울할 수밖에 없다. 이런 누명을 사실로 둔갑시킨 주인공은 다름 아닌 사마천과 그의 저서 《사기》였다. 사마천은 《사기》를 편찬하면서 "하늘과 땅의 이치를 꿰뚫고 고금의 변화를 깨우쳐 제대로 된 역사를 남기고자 한다究天人之際, 通古今之變, 成一家之言"는 말을 했다. 하지만 역사, 특히 정권의 주도하에 편찬되는 사서는 해당 정권의 주류 이데올로기를 쫓아야 했고 《사기》 역시 예외는 아니었다. 그래서 진시황을 비롯해 후기 진나라에 대한 기록은 앞뒤가 맞지 않는 내용이 많았고, 이는 지난 이천여 년 동안 진시황에 대한 오해를 더욱 부채질했다.

이 책은 그간의 오해와 의혹을 하나하나 짚어나가는 흥미로운 대중 역사서이다. 그동안 국내에는 진시황을 둘러싼 의혹에 대해 체계적으로 접근한 대중 역사서가 거의 없었다. 이런 상황에서 이 책을 번역해 출간하게 된 점은 매우 의미 있는 작업이라고 생각한다.

옮긴이가 번역 작업을 진행하면서 느낀 이 책의 가장 큰 특징은 다음과 같다.

첫째, 저자가 강조했듯이 본 서적은 역사 추리서이다. 이전에도 진순신陳舜臣과 같은 작가가 역사 추리물을 표방한 작품을 내놓기도 했지만 역사 추리물이라는 공식 타이틀을 내건 책은 이 책이 처음이리라 생각한다. 추리소설을 좋아하는 저자가 그 속에서 힌트를 얻어 사건을 추리해서 풀어가는 형식이기 때문에 역사에 큰 관심이 없는 사람도 재미있게 읽을 수 있을 것이다.

둘째, 1차 사료를 바탕으로 추리하고 있기 때문에 논리 정연한 내용 구성이 돋보인다. 리카이위엔 교수는 《사기》, 《사기색은》, 《진기》, 동과 등 당시 상황을 기록한 문헌사료와 출토 유물을 활용하여 추리의 근거로 제시했고, 필요에 따라서는 중국과 일본 학자들이 발표한 여러 논문을 인용하기도 했다. 따라서 억측에 가까운 추측이 아닌 실제 사료에 기반을 둔 논리적 추리가 이루어져 독자들이 좀더 신뢰성을 갖고 진시황 미스터리에 접근할 수 있다. 권위 있는 사료를 바탕으로 추리했기 때문에 중국 내에서도 기존의 대중 역사서와 달리 참신한 해석이 돋보이는 서적이라고 호평받았다. 진시황과 역사에 관심이 많은 국내 독자도 비슷한 느낌을 받을 수 있을 것으로 생각한다.

역사는 자연 과학이 아니라 인문학이다. 사람이 남긴 기록을 바탕으로 하는 만큼 기록을 남긴 사람의 가치관에 따라, 그리고 그 기록을 보는 독자의 관점에 따라 전혀 상반된 분석이 이루어지는 학문이다. 물컵에 물이 반이 담겨 있을 때 자연과학의 관점에서는 '물이 50퍼센트 담겨 있다'고 정의할 수 있지만 인문학적으로는 '물이 반이나 담겨 있다' 혹은 '물이 반 밖에 없다'라며 다른 분석을 할 수 있는 것처럼 말이다. 진시황을 둘러싼 역사도 마찬가지다. 리카이위엔 교수의 추리도 여러 접근방식의 하나일 뿐 진시황 미스터리에 대한 정답일 수는 없다.

코페르니쿠스의 지동설이 프톨레마이오스의 천동설을 대체했듯이 진리를 다룬다는 자연과학 분야도 진리로 알고 있던 사실이 뒤집히는 경우가 있다. 따라서 여러 시각이 공존하는 인문학, 그 중에서도 역사학은 얼마든지 재해석이 가능하다는 점을 인지했으면 한다. 이 책을 읽은 독자들이 진시황과 진나라 역사뿐 아니라 모든 역사를 다양한 시각으로 바라볼 수 있었으면 하는 바람이다.

이 책에 미진한 부분이 있다면 저자의 생각과 의도를 충분히 전달하기 위해 좀더 세심하게 번역하지 못한 옮긴이의 불찰이다. 독자들의 애정 어린 질정을 부탁드린다. 이 책을 번역하는 데 물심양면으로 신경 써준 시공사 해외콘텐츠 개발실의 박지원 부장, 편집부의 강정화 씨에게 감사드린다. 마지막으로 항상 든든한 힘이 되어준 믿음직스러운 버팀목, 동생 병곤이와 고향에서 항상 아들의 건강과 분발을 빌어주신 아버지, 어머니께 사랑한다는 말을 전하고 싶다.

하병준

진시황의 비밀

2010년 10월 25일 | 초판 1쇄 인쇄
2010년 10월 29일 | 초판 1쇄 발행

지은이 | 리카이위엔
옮긴이 | 하병준
발행인 | 전재국

본부장 | 이광자
주간 | 이동은
책임편집 | 강정화
마케팅실장 | 정유한
책임마케팅 | 김진학
기획 마케팅 | 신재은
외서 기획 | 박지원 · 최아정

발행처 | (주)시공사
출판등록 | 1989년 5월 10일(제3-248호)

주소 | 서울특별시 서초구 서초동 1628-1(우편번호 137-879)
전화 | 편집 (02)2046-2861 · 영업 (02)2046-2800
팩스 | 편집 (02)585-1755 · 영업 (02)585-0835
홈페이지 | www.sigongsa.com

ISBN 978-89-527-6005-0 03900

본서의 내용을 무단 복제하는 것은 저작권법에 의해 금지되어 있습니다.
파본이나 잘못된 책은 구입한 곳에서 교환해 드립니다.